《華嚴經》之「成佛」論

——涵攝八十《華嚴經》之三十九品

胡順萍　著

《華嚴經》之「成佛」論
——涵攝八十《華嚴經》之三十九品

目　次

第一章　緒　言

一、　研究旨趣

　　釋尊於菩提樹下成等正覺，並依其所悟之緣起真理而展開說法佈教之歷程。由於言教加之行持，終感悟眾人，在弟子增多之下而成立僧團，佛教之規模亦逐日而確然奠定。釋尊之法義，今是以四部《阿含經》為最具代表釋尊之思想原貌，「阿含」義謂「傳來之聖典」，是以成阿羅漢果為極致。然隨著佛教之傳佈發展，已由原始佛教而部派佛教，再大乘各宗派，至今，佛教在二千五百多年之佈教歷程中，不但信仰者遍及世界各地，其間最令人興嘆者有二：一為各宗各派紛然自立，二為相關之經論義理精微奧妙。今觀代表佛典之《大藏經》所收錄之內容，不得不令人對「佛學」又敬仰又驚嘆之感，讚稱「佛法無邊」誠不虛也！由是而知，佛教在釋尊所確立之基本教義外，已隨各宗派、各經論之出現而擴大佛教思想之內涵，而「名相」之繁富更象徵佛教法義之不斷再發展。

　　三藏經論之內涵雖廣博，但永不離佛教之基本精神方向：即如何於凡夫地，斷除煩惱，而證悟涅槃，以達成佛之大解脫境地。此是釋尊創教之根由，故「如何解脫生死苦海，以達究竟涅槃樂」，可謂是修學佛法之最終目的。依「證悟」之境地而言，實難落於言說，故有「四十九年說法未曾說一字」之禪宗公案出現；然為化度眾生，故又有言說法義之行遊教化之歷程展現。佛教之思想

義理，雖隨著不同時代而有後人之不同釋義，但佛教畢竟是一宗教，非僅止於哲學之論說而已，故釋尊重日常行持，於拖鉢、乞食、經行以至洗足、敷座而坐等動作，於佛「經」中是常於法義開演前首先被敘述之部份，此看似極稀鬆平常之日常行為，但正因佛之動作是如是之安祥、如是之自在，故常讚其為「希有！世尊！」日常之行為能一日復一日，不急不徐，此正展現佛法不在言說而在實證上之精神。而釋尊之指點弟子，對與解苦無關之問題，尤其在形上學方面，釋尊總不予回答；對無關修證之理論則號曰「戲論」，釋尊之總體思想精神方向，已甚是明現：但為修證成佛。

「佛法無邊」此為確然，然學人要有「法門無量誓願學」之大心願，要能有「深入經藏，智慧如海」之決心氣度，故隨著佛法之不斷發展，對於佛法之基本概念，已由「三法印、四聖諦、八正道、十二緣起」為核心思想外，佛法更劃分為法性與法相、有為法與無為法、世間法與出世間法等，單僅是一「心」字，亦有染、淨之分，且不論法義於後代之開演有甚多不同以至紛歧之處，但其中有一共同之趨向，即是捨自我之清淨修持，而返入紅塵而濟世度眾，此即是所謂之大乘精神。於此並非指代表釋尊基本法義之《阿含經》為「小乘」，[1] 誠如印順法師所言，大小乘之差別在「行願」上，換言之，是個人「行願」之方向，終將決定

---

[1] 印順《佛法概論》〈自序〉，頁 1，「佛法的如實相，無所謂大小，大乘與小乘，只能從行願中去分別。《阿含經》是三乘共依的聖典。當然，阿含經義是不能照著偏執者--否認大乘的小乘者，離開小乘的大乘者的見地來解說的。」（台北：正聞出版社，1992 年）。

自己所修法門之「大」或「小」。[2]

　　一旦抱持但願眾生得離苦，不為自己求安樂，此即是大乘之心態，此即謂之菩薩道。大乘佛法於中國之發展可稱煥然多采，其中特以天台宗、華嚴宗與禪宗，有「中國佛學」之稱，此即義涵斯是三宗於中國之發展裡，能與本土之文化精神相結合，故由其所開展而出之思想內容，有應合當地人情之思緒，故易為接受且成宗立派，亦因如是而更豐富整體佛法所涵括之範圍。所謂「中國人之心態」，中國向以儒家為文化之基本傳統，儒家之精神方向是「格物、致知、正心、誠意、修身、齊家、治國、平天下」，此即謂之儒者必有「窮則獨善其身，達則兼善天下」之修養，儒者必不僅止於講學論說而已，要能「得君行道」才是儒者之終極目標，故孔子周遊列國之舉，其目的是為能輔君而治國、平天下，「天下太平」可謂是儒者之願景。儒曰「天下太平」，佛曰「淨土佛國」，如是之願景，依常人（凡人）觀之，實謂之「不可能」，或以「幻想」視之而已。「願景」是否可成，不取決於一人或某一群人，而是取決於每個人，若人人皆有「天下」觀、「十方」觀，天下人人皆成聖，「十方人人皆成佛」，則不論是儒家或佛教之太平景況終必實踐，吾始終懷抱如是之信念。

　　悠遊於佛學法義之大海中，若能仔細循思釋尊之一生信念，實已確然指明：大地眾生皆有如來之智慧德相，只因妄想執著而不能顯了。依釋尊之義，眾生皆本是佛，故修證成佛，絕非妄想，

2　吳汝均《佛教的概念與方法》，頁 15-16，「大乘思想的特色，在於不捨世間這一精神方向，或生活態度。大、小乘在本質上是相同的，它們都從『緣起性空』這一基本認識出發，都求解脫。它們的分歧，是在對世間的態度方面。」（台北：臺灣商務印書館，2000 年）。

而只是返顯個人之本來面目而已，換言之，不能修證成佛，反而是對不起自己。釋尊之信念在「成佛」，整個佛法之開展目的亦在「成佛」，然所謂「成佛」將涉及成佛之依據、時空間之問題、修證之歷程與成佛之境界等。對於有關「成佛」之論說，尤其在無盡時、空間中可同時有無量數之成佛者，如是之廣大周遍之成佛境地，則以《大方廣佛華嚴經》（以下簡稱《華嚴經》）為最具代表性。依天台宗智顗（538-597）「五時」之所判，《華嚴經》是屬第一時，是佛始成正覺後所言之法義，是「如日初出，先照高山」，意謂為大菩薩才能明此廣大周遍之境地，小乘者將如聾如啞，無法興讚一言一辭，然如是高妙之境界，於天台之判教中，尚不為「圓教」。在天台宗中，唯《妙法蓮華經》（以下簡稱《法華經》）才是究竟圓教。本文並非要探討有關天台宗與華嚴宗「圓教」所判之比較，然依天台宗判教之義，《華嚴經》因所攝為大菩薩，不包含三乘，故尚不屬「圓」；唯《法華經》是會三乘為一乘，如是才可稱「圓」。牟宗三先生對於《華嚴經》與《法華經》之經文性格，有一比較論說，今略舉如下：

> 《華嚴經》教吾人以法界圓融；華嚴宗的「別教一乘圓教」是第一序上的。
> 《法華經》是空無第一序之內容的，它的問題是佛意，佛之本懷；是開權顯實，開迹顯本，它只在此成立圓實教，以明佛之本懷。[3]

---

[3] 牟宗三《牟宗三先生全集4‧佛性與般若（下）》，頁 576-577，（台北：聯經出版公司，2003 年）。

　　依真正之「佛之本懷」，是欲「人人皆能修證成佛」爲宗旨，
《法華經》雖立有三車譬喻，然佛終究僅予一「大白牛車」，故一
切法唯「一乘法」（一乘即佛乘），實無二亦無三。[4]今若先撇開《法
華經》與《華嚴經》之法義內容；亦不論「別教一乘圓教」與「同
教一乘圓教」之差異；亦不要分割是第一序或第二序之問題等。
今僅以佛之成道後尙「行遊教化」之用心言之：佛陀自身之成道，
是個己之問題；而行遊教化是爲使人人皆能得證佛道，此乃人人
之問題。由個人而人人，足見佛之心量廣大無邊，佛之心既不可
思議，且佛亦稱「天人師」，故佛之演法必將出入於天人以至無盡
重重之法界之間而往來自由，欲令無量數之法界眾生皆可成佛，
「成佛」之數將是遍虛空、盡法界之廣大無量，此爲《華嚴經》
之旨趣，亦是真正「佛之本懷」。據《華嚴經綱要》〈序〉所言：

　　華嚴大經者，乃毘盧遮那佛稱法界量，顯現自性因果本妙
　　莊嚴，究竟圓頓總持法門也。……
　　世出世間色心諸法，不出此四種法界（理法界、事法界、
　　理事無礙法界、事事無礙法界），又此四界，唯是一心。離
　　心之外，無法可言。此心亦是強名，不可言議，不可思議，
　　即一真大法界也。如來證此法界性，示此法界相，廣此法
　　界量，放此法界光，攝此法界機，彰此法界會，盡此法界

---

[4]　《法華經》卷 1〈方便品〉：「十方佛土中，唯有一佛乘，無二亦無三，除佛
　　方便說，但以假名字，引導於眾生，說佛智慧故。諸佛出於世，唯此一事實，
　　餘二則非真，終不以小乘，濟度於眾生。」（大正 9・8 上）。（凡本文所引之
　　「大正」係指《大正新修大藏經》，依次注明爲「冊、頁、欄」。以下所引皆
　　同此。）（台北：新文豐出版公司，1996 年）。

理，演此法界經。[5]

由此《綱要》之〈序〉文中，點出《華嚴經》之四大要點：

1. 毘盧遮那佛：爲代表《華嚴經》之十身圓滿具足之法身佛。

2. 顯現自性：《華嚴經》以世出世間一切法，皆是佛自「性」之現「起」。[6]

3. 唯心：《華嚴經》以「心」爲宇宙萬有之本源；另有情眾生之生死流轉亦依此「一心」而起。

4. 四法界：《華嚴經》之宇宙觀是「重重無盡、事事無礙法界觀」。

以上之四大要點，總括而言：《華嚴經》之重重無盡法界，皆是毘盧遮那佛之佛「性」所現「起」，亦正因毘盧遮那佛是華嚴全體法界最圓滿具足之代表，故一一法界皆同入於毘盧遮那願海中，且在毘盧遮那佛之法身無所不遍之下，由「一」毘盧遮那佛，即是無量數「多」法界之佛，此即如云：「舉一念而三世圓明，吹一毛而十方炳現。正中有依，一毛孔中，有無量無邊世界。依中有正，一微塵裏，有無窮無盡如來。一多互融，延促自在，不可

---

5 唐·澄觀疏義，明·德清提挈《華嚴經綱要》〈序〉，卍續 12·394cd。（凡本文所引之「卍續」，係指《卍續藏經》，依次注明爲「冊、頁、欄」以下所引皆同此。）（台北：中國佛教會影印《卍續藏經》委員會，1967 年）。

6 劉貴傑《華嚴宗入門》，頁 124，於「性起思想」中有云：「『性』就是覺體，亦即如來藏、佛性；『起』就是現在心地，亦即當下心體的呈顯。宇宙萬物都是由佛性心地所呈現出來的，這就叫做『性起』」。（台北：東大圖書公司，2002 年）。

思議。」[7]依《華嚴經》所展現之「佛」大氣度、大胸懷，顯然與《阿含經》之內容有甚大之差距，阿含法義重在觀無常、苦與無我等，此爲修學佛者之基本入門。然一旦修證成佛，則其境界、心懷自不同於初修學者，此即是《華嚴經》之不同凡響處：法界無邊，成佛無量，一一同入毘盧願海。本文即擬以《華嚴經》中佛之始成正覺之境界爲一中心，並依此境界而展開「成佛」是超越時、空間之設限概念，以及如何由菩薩道而入法界修證「成佛」之過程等。本文最致力彰顯之信念是：依佛之心量與眼界，是凡夫所不能及，於無量無盡之時、空間中，成佛亦將是「十方」皆可同時「成佛」，此爲真正「佛」之本懷，亦是本文之研究旨趣。

二、研究範圍

整個佛法在傳佈之過程中，必有其爲因應不同時地與不同根性之眾生，則有不同之施教內容，換言之，法門有應機之特性，而其中亦必含有淺深之次第，故所謂「成佛」是依究竟之佛地而言之，實則各宗派各有其不同之方便道。印順法師曾將「成佛之道」分列爲：「歸敬三寶、聞法趣入、五乘共法、三乘共法與大乘不共法。並於〈自序〉中云：從虛大師抉擇開示的全體佛教來說，一切無非成佛的法門。這不但綜貫了五乘共法，三乘共法，三乘不共法的三階，而且還綜貫了正常道與方便道的一切。圓滿顯示了佛道次第的全貌，導歸於究竟無上的佛地。」[8]法門多樣，正代

---

[7] 唐・澄觀疏義，明・德清提挈《華嚴經綱要》〈序〉，卍續 12・394cd。
[8] 印順《成佛之道》〈自序〉，頁 4-5，（新竹：正聞出版社，1994 年）。

表佛法之豐富內涵，雖言一切法門皆欲令眾生「導歸於究竟無上的佛地」，然成佛之境地或心懷，亦終將決定所謂「成就佛道」後所展示之不同眼光與願力。

在正值「人間佛教」被普遍提倡之時，「人成即佛成」之理念，是被強烈重視的。當人格圓滿即是佛格之成，如是之論，於中國儒、道兩家亦一皆以聖人與真人皆由「人」（凡夫）所成，可謂異曲同工。然佛法義在隨時代之推移中，「成佛」不但是「個人」之嚮往，並且可謂是「人人」皆心嚮之，故所謂「成佛」是否有時、空、量等限制？在細思佛法義之內涵時，釋尊是肯定一切眾生皆有如來之智慧德相，故一切眾生皆有「成佛之可能性」，此為佛法所共認之，而「人人皆可成佛」亦是必然之確定。惟佛法不僅是哲學思想，更是深具宗教之義涵，既言是「宗教」，則必有其實踐之目標，而「成佛」即是佛教之終極目標，然此目標之達成後其境界究為何？簡言之，所謂當達到「成佛」之境地時，其「理境」（或「理域」）究竟為何？一旦臻至「成佛」，依凡夫心態揣測，其境界必不同於世俗之觀點，其必有令人難思、難契入且又難望其項背之意境，而能就成佛正覺境界有廣大且深入之描述，於經論中最具代表者即是《華嚴經》。《華嚴經》之形成是佛法於傳佈發展歷史中所呈現一種共同之願望與態度，即依「佛」之境，法界將無量、時間將無限，人人皆可於不同法界（空間）不同時間而同時成佛。而本文之研究範圍，即是以《華嚴經》「十方成佛」為主論、為中心，於往上之淵源探究裡，所討論者是有關「成佛」之歷史淵源，對於所謂「成佛」之說，在《華嚴經》之前，是否已具有「十方成佛」之義涵存在？而《華嚴經》在描繪佛之正覺境界所展現之大心量、大氣度、大和融之理境，實非現象界所可

思議之，如是之「十方成佛」共成一華藏莊嚴世界海，確是不可思、不可議，故《華嚴經》在建構「十方成佛」之思想上，其所呈現之一切時、空、量與法門，皆是不可盡數與不定性，此正是將「成佛」之理域提昇至已非常人（凡夫）可理解之境，此正可凸顯所謂「成佛」之「正覺」境界，唯「佛」可知。而歷代華嚴宗之祖師們，亦在圓融、無礙、無盡上而下工夫，簡言之，即強調「心」之特色，唯「心」能貫通三界，唯「心」能相融佛與眾生，故華嚴四祖澄觀有云：「至聖垂誥，鏡一心之玄極。」[9]又云：「迷法界而往六趣，去也，動也。悟法界而復一心，來也、靜也。皆法界用也。迷則妄生，悟則妄滅。」[10]故在建構「十方成佛」論中，有關「佛性」之探究亦必為其一。

《華嚴經》所建構之十方成佛雖言不可思議，此即依佛之正覺境界而論之，然修證成佛是「人」之事，故成佛歷程即踏踏實實，如何由發願心以至解、行雙修而終達圓滿，此是於建構「十方成佛論」之另一重要之部份。若捨此「由人證入」之歷程，則華嚴所建構之「十方成佛」雖言是一理想，但終令人契不著入手處，故本文在探究「十方成佛論」時，必涉及至「修證成佛之歷程」。本文所採用之《華嚴經》本，是以八十《華嚴經》三十九品為主，間參考六十《華嚴經》為輔。本文最欲呈現者有三：

一、「成佛」說之歷史探究。

二、 成佛正覺境界之描述與建構。

三、 修證「成佛」之歷程呈現與方法。

9　唐・澄觀《華嚴經疏鈔》〈序〉，大正 36・1 上。

10　唐・澄觀《華嚴經疏鈔》卷1，大正 36・1 中。

　　在佛法之傳佈發展中，學人真正能受益者一在精神、一在行為上，而「成佛之正覺境界」即是「精神」之引領；而「成佛之修證歷程」即是「行為」之指導，有精神之嚮往與行為之落實，如是之佛法才能真正使人受益，而本文之研究立意亦即在此。

第二章 《華嚴經》之形成與思想特點

一、 《華嚴經》之形成

　　據天台智者大師判教論之「五時」說，第一時是「華嚴時」，即釋尊於初成道時，在寂滅道場所宣說者，所言之經典即是《華嚴經》，而說法之對象是大乘菩薩，此即如《法華玄義》所言：「初成佛寂滅道場，法身大士四十一地，眷屬圍遶，說圓頓教門。佛日初出，頓教先開。」[1]依智者之義，「五時」之判是將釋尊一生教法分為五個階段，而「華嚴」之地位是悟道有成之第一宣說，此代表「法義」之一標準，亦可言是為「法」立一高標，即「圓頓教門」。然圓頓法僅攝大乘菩薩，於一般凡夫則如聾如啞，無法讚一辭，故才有由第二、三、四時之逐一引領，以達第五時之「法華涅槃時」。此五時之所判，是「義理意義」，非是「歷史意義」，實依釋尊所宣說之法作一分判，並非釋尊即如是之開演法義，然《華嚴經》之地位與重要性於天台宗裡是受到甚高之矚目，由其五時之判亦可明悉。但相較於天台宗之「華嚴宗」，則更以《華嚴經》為立宗經典，於法藏「五教」之判，即代表最終圓滿之「圓教」。法藏之判教論，為將《華嚴經》置為最終圓教，又必要安頓天台之「法華」時，故其特以「同教一乘」為「法華」，以「別教一乘」攝「華嚴」，此中之差異所在，如法藏所云：

---

[1] 隋・智顗《法華玄義》卷 10 下，大正 33・808 中。

> 初中有三義。一者，如露地牛車，自有教義，謂十十無盡，主伴具足，如《華嚴經》說，此當別教一乘。二者，如臨門三車，自有教義，謂界內示為教，得出為義。此當三乘教，如餘經及瑜伽等說。三者，以臨門三車為開方便教，界外別授大白牛車，為示真實義。此當同教一乘，如《法華經》說。[2]

法華之特色在會三乘為一乘，其教義可為三乘人說，是開權顯實，開迹顯本，故謂是「同教一乘圓教」；然華嚴之特點在顯佛之境界，不立三乘之說，故謂是「別教一乘圓教」，此乃依法藏之判。不論是天台宗或華嚴宗之所判，《華嚴經》確是代表「圓教」，雖天台與華嚴宗所謂「圓教」義之內涵有所不同，然《華嚴經》之內容義理與宗旨目標，都將代表佛法發展至此階段之某一大方向之共識。

若暫不論及《華嚴經》在天台、華嚴宗判教論中所具有之地位，且以《華嚴經》之內容結構分析，其義理主要方向確與阿含要義有很大之不同，釋尊排斥形上學，[3]主要之理由在於與解脫苦惱無關，如是可知，釋尊之菩提樹下之證悟，實欲為人生尋求一真正安樂之道，故釋尊開法主要方向在於觀人世之生死流轉實起

---

[2] 唐·法藏《華嚴一乘教義分齊章》卷1，大正45‧480上。

[3] 水野弘元著，郭忠生譯《原始佛教》，頁 76-77，文云：「釋尊排斥形上學的理由：第一，形上學的問題乃是超越吾人認知與經驗以外，吾人絕無法解決這些問題。同樣的，靈魂不滅或斷滅的問題，除非吾人能經驗到生前死後的世界，便不能解決。第二，形上學的問題即使能夠解決，對吾人解脫苦惱也不會有所裨益。」（台北：菩提樹雜誌社，1990年）。

於執「五陰」，[4]釋尊開示「五陰」終究是無常、苦、無我、空，欲使有情能悟入，並斷盡貪、瞋、癡毒，以得解脫而證入涅槃之境。此為阿含要義之大方向，亦是所謂「聖教集」[5]之主要內涵。

隨著佛法之淵源流傳，後起之所謂「大乘經論」之成立，與阿含之「聖教集」內容，顯有甚大之不同，其中有關《華嚴經》之成立過程，今據高峰了州[6]與呂澂[7]兩位學者之考證與整理，約可得出如下數點之參考方向：

1. 印度原來就有《華嚴經》之完本，於印度現存「華嚴經」一類之原來只見《十地經》、《入法界品》、《普賢行願品》等零部。

2. 《華嚴經》之成立，是漸次而增廣，可能是在西域地方從各小品集為大部的，且經過相當長時間之過程，唯關於各品獨立之成立前後，實非容易所能論及。

3. 《華嚴經》之內容，是以《十地經》、《入法界品》和中國譯出很早而又相當於《如來名號品》的《兜沙經》[8]三

4　據《佛光大藏經‧阿含藏》〈雜阿含經題解〉，頁 13，文云：「依日本國譯一切經計數，《雜阿含經》共一三四四四經，而五陰誦就有一一五七八經，佔全經百分之八十六。」（高雄：佛光出版社，1983 年）。

5　水野弘元著，郭忠生譯《原始佛教》，頁 1-2，以「阿含」為「傳來之教訓」、「聖傳法語」、「聖教」與「聖教集」。（台北：菩提樹雜誌社，1990 年）。

6　高峰了州著，釋慧嶽譯《華嚴思想史》，頁 1-10，（台北：中華佛教文獻編撰社，1969 年）。

7　呂澂《中國佛學源流略講》〈華嚴宗〉，頁 388-393，（台北：里仁書局，1985 年）。

8　《佛說兜沙經》共 1 卷，後漢‧支婁迦讖譯，現今收錄於《大正藏》第 10 冊。又《佛光大辭典》中冊，頁 4385，「兜沙經」條云：「其內容相當於《華嚴經》中〈如來名號品〉與〈光明覺品〉之部分。」（高雄：佛光出版社，1989 年）。

類主要思想做骨幹，而構成一種體系的。(兜沙原名即係
十方的意思)，《兜沙經》發揮大乘關於十方佛法之根本
思想，並還十十相重地顯示佛土無盡、佛法無盡之「大
方廣」境界。

4.　《十地經》充實《般若經》所說大乘菩薩不共十地之內
容，並一貫地用十數結構作圓滿之說明，如是又成為全
部《華嚴經》之中心，在它的前前後後重複演繹出十住、
十行、十藏、十迴向、十定、十通等層次，而建立了各
種品目。

5.　《入法界品》在龍樹之《大智度論》裏引用時稱為《不
思議解脫經》，此指佛地之境界說為不思議解脫，且由清
淨之法界構成，故能入不思議解脫法門即能入法界。

6.　《華嚴經》在《兜沙經》、《十地經》三思想基礎上，更
結合了《入法界品》，發展無盡緣起理論和普賢願行實踐
相一致之大乘理想。

　　由以上兩位學者之考證，可將《華嚴經》之義理思想與內容
結構作一大抵之分析：

　　於義理思想而言：即《華嚴經》之主要義理方向在顯法界無
盡緣起，在「性起」之理論背景下，法界之一切皆是佛「性」之
現「起」；[9]且以此「心」本具足一切功德，本不修成而隨緣顯現，

---

[9]　唐‧智儼《華嚴經內章門等雜孔目章》卷4，「性起品明性起章」：「性起者，
明一乘法界緣起之際，本來究竟，離於修造。」(大正45‧580下)。
又智儼《華嚴五十要問答》卷下：「佛性者是一切凡聖因，一切凡聖皆從佛
性而得生長。」(大正45‧532中)。

一切現象皆是「一心」所變現[10]，佛與眾生之別，唯在迷悟不同與主伴各異耳！顯然《華嚴經》之敷陳展現是「大方廣」，時間可無窮、空間可無盡，在相即相入，一即多、多即一之下，「成佛」將不受限於時、空間中，可於不同法界中，同時可有無數成佛者。

於內容結構而言：主要有兩大部份，一、以有關「成佛」所具有之佛境界為主，包括佛土、佛身、佛壽等。二、以欲達「成佛」之境，所需行持之種種菩薩行願為主，此即包括十行、十住、十迴向與十地等。此「佛境界」與「菩薩行」即是構成《華嚴經》之最主要兩大部份，然此兩大部份是為終究營建成「大方廣」之「華藏莊嚴世界海」。以站在「佛境界」而觀一切法，則佛境界是成佛之本然展現，而菩薩之一切行願，其目的亦是為成佛，故以《華嚴經》之整體架構而言，是以「成佛」為一核心之論，且在重重無盡之法界網下，則所謂「成佛」實當是「十方成佛」。

另據日本學者對於《華嚴經》之結構分析如下：

> 很明顯，此經分為前後兩篇或二部。即〈世主妙嚴品〉到〈離世間品〉，與〈入法界品〉。「前」與「後」兩篇或二部，互補而闡明了全經的趣旨。前篇或第一部敘述「如來」之緣起，後篇或第二部敘述「如去」之緣起。此如去與如來之緣起，乃是全經所欲表明的東西。即：不外乎是「佛陀

---

[10] 八十《華嚴經》〈十地品〉欲入第六現前地時，有云：「三界所有，唯是一心。如來於此，分別演說，十二有支，皆依一心。」（大正10‧194上）。又〈昇夜摩天宮中偈讚品〉云：「若人欲了知，三世一切佛；應觀法界性，一切唯心造。」（大正10‧102上-中）。

華嚴」。[11]

對於《華嚴經》之品目架構分部或各有不同，然皆不離以「成佛」為第一核心，並以欲完成至此「成佛之境」所當要之行為第二重點，此中所言之「如來」或「如去」[12]實「佛陀」之一體兩面，一皆是《華嚴經》所欲展現之「成佛」論說。

又印順法師將《華嚴經》概分為四部分：

一、前六品明佛剎與佛。

二、從〈如來名號品〉到〈十忍品〉，明菩薩行：略舉佛與所說法，然後勸信令行，次第深入。

三、從〈壽量品〉到〈離世間品〉明如來果德，但參雜有與菩薩行有關的〈諸菩薩住處品〉、〈普賢行品〉、〈離世間品〉。這三部份大抵依〈如來名號品〉所列舉的，眾菩薩所要知道的三大類。

四、〈入法界品〉是善財童子的參學歷程，用作大心菩薩一生取辦的模範。約用意說，與《般若經》常啼（Sadā-prarudita）菩薩的求法故事一樣，舉修學佛法

---

[11] 川田熊太郎著，李世傑譯，〈佛陀華嚴〉，收錄於《華嚴思想》，頁 27，（台北：法爾出版社，1989 年）。

[12] 據《佛光大辭典》中冊，頁 2346，「如來」條：「為佛十號之一，即佛之尊稱。蓋梵語可分解為如去、如來二種。為乘真如之道，而往於佛果涅槃之美，故稱為如去。為由真理而來（如實而來），而成正覺之義，故稱如來。佛陀即乘真理而來，由真如而現身，故尊稱佛陀為如來。」（高雄：佛光出版社，1989 年）。

的典故，以勸流通的。[13]

在前人已具有之研究基礎上，可以得出一說明的是：有關《華嚴經》之成立，是歷經一段「長時間」之積累與貫串才有整然之結構形成。以下將附列三個表，對於《華嚴經》之形成過程與內容結構，可得一明瞭之呈現：

表一：可看出由六十《華嚴經》至八十《華嚴經》之各品目差異處與相關性，以及各品與各「異譯單經」之關係。由此表可看出《華嚴經》之結構，是由原獨立之各經典而逐漸彙集而成。[14]

表二：將八十《華嚴經》三十九品之內容列述其主要思想。此表最能展現《華嚴經》之修行歷程，由十信、十住、十行、十迴向、十地以至等覺、妙覺之階次。[15]

表三：將八十《華嚴經》依「九會七處」而分列，注明會場、放光別、會主、入定別等。此表展現出《華嚴經》之體裁特殊處，即依佛始成正覺之「時」與在摩竭提國阿蘭若法菩提「場」中而說法[16]，並依次循「時」、「場所」而貫連成整部《華嚴經》。[17]

---

[13] 印順《初期大乘佛教之起源與開展》，頁 1020，（台北：正聞出版社，1986 年）。

[14] 本表引自劉貴傑《華嚴宗入門》，頁 17，（台北：東大圖書公司，2002 年）。

[15] 本表引自一玄〈讀《華嚴經》記〉，收錄於張曼濤編《華嚴典籍研究》頁 161-162，（台北：大乘文化出版社，1978 年）。

[16] 八十《華嚴經》卷 1〈世主妙嚴品〉：「一時佛在摩竭提國，阿蘭若法菩提場中，始成正覺。」（大正 10・1 中）。

[17] 本表引自一玄〈讀《華嚴經》記〉，收錄於張曼濤編《華嚴典籍研究》頁 163-164，（台北：大乘文化出版社，1978 年）。

表一：劉貴傑《華嚴宗入門》

《六十華嚴》	吳昌畺譯經	《八十華嚴》
一、寂滅道場會		一、寂滅道場會
1. 世間淨眼品		1. 世主妙嚴品
		2. 如來現相品
		3. 普賢三昧品
		4. 世界成就品
		5. 華藏世界品
2. 盧舍那佛品		6. 毗盧遮那品
二、普光法堂會		二、普光法堂會
3. 如來名號品	兜沙經	7. 如來名號品
4. 四諦品		8. 四聖諦品
5. 如來光明覺品	菩薩本業經	9. 光明覺品
6. 菩薩明難品		10. 菩薩問明品
7. 淨行品	諸菩薩求佛本業經	11. 淨行品
8. 賢首菩薩品		12. 賢首品
三、忉利天宮會		三、忉利天宮會
9. 佛昇須彌頂品		13. 昇須彌山頂品
10. 妙勝殿上說偈品	菩薩十住行道品	14. 須彌頂上偈讚品
11. 菩薩十住品	菩薩十住經	15. 十住品
12. 梵行品		16. 梵行品
13. 初發心菩薩功德品		17. 初發心功德品
14. 明法品		18. 明法品
四、夜摩天宮會		四、夜摩天宮會
15. 佛昇夜摩天宮自在品		19. 昇夜摩天宮品
16. 夜摩天宮菩薩說偈品		20. 夜摩宮中偈讚品
17. 功德華聚菩薩十行品		21. 十行品
18. 十無盡藏品		22. 十無盡藏品
五、兜率天宮會		五、兜率天宮會
19. 如來昇兜率天宮一切寶殿品		23. 昇兜率天宮品
20. 兜率天宮菩薩雲集讚佛品		24. 兜率宮中偈讚品
21. 金剛幢菩薩十迴向品		25. 十迴向品
六、他化天宮會		六、他化天宮會
22. 十地品	漸備一切智德經	26. 十地品
	等目菩薩所問三昧經	27. 十定品
23. 十明品		28. 十通品
24. 十忍品		29. 十忍品
25. 心王菩薩問阿僧祇品	顯無邊佛土功德經	30. 阿僧祇品
26. 壽命品	較量一切佛剎功德經	31. 壽量品
27. 菩薩住處品		七、重會普光法堂
		32. 諸菩薩住處品
28. 佛不思議法品		33. 佛不思議法品
29. 如來相海品		34. 如來十身相海品
30. 佛小相光明功德品		35. 如來隨好光明功德品
31. 普賢菩薩行品		36. 普賢行品
32. 寶王如來性起品		37. 如來出現品
七、重會普光法堂		八、三重會普光法堂
33. 離世間品	度世品經	38. 離世間品
八、逝多園林會		九、逝多園林會
34. 入法界品	羅摩伽經	39. 入法界品

表二‧一 文〈讀《華嚴經》記〉

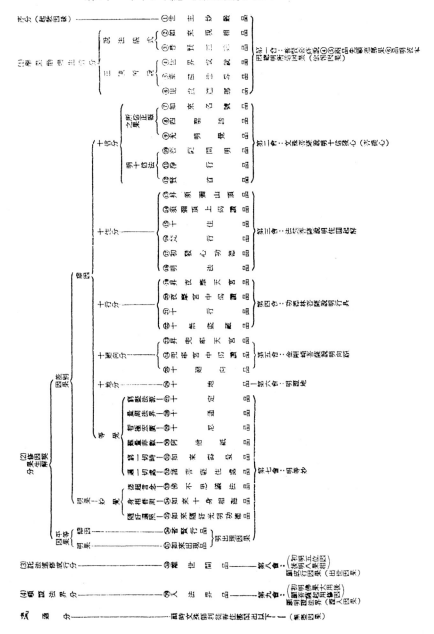

表二‧一玄〈讀《華嚴經》記〉

大分	周次	品　數	會次	會場	放光別	會主	入定別	說法別
舉果勸樂生信分	所信因果周	世主妙嚴品第一、如來現相品第二、普賢三昧品第三、世界成就品第四、華藏世界品第五、毘盧遮那品第六	初會	菩提場	放眉間光	普賢菩薩為會主	身入毘盧藏三昧	如來依正等
修因契果生解分	差別因果	如來名號品第七、四聖諦品第八、光明覺品第九、菩薩問明品第十、淨行品第十一、賢首品第十二	二會	普光明殿	兩足輪放光	文殊菩薩為會主	入定，此會未入定故	十信法
		昇須彌山頂品第十三、須彌頂上偈讚品第十四、十住品第十五、梵行品第十六、初發心功德品第十七、明法品第十八	三會	忉利天宮	兩足指放光	法慧菩薩為會主	入無量方便三昧	十住法門
		昇夜摩天宮品第十九、夜摩宮中偈讚品第二十、十行品第二十一、十無盡藏品第二十二	四會	夜摩天宮	兩足趺放光	功德林菩薩為會主	入菩薩善思惟三昧	十行法門
		昇兜率天宮品第二十三、兜率宮中偈讚品第二十四、十迴向品第二十五	五會	兜率天宮	兩膝輪放光	金剛幢菩薩為會主	入菩薩智光三昧	十迴向法門
		十地品第二十六	六會	他化天宮	眉間毫相放光	金剛藏菩薩為會主	入菩薩大智慧光明三昧	十地法門
	平等因果	十定品第二十七、十通品第二十八、十忍品第二十九、阿僧祇品第三十、如來壽量品第三十一、諸菩薩住處品第三十二、佛不思議法品第三十三、如來十身相海品第三十四、如來隨好光明功德品第三十五、普賢行品第三十六、如來出現品第三十七	七會	再會普光明殿	如來眉間口放光	如來為會主	如來剎際三昧	等妙覺法門
託法進修成行分		離世間品第三十八	八會	三會普光明殿	依行放光，此會依解行故，不表放光故	普賢為會主	入華嚴三昧藏	二千行門
依人證入成德分	證入因果周	入法界品第三十九	九會	逝多林給孤獨園	眉間白毫放光	如來為會主	入師子頻申三昧	果法門

二、《華嚴經》之思想特點
──以「華嚴五祖」之修證爲論

　　《華嚴經》之形成代表於大乘佛法中之一種「大纂集」,[18]亦可謂是佛學發展至一渴望「成佛」大願能終究實證之階段。《華嚴經》呈現最圓滿之「佛」與最清淨之「佛土」,且架構在重重法界中,故「十方」皆可「成佛」,此爲《華嚴經》首先展現佛之不可思議功德,欲令學人嚮往如是之理想,於是發大心修菩薩行,以成就佛之圓滿功德,如是之特色,與著重菩薩行顯有不同。[19]《華嚴經》之成立,是於各法門「興盛」中而出現於「佛教界」,換言之,《華嚴經》之思想特色,亦將表示能圓融各「法門」爲主要宗旨,有學者以「華嚴思想爲佛教各系之本源」說中,提出四點方向:

1. 佛陀所覺悟的緣起法,在人生方面,乃表現爲十二因緣。(此即)如《華嚴經》〈十地品〉「現前地」。

2. 體會了無常故苦,苦故無我之理,即能實現涅槃寂靜。在《華嚴經》中,說圓融無礙之大行,以破各種煩惱執著,開顯微妙安樂的解脫境界,是華嚴修行的根本。

---

[18] 印順《初期大乘佛教之起源與開展》,頁 999,「《華嚴經》在大乘教學中,有著重要的地位!大經的全部纂集完成,比『般若』、『淨土』、『文殊』等法門,要遲一些,但也有比較早的部分。」(台北:正聞出版社,1986 年)。

[19] 印順《初期大乘佛教之起源與開展》,頁 1026-1027,「標舉佛與佛土,開示菩薩行的,成爲『華嚴法門』的特色。著重佛與佛土的思想,應該是與大乘法門同時展開的,但成爲『華嚴法門』那樣,就不能不說是,要在『般若法門』、『淨土法門』、『文殊法門』的興盛中,才能完成而出現於佛教界。」(台北:正聞出版社,1986 年)。

同時以種種三昧而表示佛陀心內自證的各種境界，終
於歸納為佛海印三昧的大覺境界，亦是涅槃思想的極
點。

3. 《華嚴經》的法界無盡緣起，正是開顯了佛陀成道的
內觀境界，是具有根本法輪與稱性而談的特點。

4. 就佛教各系思想來論斷本經的地位，無論是如來藏、
中觀、瑜伽學派，或是印度之馬鳴、龍樹、提婆、無
著、世親、安慧、護法等大乘論師，其造論與教學組
織之根據，無不以《華嚴經》〈十地品〉所說：「三界
虛妄，但是心作，十二緣分，是皆依心」[20]之經文而來。
由此可見，本經乃佛教各系思想之本源。[21]

　　原始佛教之四法印，為佛法之根本思想，依苦、空、無我而
入寂靜涅槃，此為修行之「覺境」；而《華嚴經》之思想特色，即
依佛始成正「覺」之「境」為核心，在此「覺境」所籠罩之下而
觀一切法門，則一切法門無不是為完成此「覺境」而開展，而《華
嚴經》之「圓融無礙」義，亦必在此「覺境」之下才可呈顯，此
為華嚴之特色，故以「華嚴思想為佛教各系之本源」說，則必依
佛之「覺境」而論之。《華嚴經》是佛始成正覺境界之描述，另據
《佛說十地經》卷 1〈菩薩極喜地〉：「一時，薄伽梵，成道未久，
第二七日。」[22]又《法華經》〈方便品〉：「我始坐道場，觀樹亦經

---

[20] 六十《華嚴經》，大正 9‧558 下。
[21] 簡圓《華嚴經之集成及其思想特色》，頁 112-114，（香港：能仁學院哲學研究
　　所碩士論文，1992 年）。
[22] 大正 10‧535 上。

行，於三七日中，思惟如是事，我所得智慧，微妙最第一。」[23]由
上可總論《華嚴經》爲佛成道後之最初說法義。唐・裴休於《注
華嚴法界觀門》〈序〉中有言：「此經極諸佛神妙智用，徹諸法性
相理事，盡修行心數門戶，真可謂窮理盡性者也。」[24]裴休讚《華
嚴經》是「徹諸法性相理事」，此乃言華嚴經義可融合各宗派法門；
而「盡修行心數門戶」，則指出華嚴之修證方法在「一心」。有關
《華嚴經》之主要思想，約有「三界唯心、一多相即、時空無盡、
證入法界」等，[25]然《華嚴經》之義理顯揚，則不得不歸於「華
嚴宗」之歷代大師們之傳揚功勞。有關華嚴宗之師資傳承系統，
以法順（俗姓杜，亦稱「杜順」）（557-640）→智儼（602-668）
→法藏（643-712）代表華嚴宗之建立基礎、傳承發揚以至煥然大
成，再經澄觀（738-839）→宗密（780-841），此五位大師，號稱
「華嚴五祖」。[26]以下將就此「華嚴五祖」之修證歷程來論述整體
之華嚴思想。

（一）華嚴初祖－杜順

　　有關杜順之生平，據唐・道宣《續高僧傳》卷 25〈法順傳〉
所云：

---

[23] 大正 9・9 下。

[24] 大正 45・683 中。

[25] 劉貴傑《華嚴宗入門》，頁 31-36，（台北：東大圖書公司，2002 年）。

[26] 宋・志磐《佛祖統紀》卷 29 立「賢首宗教」之五祖爲：「初祖終南法順，二
祖雲華智儼，三祖賢首法藏，四祖清涼澄觀，五祖圭峰宗密。」（大正 49・
292 下）。

十八棄俗出家，受持定業。……遠近癥癘淫邪所惱者，無
不投造。順不施餘術，但坐而對之，識者謂有陰德所感，
故幽靈偏敬致。其言教所設，多抑浮詞，顯言正理。神樹
鬼廟，見即焚除。……今上奉其德、仰其神，引入內禁，
隆禮崇敬。儲宮王族，懿戚重臣，戒約是投，無爽歸禁。
以貞觀十四年都無疾苦，告累門人；生來行法，令使承用。
言訖如常坐定於郊義善寺，春秋八十有四。……弟子智儼
名貫至相，幼年奉敬，雅遵餘度，而神用清越，振績京皐。
華嚴攝論，尋常講說，至龕所化導鄉川，故斯塵不終矣。[27]

　　杜順以習定爲自我之修持，更以「定」力而解眾生之苦惱，
其一生可謂是以「定」爲自度度人之法。正因習定有成，隱然已
由身定以達心定，故凡遠離正道之偏行或浮詞，皆能視透而抑之。
杜順之著作有《華嚴五教止觀》1 卷，[28]提名爲：「京終南山文殊
化身杜順說」，其首是「行人修道簡邪入正止觀法門有五」，足見
杜順以「止觀」爲修道之重要標目甚爲明顯，邪正入門之鑰亦盡
在「止觀」上，其一生重「定」、習「定」、講「定」之方向實然
朗現。另有《華嚴法界觀門》1 卷，[29]由宗密所注，於杜順之提名
爲：「京終南山釋杜順集」，對於所謂「集」之義，宗密注曰：「今
云集者，以祖師約自智，見華嚴中一切諸佛，一切眾生，若身心、

27　大正 50・653 中-654 上。
28　收錄於（大正 45・509 上-513 下）。後附有〈終南山杜順禪師緣起〉1 篇，見
　　於（大正 45・513 下-514 上），文中論述杜順爲文殊菩薩之化身。
29　於《大正藏》之收錄《注華嚴法界觀門》（大正 45・684-692 中），提名爲：
　　圭峰蘭若沙門宗密注。

若國土，一一是此法界體用，如是義境，無量無邊，遂於此無量境界，集其義類，束爲三重，直書於紙。生人觀智，不同製述文字，故但云集，此則集義，非集文也。」[30]就「法界觀」而言，是祖師（杜順）之「自智」，即由自我深悟所得之智，亦即觀一切諸佛與眾生，其所呈現之國土或身心，實皆是「法界體用」之展顯罷了！唯因法界「無量無邊」，故所能表述之境界亦將無量無邊，此乃源於諸佛「心」量之所到處無遠弗屆所致。正因境界擴而言之是「多」，故無法表述詳盡；但「心」體退藏則爲「一」，故可「集」其「義」以留後世。

杜順爲華嚴初祖，其對「法界觀門」之體悟，則將大抵指出整個《華嚴經》之方向與特點。唐・裴休曾爲《注華嚴法界觀門》提〈序〉中有言：

> 法界者，一切眾生身心之本體也。從本已來，靈明廓徹，廣大虛寂，唯一真之境而已。無有形貌而森羅大千，無有邊際而含容萬有。昭昭於心目之間，而相不可覩；異異於色塵之內，而理不可分。非徹法之慧目，離念之明智，不能見自心如此之靈通也。甚矣！眾生之迷也，身反在於心中，若大海之一漚爾，而不自知。有廣大之威神，而不能用；殼觫而自投於籠檻，而不自悲也。故世尊初成正覺，歎曰：奇哉！我今普見一切眾生，具有如來智慧德相，但以妄想執著，而不證得。於是稱「法界性」，說《華嚴經》，令一切眾生，自於身中得見如來廣大智慧，而證法界也。

---

[30] 大正45・684下。

故此經極諸佛神妙智用，徹諸法性相理事，盡修行心數門
戶，真可謂窮理盡性者也。[31]

由上之論述中，可得其要點如下：

1. 《華嚴經》強調「法界」，實是強調「心」；以「法界為
   眾生之本體」，實說明眾生之本體即是「一心」。
2. 此「心體」亦稱「一真之境」，亦即是「一真法界」。因
   唯此「心體」「不變」故為「真」，唯此「一心」是「真」，
   故總稱「一真」，換言之；離此「心」外，一切皆為「假」，
   皆是暫時之虛幻。
3. 此「心體」是「形上」之「本體」，無法以形貌而觀之，
   雖不可得見、聽聞與觸搏，卻能包容一切之森羅萬有，
   此乃謂：一切大千萬象皆「心體」之作用變化。
4. 此「心體」統整是「一」，是一切眾生皆本具有、具足之，
   唯眾生迷妄，故不能自知有此靈通之「心」，能與一切法
   界共存共生，相融相攝。一旦眾生能悟此「心體」，即是
   法界中之富貴者。
5. 釋尊是正覺佛，其一生之行遊教化一皆在闡述此一切眾
   生本具之「如來智慧德相」，此亦稱為「法界性」，亦即
   是此「心體」。
6. 《華嚴經》之奧妙與殊勝處，即在為眾生開啟能自悟、
   自覺、自證此「心體」之顧。此「心體」為一切法界之
   根、本、源，一切窮理盡性、修行實踐皆由「此」起。

---

[31] 大正45‧683中。

今以杜順一生之行誼,可觀《華嚴經》應有如下之思想特點呈現:

1. 修行中重「定」,必有「定」才入「觀」,「止觀」法門被強烈重視。

2. 習「定」之要求,即在「心」上,「心」能「定」,才能遍「觀」「法界」周遍。

3. 「觀」法界周遍,是一切眾生本具有之「靈通」,於此基點上,則一切眾生皆本然平等,無有高下,此為《華嚴經》之大方向,亦是釋尊之本懷。

強調以「修心」而入於「止觀」,以致終成「觀法界周遍」,此可謂是《華嚴經》思想特點之一。

(二)華嚴二祖-智儼

有關華嚴二祖智儼之生平概要,據《華嚴經傳記》卷 3〈智儼傳〉所載,約可了解其過程如下:

> 姓趙氏,天水人也。
>
> 儼生數歲,卓異凡童,或累塊為塔,或緝華成蓋,或率同輩為聽眾,而自作法師。
>
> 年十二,順(杜順)即以儼付上足達法師,令其順誨,曉夜誦持,曾無再問。
>
> 年甫十四,即預緇衣。
>
> 後依常法師,聽《攝大乘論》,未盈數歲,詞解精微。常因龍象盛集,令其豎義。

進具之後，聽四分律、毘曇、成實、十地、地持、涅槃等
經。

後於琳法師所，廣學徵心，索隱探微，時稱得意。儼以法
門繁曠，智海沖深，方駕司南，未知何厝，乃至於經藏前，
禮而自立誓，信手取之，得華嚴第一，即於當寺智正法師
下，聽受此經。雖閱舊聞，常懷新致。遂遍覽藏經，討尋
眾釋，傳光統律師文疏，稍開殊軫。

後遇異僧來，謂曰：汝欲得解一乘義者。其十地中六相之
義，慎勿輕也。……因則陶研，不盈累朔，於焉大啟，遂
立教分宗，製此經疏，時年二十七。及乎暮齒，方屈弘宣。
皇儲往封沛王，親為講主，頻命府司，優事供給，故使法
輪無輟，是所賴焉。其精練庶事，藻思多能，造蓮華藏世
界圖一鋪。

至總章（唐高宗年號）元年十月二十九日夜，終於清淨寺
焉，春秋六十七矣！[32]

有關智儼生平之記載，以《華嚴經傳記》之內容最詳，於《佛
祖統紀》卷29「賢首宗教」之〈法順傳〉末僅云：「（法順）專弘
華嚴，以授雲華智儼，儼授賢首法藏，其教遂行。」其後附一小
注云：「此中當有智儼法師傳。本紀原文遺失。」[33]智儼傳不見錄
於《佛祖統紀》中，另於《續高僧傳》卷25〈釋法順傳〉末，有
關智儼之部分，亦僅言：「弟子智儼名貫至相……。」[34]所錄唯數

---

[32] 大正51‧163中-164上。
[33] 大正49‧292下-293上。
[34] 大正50‧654上。

語而已。依《華嚴經傳記》所載，二祖智儼之修持風格，其著力處當在「慧」學上。其一生遍覽群籍，經、律、論三藏皆有涉獵，由之而一門深入於《華嚴經》之世界中，再加之其曾「廣學徵心」，而《華嚴經》蓮華藏世界之營建，實不離「一心」之旨。有關智儼一生之著作，《華嚴經傳記》卷3所云是：「儼所撰義疏，解諸經論，凡二十餘部，皆簡略章句，剖曜新奇，故得其門寡其寡矣！」[35]今考其重要代表作有：《華嚴一乘十玄門》（共 1 卷）、《華嚴五十要問答》（共 2 卷）、《華嚴經內章門等雜孔目章》（共 4 卷），[36]與《大方廣佛華嚴經搜玄分齊通智方軌》（共 10 卷）等，[37]智儼一生以弘通華嚴為志，其在《華嚴一乘十玄門》中，雖提名為「智儼撰，承杜順和尚說」，[38]但文中足見智儼之見地，其文云：

> 華嚴一部經宗，通明法界緣起，不過自體因之與果。所言因者，謂方便緣修，體窮位滿，即普賢是也。所言果者，謂自體究竟，寂滅圓果，十佛境界，一即一切，謂十佛世界海及離世間品，明十佛義是也。[39]

　　《華嚴經》之特色，在論「法界」如何緣起？言「法」則當指一切法，言「界」則係領域、範圍義。於各別「法」而言，當有其不同之特質，此即諸法之所以異於其他「法」之所在，故不

[35] 大正51・164 上。
[36] 此三部書皆收錄於《大正藏》第 45 冊。
[37] 此書收錄於《大正藏》第 35 冊。
[38] 大正45・514 上。
[39] 大正45・514 上-中。

同之法必有其生存（存在）之範圍，此即是「法界」義。如：天上之飛禽、陸地之走獸、水中之魚蝦，亦皆各有其不同之領域。於世俗人觀之，不同法界即代表不同之領域，不同之領域即有不同之存在，彼此互不侵犯，亦互不干擾。然《華嚴經》在毘盧遮那具足十佛身義，所呈現者是全體同在，故一即一切，一切即一。唯此「一即一切」之義，依「緣起」觀而論，此「一」與「一切」皆「自體之因與果」所呈現者。就「因」而言，「因」代表「種子」，即「根本之源頭」，亦指「主要之條件」；唯當「自體」之「因」「方便緣修」時，此可代表歷劫之修行，亦可說明爲度眾而有不同善權之化身，故可由此「因」（一）而呈現爲「一切」，此即「一即一切」義，亦即「謂方便緣修，體窮位滿」，此即是如八十《華嚴經》卷 49〈普賢行品〉所言：「爾時普賢菩薩摩訶薩，復告諸菩薩大眾言，佛子！如向所演，此但隨眾生根器所宜，略說如來少分境界。」[40]普賢之行願，實應眾生之根機而說教，此爲「緣起因分」。就「果」而言，《華嚴經》所開設之「佛境界」，是言思不可達至之地，此即「謂自體究竟，寂滅圓果」，此亦是以毘盧遮那佛爲代表之「性海果分」，在毘盧遮那佛境裡，「果」（一切）皆由「毘盧遮那」（一）所涵攝，此即「一切即一」。總體而言，依《華嚴經》所營構之一切法界之無礙境界，皆由「自體」（心）所呈現之因與果罷了！正因法界由「自體」所緣起，故在華嚴之世界中，如何觀法界緣起則爲重要之法門。

　　智儼於《華嚴一乘十玄門》起首即云，所論述是：「明一乘緣起自體法界義者，不同大乘、二乘緣起，但能離執、常、斷諸過

---

[40] 大正 10‧257 下。

等。此宗不爾,一即一切,無過不離,無法不同也。」[41]「緣起」
是佛法根本要義之一,唯華嚴之「緣起」,不同於大乘與二乘法,
尚有所謂「過」與「執」、當「離」與當「去」之歷程。依華嚴之
「自體」(心體)義,一即一切,故總體法界實「無過不離,無法
不同」,因一切之「過」與「法」,皆由自體法界所緣起。智儼深
明《華嚴經》之「一乘緣起」義,故以「一乘」(一)而開出「十
玄門」(一切),其中有關「十玄門」之名目與論述,皆見於《華
嚴一乘十玄門》,[42]然對於「十玄門」之開出,智儼亦云:「若此
宗明者,常增減而常無增減,以同時相應。然此十門,體無前後,
相應既其具此十門。餘因陀羅等九門,亦皆具此十門。何但此十
門,其中一一皆稱周法界,所以舉十門者,成其無盡義也。」[43]由
「一乘」而開出「十玄門」,其中「一」代表「自體」,「十」代表
「法界」,「十」亦表「無盡義」,故言「一」或言「十」,於華嚴
而言,皆「自體」之「因與果」。

　　若依智儼一生之修學歷程,而觀《華嚴經》之思想特點,則
約可有如下數點之呈現:

1. 《華嚴經》重「包融」,不礙一切經論,亦主張廣學一切
   經論。雖主張窮究一切經論之義,但一一皆要於「徵心」
   中再加探微。

2. 《華嚴經》強調「法界緣起」皆是「自體」之因與果而
   得致,能明「自體」即能遊於華嚴法界裡。

3. 《華嚴經》雖善開由「一」而「十」之諸法門,此乃為

---

[41] 大正 45・514 上。
[42] 大正 45・515 中-518 下。
[43] 大正 45・515 下。

表現「無盡」義，實則「一即一切」、「一切即一」。

強調以自體（心）爲本、爲一，以法界（緣起）爲散、爲多，然一與一切皆是「自體緣起」，皆可無盡且相融，此可謂是《華嚴經》思想特點之一。

（三）華嚴三祖－法藏

華嚴三祖法藏之生平記載，於宋・贊寧《宋高僧傳》卷5〈法藏傳〉將其列入「義解篇」中，其重要事蹟如下：

> 釋法藏，字賢首，姓康，康居人也。
>
> 薄遊長安，彌露鋒穎，尋應名僧義學之選，屬奘師譯經，始預其間。後因筆受證義潤文其識不同，而出譯場。
>
> 至天后朝傳譯，首登其數。實叉難陀齎華嚴梵夾至，同義淨、復禮譯出新經，又於義淨譯場與勝大儀證義。
>
> 昔者敦煌杜順傳華嚴法界觀，與弟子智儼講授此晉譯之本，智儼付藏。藏為則天講新華嚴經，至天帝網義十重玄門、海印三昧門、六相和合義門、普眼境界門，此諸義章皆是華嚴總別義網。帝於此茫然未決，藏乃指鎮殿金獅子為喻，因撰義門，徑捷易解，號金師子章，列十門總別之相，帝遂開悟其旨。
>
> 又為學不了者，設巧便，取鑑十面，八方安排，上下各一，相去一丈餘，面面相對中，安一佛像，燃一炬以照之，互影交光，學者因曉剎海涉入無盡之義，藏之善巧化誘，皆

此類也。[44]

　　法藏於華嚴宗之最大貢獻處，即一生致力於建構華嚴宗之組織大成。其由參與「譯經」工作中，得以廣觸諸經論，且因「譯經」而入於「義解」，為《華嚴經》之十玄緣起深義，以善巧方便喻曉天下人，更為帝王所重，故號「康藏國師」。[45]其一生著作甚豐，重要代表作有《華嚴經探玄記》（共 20 卷），[46]此中對《華嚴經》所開創之「蓮華藏界」，有深入之剖析，於卷 1 有云：「但以機感萬差，奮形言而充法界；心境一味，泯能所而歸寂寥。體用無方，圓融叵測，於是無像現像，猶陽谷之昇太陽；無言示言，若滄波之傾巨壑。是故創於蓮華藏界，演無盡之玄綱。」[47]蓮華藏界所展現之無盡法界，一一皆可互融互攝，實就「法性」、「心境一味」而言之，以是形（境）雖有別，然究其源（性、心）則為同，故「一即多而無礙，多即一而圓通，攝九世以入剎那，舒一念而該永劫。」[48]

　　法藏另一代表作，即《華嚴一乘教義分齊章》（又名）《華嚴五教章》（共 4 卷），[49]此作起首即云：「今將開釋如來海印三昧一乘教義」，並分為「十門」，[50]其中以「建立一乘」為第一門，於「一乘」之「分齊」為：「一性海果分，當是不可說義，何以故？

---

[44] 大正 50・732 上-中。

[45] 宋・贊寧《宋高僧傳》卷 5〈法藏傳〉，大正 50・732 中。

[46] 今收錄於《大正藏》第 35 冊。

[47] 大正 35・107 上。

[48] 大正 35・107 上。。

[49] 今收錄於《大正藏》第 45 冊。

[50] 大正 45・477 上。

不與教相應故,則十佛自境界也。故地論云:因分可說,果分不可說者是也。二緣起因分,則普賢境界也。此二無二,全體遍收。」[51]「海印三昧」是一喻說,以「海」喻「性海」;海水可印現萬象,如同性海能遍含一切法界;萬象(法界)與海(性海)是一非二。法藏以「一乘」而論「分齊」正爲說明「一與分」、「分與一」之關係,其終究是「齊」義,即「全體遍收」。又其中第四門爲「分教開宗」,此即是代表華嚴宗之「判教論」,法藏欲將釋尊一生時「教」作一淺深高下之「判」攝,其判教系統之理論是:「初就法分教,教類有五,後以理開宗,宗乃有十。」[52]以釋尊一生所開演之「法」而分「教」,故有「五教」(小乘教、大乘始教、大乘終教、頓教、圓教),[53]然此「五教」總合而言,皆釋迦佛所示下,故統稱「佛教」,乃由「佛」而「教」示之。「宗」乃「宗旨」義,依循某一宗旨理路而分立者,謂之「宗」,故有「十宗」(我法俱有宗、法有我無宗、法無去來宗、現通假實宗、俗妄真實宗、諸法但名宗、一切法皆空宗、真德不空宗、相想俱絕宗、圓明具德宗),[54]以「佛」、「教」、「宗」總體而言即是:循一「宗」旨在「教」化眾生,謂之「宗教」,「佛」爲佛教之圓滿覺者,故可稱爲「佛」「宗教」,簡稱「佛教」;此三者之關係是:依「宗」而立「教」,依教而成「佛」。

　　法藏爲開講華嚴,善用巧喻,其中尤以爲武則天闡述「十重玄門」、「六相圓融」之義而以「金師子」譬喻說明,將華嚴「理

---

[51] 大正 45‧477 上。
[52] 大正 45‧481 中。
[53] 大正 45‧481 中-下。
[54] 大正 45‧481 下-482 上。

體事用」之義，藉由「緣起色空」之論述而剖析詳明，見《大方廣佛華嚴經金師子章》（以下簡稱《華嚴經金師子章》）所云：

> 明緣起者。謂金無自性，隨工巧匠之緣，遂有師子之相起，起但是緣，故名緣起。[55]

法藏以「金師子」為例說明華嚴之「法界緣起」，其中「金」喻「法界之體」，代表「一真之理」或「一真之性」，「金」為「不變」之義。以「師子相」喻「法界之用」，代表「緣起事法」，「師子相」為「差別」義，乃隨「金」與「工匠手藝」而成，故曰「緣起」。緣起之「相」雖繁「多」，但「理」實「一」而「不變」。法藏再述有關「色空」義：

> 辨色空者。謂師子相虛，唯是真金，師子不有，金體不無，故云色空，又復空無自性，約色以明，不礙幻存，故名色空。[56]

「師子相虛」，實因「師子相」之成，是依「真金」而有，故以「師子相」而言，終究是暫時存在之幻相，故曰「師子不有」（終究成空）；然此「師子相」中之「金」，卻是不變之金性，故曰「金體不無」（永恆存在）。一切物質性之事物（色），終究成「空」，然「空」本身並不具有永恆之形狀，「空」實為表述物質事物之一

---

[55] 大正 45・668 上-中。此《華嚴經金師子章》，宋・承遷為之注。
[56] 大正 45・668 中。

種現象，故曰「緣起性空」，「緣起」（色）實不礙「性空」（空）之存在，故曰「色空」。法藏以「金」「師子」為喻說明，相雖繁多，但理實為一，一一法界皆同一本體。

法藏尚有於《華嚴經》相關闡述之著作，如：《華嚴經旨歸》（共 1 卷）、《華嚴策林》（共 1 卷）、《華嚴經問答》（共 2 卷）、《華嚴經明法品內立三寶章》（共 2 卷）、《華嚴經義海百門》（共 1 卷）、《修華嚴奧旨妄盡還源觀》（共 1 卷）、《華嚴遊心法界記》（共 1 卷）、《華嚴發菩提心章》（共 1 卷）與《華嚴經關脈義記》（共 1 卷）等。[57]法藏承繼杜順、智儼，其一生宏揚《華嚴經》可謂不遺餘力，而華嚴宗之立宗，法藏當稱首要功臣，故《佛祖統紀》所云之：「儼授賢首法藏，其教遂行。」以肯定法藏於華嚴宗之開展推動上之貢獻，另於《法界宗五祖略記》〈三祖賢首國師〉中有云：「上元元年，有旨命京城十大德，為師授滿分戒，賜號賢首。」[58]武后以《華嚴經》之賢首菩薩之名賜號予法藏，[59]可謂對法藏之推崇備至，而華嚴宗亦稱「賢首宗」，足見「賢首」所代表之意義，不僅僅是代表個人，實亦代表整體之《華嚴經》與「華嚴宗」。

今以法藏一生於華嚴宗上之貢獻，約可呈列《華嚴經》思想特點如下：

1. 華嚴所營建之法界，總稱為「蓮華藏界」，在此一總體法界中，現象與現象間皆可相融無礙，其要義在「心境一味」上，唯「心」能包融，則觀一切「境」自可圓融無礙，此乃大慈悲之展現。

---

[57] 以上之著作，今皆收錄於《大正藏》第 45 冊。
[58] 卍續 134・273b。
[59] 八十《華嚴經》卷 14、15 有〈賢首品〉。

2. 華嚴雖強調「一」大整體義,然亦開「一乘」與「分齊」義,唯有「海印三昧全體遍收」之下,終歸是「一味」,是「齊」義;同理,開「五教十宗」亦總歸入於《華嚴經》之圓融無礙中。

3. 華嚴強調「法界緣起」,然在「隨緣不變」、「不變隨緣」之下,物質(色、事)與本體(空、理)終究是無礙。

以大慈悲心而展現「心境一如」,相融現象與現象之差異性,一一入於無礙之境地,且一切「色」、「空」之間亦是相依相融而存在著,此可謂是《華嚴經》思想特點之一。

(四)華嚴四祖－澄觀

華嚴四祖澄觀之生平歷程,於《宋高僧傳》卷 5〈澄觀傳〉將其列入「義解篇」中,所節錄者如下:

> 釋澄觀,姓夏侯氏,越州山陰人也。
>
> 年甫十一,依寶林寺霈禪師出家,誦《法華經》。
>
> 十四遇恩得度。
>
> 乾元中依潤州棲霞寺醴律師學相部律,本州依曇一隸南山律,詣金陵玄璧法師傳關河三論。
>
> 大曆中就瓦棺寺傳起信、涅槃,又於淮南法藏受海東起信疏義,卻復天竺詵法師門,溫習華嚴大經。七年往剡溪,從成都慧量法師覆尋三論。
>
> 十年就蘇州,從湛然法師習天台止觀、法華、維摩等經疏。
>
> 又謁牛頭山忠師、徑山欽師、洛陽無名師,咨決南禪法;

復見慧雲禪師，了北宗玄理。

於後得智中，起世俗念，學世間技藝，遂翻習經傳子史小
學、五明、秘呪儀軌。

大曆十一年誓遊五臺，往峨嵋求見普賢，登險涉高，備觀
聖像，卻還五臺居大華嚴寺，專行方等懺法。時寺主賢林
請講大經，并演諸論。

德宗降中使李輔光，宣詔入都，與罽賓三藏般若，譯烏荼
國王所進華嚴後分四十卷。又詔令造疏，遂於終南草堂寺
編成十卷。

順宗嘗垂教令述了義一卷、心要一卷，朝臣歸向，咸慕高
風，或從戒訓。

恆發十願，逮盡形期，恆依願而修行也。[60]

由澄觀之修學經歷可得知，其真可謂是涉獵廣博，不但於各
大乘經論皆有修習，且於律、禪、天台諸宗亦皆受學之，更旁及
經傳子史，並兼通五明、秘呪儀軌等，其修學心態是包融的，其
一生雖多所講學與注疏，但專行懺法，依所發十願而修行等，實
可看出是一學行兼備之大師。

有關澄觀之出生記年，《宋高僧傳》中並無詳載，唯其卒年記
曰：「以元和年卒，春秋七十餘。」[61]此為一說。然另於清·續法
《法界宗五祖略記》〈四祖清涼國師〉中，有關澄觀之生卒年載為：
「生於玄宗開元二十六年。師生歷九朝，為七帝師。俗壽一百二，

---

[60] 大正 50·737 上-下。
[61] 大正 50·737 下。

僧臘八十三。」[62]若依之而計算,則澄觀之行年當約在公元 738-839年間。澄觀一生於「僧譽」而言,可謂位高望重,其一生歷經九朝,其封號分別列之如下:

九朝	封號	重要事蹟
玄宗		生於玄宗開元二十六年（738）。
肅宗		至德二年（757），師受具戒於曇一大師門下。
代宗	潤文大德	大曆三年（768），詔師入內,於大興善寺譯經。帝問佛經大旨,師答條然有緒,帝於言下豁悟,遂事以師禮。
德宗	清涼國師	貞元十二年（796），賜紫衲方袍,禮為「教授和尚」。 貞元十五年（799），詔受「鎮國大師」號,進天下大僧錄,四月帝誕節,詔入內殿,闡揚華嚴宗旨,帝朗然大覺曰:「能以聖法清涼朕心。」
順宗	（禮為國師）	永貞元年（805）詔師於興唐寺,為造普光殿華嚴閣,塑華藏刹圖法界會。
憲宗	僧統清涼國師	元和五年（810）詔師入內談華嚴法界之義,帝聽玄談已,廓然自得,即勅有司,別鑄金印。
穆宗	大照國師	
敬宗	大照國師	
文宗	大統國師	太和五年（831）帝受心戒於師。

---

[62] 卍續 134・275b-276d。

澄觀一生著作頗多，其中爲《華嚴經》作「疏」者有《華嚴
經疏》（共 60 卷），其〈序〉中有云：

> 往復無際，動靜一源。含眾妙而有餘，超言思而迥出者，
> 其唯法界歟！剖裂玄微，昭廓心境，窮理盡性，徹果該因，
> 汪洋沖融，廣大悉備者，其唯大方廣佛華嚴經焉。
> 故我世尊十身初滿，正覺始成。乘願行以彌綸，混虛空為
> 體性。富有萬德，蕩無纖塵。湛智海之澄波，虛含萬象；
> 皪性空之滿月，頓落百川。羅七處於法界，無違後際；暢
> 九會於初成，盡宏廓之幽宗。被難思之海會，圓音落落；
> 該十刹而頓周；主伴重重。極十方而齊唱，雖空空絕跡，
> 而義天之星象燦然。湛湛亡言，而教海之波瀾浩瀚。若乃
> 千門潛注，與眾典為洪源，萬德交歸，攝群經為眷屬，其
> 為旨也。[63]

澄觀由博通各經論、各學門中，而終究選擇《華嚴經》爲弘
揚之主要對象，實乃因深悟於《華嚴經》之「法界」內容，是以
「心」爲觀照之主體性，此「心」是世尊成正等正覺之「心」，此
「心」亦是凡夫眾生之「心」，故佛心與凡心本是相融，而眾生亦
可依此「凡心」而見「佛心」；同理，眾生亦可依己之本智而求得
佛智，如是，則真與妄、事與理皆可交徹相融。在如是理路之下，
於現象界中本是千差萬別之「事」與「事」，則皆可相涉而無礙，
故佛所證得之「十身」，亦本是相作而如是矣！澄觀謂《華嚴經》

是：「與衆典爲洪源，攝群經爲眷屬」，誠是讚嘆《華嚴經》以「心」爲旨之義，是佛與衆生、理與事、一切法界之總活水源頭。

澄觀另一爲《華嚴經》作注釋者爲《華嚴經隨疏演義鈔》（以下簡稱《華嚴經疏鈔》）（共 90 卷），其〈序〉云：

> 至聖垂誥，鏡一心之玄極。大士弘闡，燭微言之幽致。雖忘懷於詮旨之域，而浩翰於文義之海，蓋欲寄象繫之迹，窮無盡之趣矣！斯經文理，不可得而稱也。[64]

澄觀能深明後世學人，於《華嚴經》之「文理」，易於「不可得而稱」。故其爲《華嚴經》所注之「疏鈔」，是爲使後人能「髣髴近宗」、「得覩光輝」，[65]由此〈序〉文中，澄觀點出一重要之旨，即歷代至聖之言說，無非在指明「一心」之義而已，然常人卻易溺陷於「浩翰文義之海」中，故終難明至聖垂誥之用心與宗趣矣！〈序〉中又云：「人在則易，人亡則難。今爲解釋，冀遐方終古，得若面會。」佛之演說是「圓音」，衆生可各依「所需」而取得「所悟」，且當在佛之座下，可隨時請益解惑，故曰「人在則易」；一旦去聖久遠，後人各依己意而揣測，更易產生「依文解義」之弊病，則經旨終將隨離佛日遙而漸行漸遠，故曰「人亡則難」，而澄觀之願心亦在此，期於《華嚴經》之講說注解下，與佛能「得若面會」。

澄觀除爲《華嚴經》作注疏，其闡述華嚴微言大義之代表作

---

[64] 大正 36．1 上。
[65] 大正 36．1 上。。

有《華嚴法界玄鏡》（共 2 卷）、《三聖圓融觀門》（共 1 卷）等。[66]
另尚有《五蘊觀》（共 1 卷）、[67]《華嚴經綱要》（共 80 卷）。[68]澄
觀一生德高望重，甚受帝王禮敬，其以「國師」之身份，爲帝王
開演心法可謂常事，其中《答順宗心要法門》（共 1 卷），[69]是澄
觀闡述「一心」意旨之重要著作，文云：

> 至道本乎其心，心法本乎無住，無住心體，靈知不昧。性
> 相寂默，包含德用，該攝內外，能廣能深，非有非空，不
> 生不滅，求之不得，棄之不離。迷現量則惑苦紛然，悟真
> 性則空明廓徹，雖即心即佛，唯證者方知。然有證有知，
> 則慧日沉沒於有地；若無照無悟，則昏雲掩蔽於空門。但
> 一念不生，前後際斷，照體獨立，物我皆知。直造心源，
> 無智無得不取不捨，無對無修。[70]

佛之開演，雖言其法萬千，但於「佛」而言，皆本於佛之「心」
悟而已矣！依「心」故有「千法萬法」，實要言之，實本「無法」。
此「心體」是佛與眾生之一本皆然，於佛而言並無增益，於眾生
而言亦並無減損，誠謂凡聖同之。於此「心體」之證悟，在於「不
取不捨、無對無修」，因「心體」本不可求得，亦不可捨離，是一
超對待且不可思議之。「直造心源」實要學人返轉個人本具之源

---

[66] 以上兩著作，今收錄於《大正藏》第 45 冊。
[67] 收錄於《卍續藏》第 103 冊。
[68] 此作分別收錄於《卍續藏》第 12、13、14 冊，提爲：唐·澄觀疏義，明·德
清提挈。
[69] 此作提名爲：唐·澄觀撰，唐·宗密注。
[70] 卍續 103·303cd。

（心）即可，一切演說無非在「此」，一切修證亦在「此」，如是則確然與「並無說一字」之「本來無一法」「本來無一物」相應，唯此「心源」而已矣！

且以澄觀一生之修證，觀其於《華嚴經》之要旨闡述中，約可點出《華嚴經》之重要義理方向如下：

1. 以「心」爲境，則印現一切恍如大海般，誠是廣大周遍，無所不包、無所不現，故特強調由「一心」而開展之法界，終是「超言思」之境地。

2. 以「心」爲至道之源，修證依此（心）而成，總攝群經亦在此（心），且諸佛所垂誥之旨亦唯是此（心）。

3. 此「心」人人本具，現現成成，是超一切之對待而獨立永存，本無所得，亦無所失，是人人一絕待之本體。

強調「心」之法門與要旨，且以「一心」爲法界之源，唯能直悟「心源」，則必與華嚴世界相融相映，此是《華嚴經》思想特點之一。

（五）華嚴五祖－宗密

華嚴五祖宗密之生平介紹，據《宋高僧傳》卷 6〈宗密傳〉將其列入「義解篇」中，其歷程約略如下所述：

> 釋宗密，姓何氏，果州西充人也。家本豪盛，少通儒書，欲干世以活生靈，負俊才而隨計吏。
> 元和二年，偶謁遂州圓禪師，圓未與語密，欣然而慕之，乃從其削染受教。此年進具于拯律師。尋謁荊南張。復見

洛陽照禪師。

末見上都華嚴觀，觀曰：毘盧華藏能隨我遊者，其唯汝乎！初在蜀，因齋次受經，得圓覺十二章，深達義趣，誓傳是經。

在漢上，因病，僧付華嚴句義，未嘗隸習，即爾講之，由是乃著圓覺、華嚴及涅槃、金剛、起信、唯識、盂蘭盆、法界觀、行願經等疏鈔，及法義類例、禮懺修證、圖傳纂略。又集諸宗禪言為禪藏，總而序之。並酬答書偈議論等，又四分律疏五卷、鈔懸談二卷，凡二百許卷，圖六面。皆本一心而貫諸法，顯真體而融事理，超群有於對待，冥物我而獨運矣！

密累入內殿，問其法要。

大和二年，慶成節，徵賜紫方袍為大德，尋請歸山。會昌元年正月六日，坐滅於興福塔院。[71]

宗密之修學歷程是「由儒而入佛」，其於《圓覺經大疏釋義鈔》（以下簡稱《圓覺經大疏鈔》）卷 1 之下有云：「即七歲乃至十六、七歲為儒學。十八、九，二十一、二之間素服莊居，聽習經論。二十二又卻全功，專於儒學，乃至二十五歲，過禪門，方出家矣！」[72]不論是早期之專研儒學，或至出家前排徊於儒、佛之間，此皆說明宗密有深厚閱讀典籍之背景。其「捨儒」之由，實源於對儒家教育在科舉制度中，所造成之弊病：「俱溺筌蹄，唯味糟粕者。

---

[71] 大正 50 · 741 下-742 上。
[72] 卍續 14 · 222ab。

意言俱專文言，不得其意。」[73]宗密既對「儒」有失望之處，故尋之於「佛」，然：「釋教宗意，通達自心，修習定慧，具於悲智，不在立身事業，當時難習之而迷之。」[74]宗密在「佛」之旨難以契入之下，只好悠遊於儒、佛之間，然其用心與緣遇，在〈遙稟清涼國師書〉中有云：「宗密……志好道而不好藝，縱游藝而必欲根乎道。……後遇遂州大雲寺圓和尚法門，言下相契，師資道合。一心皎如，萬德斯備，既知世業事藝本不相關，方始落髮披緇，服勤敬事。」[75]宗密所好之「道」，並非是指世俗立身之事業，其「道」是指窮究圓宗之心源，至與遂州圓師相遇，因：「問法契心，如針芥相投也。」[76]即追隨圓禪師而出家爲僧，此爲宗密師承系統之一，宗密在《中華傳心地禪門師資承襲圖》（以下簡稱《禪門承襲圖》）是以荷澤宗之傳承自居：

神會→磁州智如→益州南印→遂州道圓→圭峰宗密。[77]

　　宗密雖隨荷澤宗道圓和尚出家，然又「尋謁荊南張」；「荊南張」即是指益州南印禪師，南印有一弟子住於洛陽奉國寺，即神照。據《宋高僧傳》所描述，宗密先後見過「荊南張」與「照禪師」，而此兩人對宗密皆有甚高之期許：「張曰：汝傳教人也，當宣導於帝都。照曰：菩薩人也，誰能識之。」[78]由南印指出「當

---

[73] 卍續 14・222b。
[74] 卍續 14・222b。
[75] 此文收錄於《圓覺經略疏》卷下 2，大正 39・576 下。
[76] 《圓覺經大疏鈔》卷 1 之下，卍續 14'・222d。
[77] 卍續 110・435ab。
[78] 大正 50・741 下。

宣導於帝都」，終又使宗密上謁當時已名滿天下之澄觀，而由澄觀
對宗密所言之：「毘盧華藏能隨我遊者，其唯汝乎！」即可看出澄
觀對宗密之稱可。華嚴宗之師承系統，是由澄觀宗法藏師說，而
確立其正式型態，故華嚴宗之系統順序是：

杜順➔智儼➔法藏➔澄觀➔宗密

由上而知，宗密有雙師承，一爲荷澤宗，另一則爲華嚴宗。
宗密一生著作甚豐，且涵蓋範圍亦廣。在其眾多之著作中，其對
《圓覺經》有甚深之體悟，據宋‧道原《景德傳燈錄》（以下簡稱
《傳燈錄》）卷 13〈圭峰宗密禪師傳〉云：「得圓覺十二章，覽未
終軸，感悟流涕。歸以所悟之旨告于圓，圓撫之曰：汝當大弘圓
頓之教，此諸佛授汝耳！」又云：「吾（宗密）禪遇南京，教逢圓
覺。」[79]宗密於《圓覺經》之相關著作中，以《圓覺經大疏》（共
12 卷）[80]及《圓覺經大疏鈔》（共 26 卷）[81]爲最具代表性。宗密
對《圓覺經大疏》有甚高之重視，其於《圓覺經大疏鈔》中有如
是之敘述：

> 良由此經具法性、法相、破相三宗經論，南北頓漸、兩宗
> 禪門。又分同華嚴圓教，具足悟修門戶，故難得其人也。
> 宗密遂研精覃思，竟無疲厭，後因攻華嚴大部清涼廣疏，
> 窮本究末。又遍閱藏經，凡所聽習、諮詢、討論、披讀，

---

[79] 大正 51‧305 下。
[80] 今收錄於（卍續 14‧108a-203b）。
[81] 今收錄於《卍續藏》第 14 冊。

一一對詳圓覺，以求旨趣。[82]

　　《圓覺經大疏》表面似在闡揚「圓覺」大旨，然此著作實集數部諸家之章疏及數十部經論而完成，其中亦受澄觀之影響頗深，故此《大疏》顯然已有融合各經論之態度與趨勢。另宗密在有關華嚴之論述著作上，重要者有：《注華嚴法界觀門》（共 1 卷）、[83]《注華嚴法界觀科文》（共 1 卷）、[84]《華嚴經行品疏鈔》（共 6 卷）、[85]及《華嚴心要法門注》（另一題名爲《答順宗心要法門》）（共 1 卷）。[86]

　　宗密是一位博學多聞且一生著作不輟之高僧。觀其由「禪」而入「華嚴」，再觀其一生不以弘揚一宗一經爲滿足，且其作品之種類包羅甚廣，有注釋、纂集、創作與繪圖等，並將其觸角廣伸至各門各宗中，一生力主「教禪一教」，此誠謂是合融之心態。在教家與禪家互相攻訐之時下，其《禪源諸詮集都序》（共 4 卷）之作，提出以如來三種教義，印禪宗三種法門，要後學們回歸諸佛、菩薩之教化根源，實不離「心」耳！其卷上之一有云：

　　　今時有但目真性爲禪者，是不達理行之旨，然亦非離真性別有禪體。但眾生迷真合塵，即名散亂；背塵合真，方名禪定。若直論本性，即非真非妄、無背無合、無定無亂，

---

[82] 卍續 14・223a。
[83] 收錄於《大正藏》第 45 冊。
[84] 此書收錄於《卍續藏》第 103 冊。
[85] 題爲唐・澄觀別行疏，唐・宗密隨疏鈔。此書收錄於《卍續藏》第 7 冊。
[86] 題爲唐・澄觀撰，唐・宗密注。今收錄於《卍續藏》第 103 冊。

誰言禪乎！況此真性，非唯是禪門之源，亦是萬法之源，
故名法性。亦是眾生迷悟之源，故名如來藏藏識。亦是諸
佛萬德之源，故名佛性。亦是菩薩萬行之源，故名心地。[87]

　　所謂真性、法性、如來藏、佛性與心地，名詞雖異，其義實
同，皆同指歸人人本自具足之「心性」，以此本源（心法）則各宗
各門本為一致，而歧義處唯在因時、地、事之開法闡述有善巧權
變之異所致。當佛教內部正因所宗經論或所述之義產生紛見時，
宗密以返歸尋「法」之源頭即「心」，而欲統合整體佛教，其用心
已昭然。然宗密除為佛教內部和諧而採取之「教禪一致」外，其
《原人論》（共 1 卷），更以佛教立場而論述儒與道，其〈序〉文
云：「策萬行、懲惡勸善，同歸於治，則三教皆可遵行。推萬法、
窮理盡性，至於本源，則佛教方為決了。」[88]如是之論述觀點，
隱然在會融儒、道與釋為一之趨勢。

　　今以宗密特殊雙師承系統之身分，來探觀其予《華嚴經》之
助力與啟示處如下：

1. 「本一心而貫諸法」，「法」有實有權，然一切法皆為使
   眾生轉迷為悟，故返歸法之源－「心」，則一切經論法門
   皆可圓融無礙。

2. 學人於各宗經論皆可修學、闡釋之原由，乃在於「心」
   本具有合融無礙之特色，「心」之體並不隨所觀、所述之
   經論不同而改異其「心」之體。今且以「眼」觀「色」

---

[87] 大正 48．399 上-中。
[88] 大正 45．708 上。

為例說明則易明曉：「眼」若觀「紅」色，然眼不變紅，同理，觀「橙、黃、綠」等，「眼」之體並不隨外色而改變其眼之體；眼但可印現萬色，但其體終究不變。

強調「心」可隨緣不變、不變隨緣是《華嚴經》之思想特點，唯有以此「心」之體才能融合諸經論、各宗門與不同教別相融為一，同於華嚴法界中而悠遊自在。

三、《華嚴經》之「佛名」釋義與特點

（一）「大方廣佛華嚴」之釋義與特點[89]

《華嚴經》是佛始成正覺之說，亦可謂是「成佛」之總論，經中有兩「佛名」是最具代表華嚴世界所具涵之「成佛」義：一為「大方廣佛華嚴」，另一為「毘盧遮那佛」，此兩「佛名」所涵蓋之意義，將呈現整部《華嚴經》之「成佛」特色。關於「大方廣佛華嚴」之釋義，唐‧宗密於《注華嚴法界觀門》卷1有云：

> 大方廣佛華嚴，所依經也。大方廣是所證法，佛華嚴是能
> 證人。大者體也，諸佛眾生之心體。方廣即體之相用。佛
> 者果也。華嚴因也。華喻萬行，嚴即大智，大智為主，運
> 於萬行。嚴大方廣，成佛果也。[90]

---

[89] 今於《大正新修大藏經》中收錄有：一、六十卷本，由東晉‧佛馱跋陀羅譯，又稱「舊譯本」。二、八十卷本，由唐‧實叉難陀譯，又稱「新譯本」。

[90] 大正 45‧684 中。

　　「佛」爲萬德莊嚴之成就，總具三十二相、八十種好，一切之「相、好」必來自於累劫修行之慈悲與智慧。所謂「萬德莊嚴」即代表「德行圓滿」，既是「圓滿」則當指一切皆「圓融無礙」、「圓滿無盡」，無礙、無盡之包涵範圍當是周遍法界，此係指修「華嚴」法門之學人，當勤於遍修一切法門、遍行一切德行。佛門以「佛、法、僧」爲三寶，於八十《華嚴經》卷 14〈淨行品〉於歸依三寶之偈語是：「自歸於佛，當願眾生，紹隆佛種，發無上意。自歸於法，當願眾生，深入經藏，智慧如海。自歸於僧，當願眾生，統理大眾，一切無礙。」[91]此中之「深入經藏」是爲得求「智慧」；「統理大眾，一切無礙」是「慈悲」行之展現，唯能同具「智慧」與「慈悲」才能真正荷擔如來家業而「紹隆佛種」。若偏求「智慧」而無「慈悲」者，難發入世救度之弘願，終成自了漢；但有慈悲心之發願，若無「智慧」爲後盾，則「慈悲」有時反成是另一種陷溺，無法真正達成利益眾生之目的。《華嚴經》以「大方廣佛」爲經中之「本尊」，唐・法藏於《華嚴經探玄記》卷 1 釋云：

　　　　大以包含為義，方以軌範為功，廣即體極用周，佛乃果圓覺滿，華譬開敷萬行，嚴喻飾茲本體，經即貫穿縫綴。能詮之教著焉，從法就人，寄喻為目。故云：大方廣佛華嚴經。[92]

　　總論說如下：

---

[91] 大正 10・70 上-中。
[92] 大正 35・107 中。

大：包含無邊無量之一切諸法界、法門，此特指「諸佛眾生
　　之心體」，能遍一切處、通一切處。

方：有「軌範」之義，係指要遵守一切戒律，修持一切通向
　　德性圓滿之行。

廣：是由「大」與「方」所成之結果，代表「心」與「行」
　　兼具圓滿。

佛：能得成「大」、「方」、「廣」則達成自覺覺他、覺性圓滿
　　之境。

華：本爲「花」之義，「修行」之路恍若由根（善根、種子）
　　→葉（行持、自覺）→花（開敷、利眾）→果（成佛、
　　覺他圓滿）。於「佛果」而言，則「花」代表開敷一切法，
　　此是成「佛果」前之必然之「德行」。

嚴：有「嚴飾」義，修行之「外飾」在「嚴」，「戒律」可謂
　　是修行最莊嚴之飾。釋尊臨終囑弟子當「以戒爲師」，[93]
　　此當有深義焉。戒行確能成就並護持「佛果」，然一切嚴
　　飾戒行亦需在智慧之下才能不偏執、不着，故「嚴」亦
　　代表大智，有大智才能行於萬行、嚴飾本體，使修行之
　　一切功德能不缺漏。

經：常理、常法、常道。此喻：欲成就佛果，當具大智、大
　　行，心遍法界、相融同體一切法界眾生，以達體用兼備、
　　果圓覺滿之境。亦喻：此經之論說法義，確是真理，不
　　可質疑。

---

[93] 宋·志磐《祖佛統紀》卷 15 云：「世尊將入涅槃，是時中夜寂然無聲，爲諸
弟子略說法要。汝等比丘於我滅後，當尊重珍敬波羅提木叉（戒），當知此
則是汝大師，若我住世無異。」（大正 49·166 下）。

此「大方廣佛華嚴」另以一表說明如下：

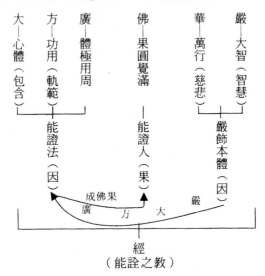

總曰：以大智（嚴）開敷萬行（華）之修持，來證悟心體（大）之作用（方）可廣大（廣）週遍包含一切法界，而得成果圓覺滿之佛（佛）境。

今以「大方廣佛華嚴」之釋義約略可了解《華嚴經》之特色有如下幾點：

1. 強調「心體」，以「心」為一切諸佛眾生之「體」。
2. 重視「功德」兼備，「內德」必行之於「外功」，有積極入世之傾向。
3. 採取「慈悲與智慧」雙軌並行，以助長修行之體用皆臻至圓滿之地。
4. 明確注意「因」至「果」之關係。
5. 以證悟果圓覺滿之佛境為最高目標。

以「心」為主旨核心，強調廣修眾德，以達成圓滿佛果，是

《華嚴經》之思想特點之一。

（二）「毘盧遮那佛」之釋義與特點

　　《華嚴經》以「大方廣佛」為經名標目之佛，此仍依「佛」格修成之廣義面而論之，言一切諸佛之修證皆需在「大」（以心體為大）、「方」（遍修軌範之德）、「廣」（心、行圓滿周遍）之修持下而得成。然《華嚴經》所論述「佛身」之證悟，是總歸之於「毘盧遮那佛」，據黃懺華先生曾論述有關華嚴宗之「佛身」中有云：

> 此宗以釋迦、盧舍那、毘盧遮那，為一佛之異名。依法界無盡緣起教門，談融三世間真應相融一多無礙十身具足摩訶毘盧遮那佛。又說周遍法界十佛之身，不同三乘等變化身及受用身等說。[94]

　　所謂「佛身」乃佛陀所證悟之身，依佛陀一生之行教，大抵以「三身」即法身、報身、化身為主要象徵說明，「法身」係指佛陀一生所留下之言教，佛陀之色身雖住世八十載，終歸煙滅，然所開示之「法」將永傳後世。「報身」係指因修持之德行圓滿，而回報於佛陀之相好莊嚴，此即佛具有三十二相、八十種好；若以世俗言之，即個人一生所得之福報。「化身」係指佛陀為行遊教化世間，因應攝化不同之對象，所展現不同之風貌；依世俗言之，即個人在不同身分中，有不同之對應與樣態。佛身之證悟與論說，

---

[94] 黃懺華《佛教各宗大意》，頁460，（台北：佛陀教育基金會，2000年）。

各宗雖有不同,但以此「三身」可總言括之。《華嚴經》既強調「心體」之重要性,以「心」可含融周遍一切法界,則不論是三身、四身、五身或十身等,要曰在「一多無礙」之下,皆可相融為一「摩訶毘盧遮那佛」。

有關「毘盧遮那」之義,據唐·慧琳《一切經音義》卷 21 所云:

> 案梵本毘字……云種種也。毘盧遮那,云光明照也;言佛於身智,以種種光明照眾生也。或曰毘,遍也;盧遮那,光照也;謂佛以身智無礙光明,遍照理事無礙法界也。[95]

「毘盧遮那」義譯為光明遍照,以佛之修德所成之「身」或「智」皆可光明遍照至一切眾生身上與一切法界中,此即意謂「佛」將以其法身、報身、化身而廣度一切法界之眾生。於六十《華嚴經》中,有〈盧舍那佛品〉,[96]文中有云:「盧舍那佛大智海,光明普照無有量,如實觀察真諦法,普照一切諸法門。」[97]顯然,「盧舍那」所代表之義亦是「光明普遍」。至八十《華嚴經》時,則名為〈毘盧遮那品〉。[98]《華嚴經探玄記》卷 3〈盧舍那佛品〉中,將「盧舍那」與「毘盧遮那」有總釋云:

> 盧舍那者,古來譯或云三業滿,或云淨滿,或云廣博嚴淨。

---

[95] 大正 54·434 下。
[96] 大正 9·405 上-418 上。
[97] 大正 9·405 下。
[98] 大正 10·53 下-57 下。

今更勘梵本具言毘盧遮那。盧舍那此翻名光明照。毘者此
云遍，是謂光明遍照也。此中光明有二種：一智光，二身
光。智光亦二義：一照法，謂真俗雙鑒；二照機，謂普應
群品。身光亦二種：一是常光，謂圓明無礙；二放光，謂
以光警悟。此中遍者亦二種：一平漫遍，無礙普周故；二
重重遍，如帝網重現故。此二圓融，各全體遍，非是分遍。
故云：佛身充滿諸法界，普現一切眾生前。此中身智無礙，
故身光即智光。二遍無礙，故平遍即重重。光遍無礙，故
光明即遍照。遍照性開覺，是故名為佛。[99]

「盧舍那」即「毘盧遮那」，其義之重點在「光明」、「遍照」、
「重重」、「無礙」與「圓融」等，分別論說如下：

光明：代表身、智皆莊嚴、明徹，遠離一切之無明與暗昧。

遍照：光明可遍照至一切之深谷與幽冥，光明無所不至、無
　　　所不遍。

重重：一切法界皆可無盡無邊之延伸。

無礙：一切時、空間皆不能阻隔。

圓融：無量法界可相融相攝爲一共同體。

依《華嚴經》所論述之法界是全體周遍，則釋迦、盧舍那、
毘盧遮那皆一「佛」之異名，是三爲一，亦是一爲三。在重重之
法界中，佛之名號本有無量數，此乃諸佛爲教化一切，在不同法
界中，因眾生善根業報之差異，故眾生所見亦不同，於「佛」而
言，佛之名號實皆權設。於六十《華嚴經》卷 4〈如來名號品〉

---

[99] 大正 35・146 下。

有云：

> 此四天下，佛號不同，或稱悉達，或稱滿月，或稱師子吼，
> 或稱釋迦牟尼，或稱神仙，或稱盧舍那，或稱瞿曇，或稱
> 大沙門，或稱最勝，或稱能度，如是稱佛名號其數一萬。[100]
> 虛空法界等世界中眾生，稱佛名號各各不同，南西北方，
> 四維上下亦復如是，皆是如來為菩薩時，有因緣者，為度
> 此故，種種方便，口業音聲，行業果報，法門權道，諸根
> 所樂，令諸眾生，知如來法。[101]

　　法界無量代表「多」，故佛之名號其數亦無量；然重重法界可
相融為一，此即代表「一」，於《華嚴經》則此佛總名為「毘盧遮
那佛」，而不同法界之佛身、佛德、佛智，一一皆在展現毘盧遮那
佛之「大人相」，故云：「毘盧遮那如來，有如是等十華藏世界海
微塵數大人相，一一身分，眾寶妙相，以為莊嚴。」[102]《華嚴經》
所言之「毘盧遮那佛」身是「非局報身，以通器等三種世間，具
十身故。」[103]《華嚴經》所欲營建之世界是廣大遍容一切，然在
「一」與「多」之佛身之下，能周遍於無礙法界之佛身，亦絕非
可變化之局報身，此乃在強調，於華嚴世界中，毘盧遮那佛身非
三乘之「變化身」（為救度眾生而隨類示現於世間之身，如佛教之

---

[100] 大正 9・419 上。
[101] 大正 9・420 上-中。
[102] 八十《華嚴經》卷 48〈如來十身相海品〉論列有九十七種大人相。見於（大
正 10・251 中-255 下）。
[103] 見於唐・法藏《華嚴經探玄記》卷 3〈盧舍那佛品〉，大正 35・146 下。

開創者釋迦牟尼佛，其示現於人世間，由出生以至老死，其一世之歷程是一隨類之變化身），[104]亦非「受用身」（於經典中，所闡述之諸法會中，各菩薩所見佛住於淨土之身，此亦可謂是佛之報身），[105]其是「十身具足摩訶毘盧遮那佛」，以「十」代表圓滿周遍，於八十《華嚴經》卷58〈離世間品〉即有闡述「十種見佛」之說：

> 菩薩摩訶薩，有十種見佛。何等為十？所謂於安住世間成正覺佛，無著見。願佛，出生見。業報佛，深信見。住持佛，隨順見。涅槃佛，深入見。法界佛，普至見。心佛，安住見。三昧佛，無量無依見。本性佛，明了見。隨樂佛，普受見。是為十。[106]

此十佛之得見，是隨根慧與願力之不同而展現，而所見之佛不同，乃源於「心」之見地境界不同所致：

1. 正覺佛：「正覺」乃就「佛」之智德言之。代表佛法之早期聖典如《雜阿含經》卷4〈第101經〉云：「我雖生世間，不為世間著。」[107]即已明示佛之成在世間，唯其重點要如何才能「不為世間著」，故「正覺佛」唯「心」之

---

[104] 《佛光大辭典》下冊，頁6913，「變化身」條：「亦稱變易身，諸佛為欲利益安樂地前菩薩、二乘及六趣等眾生，由成事智變現無量隨類化身，令彼脫離惡趣，出離三界，而入於初地。」（高雄：佛光出版社，1989年）。

[105] 《佛光大辭典》中冊，頁3101，「受用身」條：「指圓滿一切功德，住純淨之土，恆受用法樂之身。」（高雄：佛光出版社，1989年）。

[106] 大正10‧308上。

[107] 大正2‧28中。

「無著」，不著生死與涅槃，始能見之。

2. 願佛：「願」代表依憑佛之願力所欲成就之目的。一切菩薩道之修行成佛，所憑藉者在初發心，並誓願修成佛，故「願佛」之所見，乃在個己能生發出大誓願，並依願而行，依行而修證成真，即可見之。唐·法藏《華嚴經探玄記》卷 3〈盧舍那佛品〉有云：「佛本願者,明佛往昔曾見是事，因即發願，願今成也。」[108]又云：「一一佛以大誓自要，要成此果，即要期願也。……一一佛所發願，即願多為無間修，謂願心相續也。」[109]能生出「願心」，且持續由往昔以至今成，是謂能見「願佛」。

3. 業報佛：佛法強調「因緣果」，菩薩之歷劫修行，唯能「深信」因緣果報，行萬德莊嚴之行，則必能修證成佛。「業報佛」代表佛之報身，總具一切之相好莊嚴；能深信一切之「行因」，則終有得見「業報佛」之期。

4. 住持佛：「住持」有「保持、持住」之義，佛之所「住持」者，即代表一切淨之根本；佛之持住於「淨」，是為永持悟道之理境。佛法強調迷悟在一念間，「一念悟，眾生即佛；一念迷，佛即眾生。」唯自心若能於隨順一切事理中，而能永持一念之淨、悟，此亦如元·宗寶《六祖大師法寶壇經》（以下簡稱《六祖壇經》）〈行由品〉所云：「菩提自性，本來清淨，但用此心，直了成佛。」[110]佛心即「本來清淨」，心念於隨順間皆能永保清淨，即能得

---

[108] 大正 35 · 155 下。
[109] 大正 35 · 162 中-下。
[110] 大正 48 · 347 下。

見「住持佛」。

5. 涅槃佛：佛法以能得證「寂靜涅槃」爲最高境界。「涅槃」
之義，若於個己之「色身」而言，則代表生命之圓滿結
束。若於個己之「意識」而言，則代表煩惱止息。「涅槃」
顯然是對某一種甚深境界之表述，故「涅槃佛」之稱謂，
實代表「常住涅槃」之境，故唯能「深」契悟「入」者，
才可得「見」之。

6. 法界佛：「法界無量」義爲「佛」之演說，一一法界皆各
有依憑願力而修證得成之佛；故於一一法界中，「佛身」
亦一一遍滿於一切法界中。唯因法界與法界是重重疊
疊，互融互攝的，故所謂「法界佛」之得見，是當個己
之「心量」能廣大周「普」，則即可遍「至」諸法界中，
與諸法界佛會面相見。

7. 心佛：佛與眾生之別，唯在「心」上，心悟即佛，心迷
即眾生。以「佛」之「心」而言，當能遍滿於所有眾生
之心中，此乃因佛之心量廣大，無分無別，能廣納一切
眾生所致。以眾生之心，若要得見「心佛」，必然先要修
學如佛之心量，並「安」然「住」於如佛之心量中，則
必能與「心佛」相應而得見之。「心佛」之得見，實爲暗
喻「心」地法門修持之重要性，佛之心，無隔無礙；然
眾生之心，卻「經界太虛」（義爲：於空中圍籬笆）。

8. 三昧佛：「三昧」爲「定」義，「三昧佛」者，言常住於
三昧之故。依佛法中之三無漏學言之，「戒」爲各宗派之
必然律規，此無庸置言，唯於「定」與「慧」上，則各
有所側重。若依「次序」言之，則有定才有慧，反之，

明「慧」者,則能深知「定」之重要性。菩薩於歷劫修
行中,不論是由「靜中取定」,或由「動中取定」,動靜
間之應對事物,其要點在一「定」字,亦即在「三昧」
中應對一切事事物物而其心不動;若能如是,則必能累
具無量之修行資糧。故修學者,欲見三昧佛,必使「心」
「定」,視事物之動靜而應對自如,「心」不侷限,則能
「無量」;「心」不依恃,則能「無依」,以無量無依之「心」,
則必與三昧佛相見之。

9. 本性佛:佛法之「師子吼」為「決定說」,亦即必如是之
說,如是之肯定。佛法強調一切眾生皆有如來之智慧德
相,人人皆有佛性,一切眾生皆平等。唯因人人皆有佛
性,故人人皆可成佛。此「本性」即是真實之性,依此
真實之本性,必可遍一切處,此之謂「本性佛」。「本性
佛」之提出,是為強調佛之成就在個己之「本性」上,
是否能成就佛道,實無遮攔,但亦不保證。修學者若能
「明了」自性(本性)本來是佛,則即能與「本性佛」
同體相見。

10. 隨樂佛:佛之成是為教化眾生,使眾生能由迷轉悟,由
無明恆轉成明,此是佛之誓願。佛為教化眾生,當能視
眾生之根器不同而施予不同之教化。以佛德之成,是總
具如恆河沙數般之無量無數,則佛之教化眾生,亦當能
「隨」心之所「樂」而施教。此亦即以佛之「一音」(圓
音)而施予無量眾生,眾生亦當隨個己之所取而皆能「普
受」之。故依「佛」而言,是「隨樂佛」;依「眾生」而
言,則是「普受見」。

　　以上爲華嚴總論之「十種見佛」，唯其中「正覺佛」爲佛之總德，其餘則爲佛之分具之德。此十種見佛之關鍵點在「無著」上，換言之，唯「心」能「悟空理」，且又「不執空相」則必然能具「十佛」。然八十《華嚴經》於論述「十種見佛」之後，其總結是：「若諸菩薩，安住此法，則常得見無上如來。」[111]在華嚴所架構之法界中，得見無量佛，即得見十佛，亦即得見「無上如來」，亦可謂是總稱得見「毘盧遮那佛」。「毘盧遮那佛」以「光明遍照」無所不具之德，所展現之分身，實一一皆是毘盧遮那如來之身相。

　　《華嚴經》擅言「十」，喜強調「十」，以「十」代表「圓滿」、「一切」、「多」，然「十」皆由「一」而起，故「一」即多、一切、圓滿。於「十種見佛」義後，唐・智儼《華嚴經內章門等雜孔目章》卷2，更提出「行境十佛」與「解境十佛」兩種：

　　　若一乘義，所有功德，皆不離二種十佛。一行境十佛，謂
　　　無著佛等，如〈離世間品〉說。二解境十佛，謂第八地，
　　　三世間中，佛身、眾生身等，具如彼說。[112]

　　佛法並非只是理論而已，其重視既「解」既「行」，一旦不能實踐之學，於「佛」而言，皆只是「戲論」而已。智儼所論之「解境十佛」與「行境十佛」，正在說明以圓教之智，其所觀照之無量法界，一一皆是佛身之化現。「解境十佛」見於六十《華嚴經》卷26〈十地品〉之「第八地」所云：

---

[111] 大正10・308上。
[112] 大正45・559下-560上。

是菩薩善知眾生身、知國土身、知業報身、知聲聞身、知
辟支佛身、知菩薩身、知如來身、知智身、知法身、知虛
空身。[113]

由「眾生身」以至「虛空身」，以法界可互融互攝之下，無不
是佛身之另一種示現。於菩薩之修學而言，一旦能達真實之智，
亦即能明「心」之體用，則不同「身」之示現，如眾生、聲聞、
辟支佛、菩薩、如來等，其「身」雖有不同，但同為「心體」之
展現則無有差異。故總論此「解境十佛」則云：「是菩薩善知起如
是諸身，則得命自在。心自在、財自在、業自在、生自在、願自
在、信解自在、如意自在、智自在、法自在。」[114]唯在「圓教圓
智」中，則觸目所見之一一身皆是「圓身」，一一皆相融無礙，是
謂真自在，此是「解境十佛」之見地。

「行境十佛」之義，據唐·澄觀《華嚴經疏鈔玄談》（以下簡
稱《華嚴經玄談》）卷3所云：

就佛上自有十身：一菩提身、二願身、三化身、四力持身、
五相好莊嚴身、六威勢身、七意生身、八福德身、九法身、
十智身。[115]

菩薩修證以達圓覺，則其「解」是「圓解」，所見法界一一身

---

[113] 大正9·565中。
[114] 大正9·565下。
[115] 卍續8·208c-d。

皆佛身,此謂「解境十佛」身;由「解」而「行」,此即「圓行」,於廣度眾生中,而示現不同之身,如「菩提身」以至「智身」等,此謂「行境十佛」身。《華嚴經》暢論不同之身,總體而言是「十身」,此十身皆在「毘盧遮那佛」身中而具足圓滿,故《華嚴經玄談》卷3有云:

> 盧遮那是釋迦故,常在此處即他處,故遠在他方,恆住此故。身不分異,亦非一故,同時異處,一身圓滿,皆全現故,一切菩薩不能思故。[116]

有關佛身是「一」或「多」,是為「真」或「應」之問題,《華嚴經》之主張是「真應相融,一多無礙」,在「一身全現」之下,故佛身既非一,也非多;在「一身圓滿」之下,故佛身兼該真、應,此乃基於「毘盧遮那佛」為「十身具足」之佛,是「周遍法界十佛之身」。有關「毘盧遮那佛」之願力特點,於唐·法藏《華嚴經傳記》卷1有云:

> 此經是毘盧遮那佛法界身雲,在蓮華藏莊嚴世界海。於海印三昧內,與普賢等海會聖眾,為大菩薩所說也。凡一言一義,一品一會,皆遍十方虛空法界,及一一微塵毛端剎土,盡因陀羅網微細世界,窮前後際一切劫海,及一一念具無邊劫,常說普說無有休息,唯是無盡陀羅尼力所持,

---

[116] 卍續8·207d-208b。

此乃圓滿法輪稱法界之談耳！ [117]

以「毘盧遮那佛」為「一」整體之總代表，因在「海印三昧」（如大海之印現萬物般）內，更因在「陀羅網」（諸法界同在一總持之架構網）中，故「毘盧遮那佛」即代表一切皆「圓融無礙」、「圓滿無盡」，而「毘盧遮那佛」所呈現之意義即是：「相融相攝，相投相入」之特點。

結語

若以佛教之史實而言，最能代表佛陀之「法義」是「四法印」，於後所開演而出之各經論，一皆不可背離此根本思想，故佛法義淵源流長至今已二千五百多年，然在以「佛教思想」為一象徵義時，則各經論於法義上或各有側重，但同屬於「佛教」之範疇則為共識。《華嚴經》之形成，是歷經一長時間集各單經為一整合而成，其洋洋灑灑共八十卷，且其後之注疏或義理闡述皆甚多，而「華嚴宗」之成立，更代表《華嚴經》受尊崇之地位，即使有質疑其「九會七處」「不合佛陀說法只一處之常規」，[118]但可確然的是：《華嚴經》所開展之「大方廣佛華嚴」與「毘盧遮那佛」之義理特點，已代表大乘佛法之心態，是廣大周遍，於「成佛」而論，

---

[117] 大正 51‧153 上。

[118] 杜松柏《佛學思想綜述》，頁 1228，有關「《華嚴經》」之標目有云：「《華嚴經》之疏論極多，近代學人多因其義理，作哲學形而上的本體研究，略去宗教性而有諸多論述，巨章長文，極盡幽微。至七會、八會等說華嚴，殊不合佛陀說法只一處之常規，而此經何以無秉筆而記之人，又何以未在結集經藏之例，則鮮有疑義。」（台北：新文豐出版公司，2002 年）。

則是人人修人人成、十方修十方成之「十方成佛」之觀點。如是
之心態，若言是《華嚴經》所呈現之特點，不如說是佛法義於發
展中所自然形成之一共同心態與願景。依釋尊教法之義，能得證
無上正等正覺是最終之目標，然於學人而言，「成佛」之依據為何？
方法歷程又為何？此世間、此法界、此時可有得證之希望等？皆
是修學者最切身關心者。若依釋尊之根本心懷而言，則《華嚴經》
雖有其結集過程中之可疑處，但不可否認的是：《華嚴經》「具有
根本法輪與稱性而說的優點」。[119]

---

[119] 今津洪嶽著，印海譯〈大方廣佛華嚴經解題〉，頁34，「依聖典成立史的觀點，
此經所說一字一句，當然並非全是大聖釋迦牟尼佛親口所說，唯因此經結集
是佛滅後很久以後的事，致對本經所說之義理，是否完全開顯了佛陀成道的
內觀不免就有疑問，但從事實看來，本經不可否認地具有根本法輪與稱性而
說的優點。」收錄於《世界佛學名著譯叢 27・佛典研究初編》，（台北：華宇
出版社，1988 年）。

第三章 有關「成佛」之歷史淵源

一、 原始佛教對「成佛」與「證悟」之看法

（一）原始佛教之成佛說
—阿含經義早已有「佛無邊、（法）界無邊」之思想

　　佛教之終極目標是「成佛」，所謂「佛」，大抵意指是「覺者」，是於自覺、覺他以至覺行圓滿者之最尊貴稱謂。而「佛」更代表具足一切之修證功德，且因其功德圓滿以達一切之莊嚴殊勝，實非言思所能窮盡，故總稱「佛」之功德是「不可思議」。而如何才能「成佛」？各宗派雖有修證內容與方法之不同，但可確然肯定的是，「成佛」是各宗派之最高追求。對於「成佛」，不但是一種追求與契盼；且對於所謂「佛」之住世（於某世界或淨土之住持）亦必然肯定。唯成「佛」與所住法界之「數」，則各宗派顯有差異，大抵是「一般以小乘爲一佛說，而大乘爲多佛說。」[1]原始佛教或部派佛教以「佛」特指爲「釋迦牟尼」，如是之判斷確爲一般學人所同意，如云：「在原始佛教中，本來沒有菩薩，只有佛和阿羅漢。佛即覺者，指覺悟人生實相，獲得最終解脫的修行者，是自覺、

---

[1] 《佛光大辭典》中冊，頁 2605-2606，「成佛」條，（高雄：佛光出版社，1989年）。

覺他、覺行圓滿的聖者，也就是指釋迦牟尼。」[2]又如云：「《華嚴經》對大乘佛學的主要貢獻是擴大了成佛的範圍。本來部派佛學只承認現在世界有一個釋迦牟尼佛，過去曾有六佛，將來有彌勒佛，但一個世界不能同時有二個佛。《華嚴經》打破了這一限制，認為在空間上同時有無量無邊的佛國土分佈於十方，因而可以同時有無量無邊的佛，即使大家一時成佛，也可以相容得下。」[3]此中所謂以「小乘為一佛說」，實於佛教之早期歷史中，所謂「佛」即義指為一「釋迦牟尼佛」。以四《阿含經》為代表「早期之聖典」為言，則四《阿含經》之內容是以剖析無常、苦、空、無我與五陰、緣起法等為最多，對於有關「法界」之時、空間概念則涉及較少（此乃相較言之）。唯世尊在為弟子開示某法義時，常會強調此法義是「若佛出世，若未出世，此法常住，法住法界。彼如來自所覺知，成等正覺，為人演說，開示顯發。」[4]「法」義不因佛之出世或未出世而決定其存在與否，「法」本已常「住法界」；雖言「法」本住法界，然唯「佛」能「自所覺知」，換言之，此中之「自」「覺知」是判定是否能「成佛」之重要關鍵。釋尊於「法」能「自覺知」，故待「成等正覺」時，且以其所覺所悟而為人開示演說「法」義，正因其開演使眾生能轉迷為悟，而逐漸「顯發」一切眾生本自所內涵之「自覺知」，以是而知，釋尊正因具備能開示法與顯發法而被尊為「佛」，而「佛」之義，顯是指當世且當下之「佛」。今依釋尊所言仔細思慮，釋尊所言是「若佛出世，若未

2　張文良《彌勒信仰述評》，1990 年，中國人民大學哲學系碩士論文，收錄於《中國佛教學術論典 22》，頁 527，（高雄：佛光山文教基金會，2001 年）。
3　高振農釋義《華嚴經》，頁 11-12，（高雄：佛光出版社，2002 年）。
4　《雜阿含經》卷 12〈第 296 經〉，大正 2‧84 中。

出世」，其言並非特指僅有一佛或某一位佛而已。且對於「法」與「法界」之關聯，釋尊是以「住」而將兩者連結，換言之，「法」是由「法界」中而悟出，故言「法」本就存「住」於「法界」中。釋尊於此雖未更進一步論說有關「法界」之量與數，但「此法常住，法住法界」，在深義之剖析上，任何能「自覺知」於法界中之種種事物之原理（或規律），此即是所謂：「法」，而所謂「自覺知」「法」之範圍所涉及處，當包含可言說之文字符號，與無法完全表達窮盡之心行思慮，換言之，所謂「自覺知」之重點關鍵，即在「自」身之上。然釋尊亦強調「彼如來自所覺知」，此中之「彼」，乃「此」之對稱，而「彼」亦是第三人稱代名詞，由是而審視，釋尊雖論述由「自覺知」可達「成等正覺」之「成佛」，但並未特為明指只有一位佛或僅有一法界而已矣！

　　另有關「自覺」「法」之說明，於《雜阿含經》卷12〈第299經〉有云：「有一異比丘白佛言：世尊！謂緣起法，為世尊作，為餘人作耶？佛告比丘：緣起法者，非我所作，亦非餘人作，然彼如來出世及未出世，法界常住，彼如來自覺此法，成等正覺，為諸眾生分別演說、開發、顯示。」[5]由以上阿含相關之記載，將釋尊之論述做一統整審視：「此法常住」、「法住法界」、「法界常住」，此三句所欲表明之義述之如下：

　　常謂「佛法」之開創者是「佛」（釋迦牟尼佛），此於歷史上之說明當如是；於義理（佛法）上之溯源亦當確然。然釋尊於阿含經義中卻一再強調，所謂「緣起法」非我（釋尊）所作，然亦非餘人作。後人對於佛法之根本思想，是以三法印、四聖諦、十

---

[5] 大正2・85中。

二因緣、八正道等爲核心，而釋尊卻明指「緣起法」是「法界常住」，而如來（佛）之所以異於凡夫，唯在何人能「自覺」此「緣起法」，故依釋尊之義，常人喜引聖人之言，喜引經據典，此亦無可厚非，唯所引者，皆是「世尊曰」、「菩薩曰」，以至「孔子曰」、「老子曰」等，實則任何「法」於釋尊而言，皆是「此法」本「常住」於「法界」，凡夫若能「自覺知」，則可言「我曰」，是「我」之「自覺知」，唯各人所覺知之「法」一皆本「住」於「法界」中，故實無有「法」是由何人所作。依釋尊之義，實本「無法」，而如來於自覺知後，其最高尙之志向即是行持濟世救人，唯令人人皆能開發自覺知，故站在人人皆可（能）開發自覺知之立足點上，則如來之出世及未出世，皆不礙「法界」本「常住」一切法。

除此，釋尊於《阿含經》中亦常言：「無所取者自覺涅槃，我生已盡，梵行已立，所作已作，自知不受後有。」[6]釋尊此言之源頭，是爲弟子開示若於諸世間之法有可取，則有罪過，勸勉弟子們當於諸世間法無所取。「法」是「住法界」，是如來「自所覺知」，然於「法」唯能「無所取者」，才能臻至「自覺涅槃」之境地。而所謂「無所取者」，是當「自所覺知」「法」時，於任何法皆知有其適用性，然亦有其限制性，而「無所取」是於法之態度上，是採不執不著之方式。在原始佛教中，「無常」是代表佛教之「法印」，是佛法之重要標誌之一，「無常」即表示無有一法是永恆不變的，任何法皆是遷流變化的，法既是無常，故於法之態度面對上，「無所取」正是「不執」之表現。釋尊此段之開示，雖強調「涅槃」與「不受後有」，但更積極之義，是建立在「已盡、已立、已作」

---

6 《雜阿含經》卷 10〈第 272 經〉，大正 2‧72 中。

之上,換言之,當盡、當立、當作之事已然完畢,即應捨原所盡、所立、所作之執,如是才能臻至「自覺涅槃」之境地。釋尊顯然於法之強調上,首要「自所覺知」,再是「無所取者」,此兩者是成等正覺以入自覺涅槃之重要根據,由是亦可得知,釋尊之開示,是為廣大凡夫明指一坦途方向,實未論述法界只有「一佛」之說。

今依據《阿含要略》(是書將四《阿含經》做一條例歸納)之整理所得,[7]有關「界」(法界)之部分,有數條例如下:

1. 界無量:如《雜阿含經》卷16〈第444經〉云:「世尊告諸比丘:界不得其邊,當知諸界,其數無量,是故比丘,當善界學,善種種界,當如是學。」[8]此處已點出「界」有「諸界」,且「其數無量」又「不得其邊」,且以「界」為當「學」之事,故釋尊勸勉比丘們當「善界學」,且要「善種種界」,以是而知,「(法)界無量無邊」之義,於《阿含經》早已明顯提出。

2. 眾生常與界和合:據《雜阿含經》卷16〈第445經〉云:「世尊告諸比丘:眾生常與界俱,與界和合。云何眾生常與界俱?謂眾生行不善心時與不善界俱,善心時與善界俱,勝心時與勝界俱,鄙心時與鄙界俱,是故諸比丘,當作是學善種種界。」[9]此段表面是在明示「眾生與界俱,與界和合。」正因眾生心念多,故隨眾生之不同心念,以是「界」實亦無邊無量。由是,眾生既無邊,則(法)

7　楊郁文《阿含要略－阿含學與阿含道》,頁304-305,(台北:法鼓文化公司,1997年)。

8　大正2‧114下-115上。

9　大正2‧115上。

界亦當無邊,此義明然。[10]唯眾生無邊,實亦蘊含佛亦無邊之義;因佛之出世是為開示眾生,故由眾生常與界俱、與界和合,實亦可謂是:「佛與眾生俱、佛與界和合」,如是足見「佛無邊、(法)界無邊」之義,於《阿含經》義中當可推明之。唯此處所強調者在「心」,「心」若不善則與「不善界」俱;反之,若「心」善則與「善界」俱,「界」之所以無量,是因「心」行之無限所致,此已有「心」與「界」和合之義,實亦可謂已開《華嚴經》「三界唯心」說之源。[11]

(二)原始佛教之證悟說
─依「證悟」而得「成佛」是當世、當時、當下可得成的

釋尊於菩提樹下悟得真理,成就「阿耨多羅三藐三菩提」,如是之歷程,謂之「證悟」。[12]據《大乘義章》卷 9〈證教兩行義三門分別〉於「證」之釋義是:「證者乃是知得之別名也,實觀平等契如名證。……證與教集起名行。……最初所行是阿含,行成就

---

[10] 《雜阿含經》卷 16〈第 438 經〉云:「佛告比丘:眾生界無數無量。」(大正 2‧113 中)。

[11] 唐‧法藏《修華嚴奧旨妄盡還源觀》:「三界所有法,唯是一心造。心外更無一法可得,故曰歸心。謂一切分別,但由自心。曾無心外境,能與心為緣。何以故?由心不起,外境本空。」(大正 45‧640 上)。

[12] 《佛光大辭典》下冊,頁 6701,「證」條:「修習正法,如實體驗而悟入真理,稱為證;即以智慧契合於真理。依其所悟,能證得智慧之結果,稱為證果。」(高雄:佛光出版社,1989 年)。

佛法是其證行。」[13]顯然，依釋尊「成佛」之果而言，其修行歷
程之一重要關鍵是「知」，即所謂「自覺知」，亦可謂是「內自證」。
若以「成佛」之得果，首要者是「內自證」，則個人所證悟之真理，
於「事」上而言，將必然是千差萬別，此乃就「能言說」之法義
而論之。然若以「理」上而言，則所悟或追求之精神「理境」，是
否有其一致性？若以終極之「圓善」[14]爲追求目標，則當有其一
致性，然於「理境」、「圓善」之境地，又無法落於言說，更非第
三者可裁判之。雖言如此，但追求「證悟」確是修學佛法者之努
力方向。

　　所謂「證悟」之內容當指於「法」之領悟，於釋尊而言，其
所「證悟的真理，即是緣起」，[15]依釋尊而言，一切「法」本是「法
爾如是」，因「法」是指宇宙間之本然法則，其本（法）存在，學
人若能於觀察並領悟宇宙間之法則原理，且於處世間能有確然之
實證工夫，此即所謂「開悟、解脫、涅槃」。於原始佛教中，依證
果之階段不同，雖有四果：須陀洹、斯陀含、阿那含、阿羅漢之
差別，但並非是要依循如是次序之四階段，如有歸依佛陀未久即
開悟者，亦有如阿難隨侍佛陀多年，於釋尊涅槃時猶未開悟。原
始佛教以阿羅漢之「不受後有」爲最後之得證，若依《大乘義章》
所釋，「阿含」是「最初所行」，故所謂阿羅漢之「不受後有」，只
是個己之證知當不再受輪迴果報，實尚未臻至「行成就佛法是其

[13] 大正 44．652 下。
[14] 牟宗三《牟宗三先生全集 22．圓善論》〈序言〉，頁 3-4，「凡足以啓發人之理性並指導人通過實踐以純潔化人之生命而至其極者爲教。哲學若非只純技術而且亦有別科學，則哲學亦是教。實踐理性優越於思辨理性，實踐理性必指向於圓滿的善。因此，圓滿的善是哲學系統之究極完成之標幟。」（台北：聯經出版社，2003 年）。
[15] 于凌波《原始佛教基本教理的探討》，頁 8-11，（高雄：妙林雜誌社，2000 年）。

證行」之究竟。依釋尊之深義，所謂「佛」之得證，並非於宇宙間之所有「法」皆能深悟，因一切法本存在於宇宙間，無人能真正識透一切法，無人是真正的「萬能的人」，故釋尊所指向之「佛陀」的證悟，理應是一種處世之態度與立場，而佛陀（覺者）之角色，只是觀機逗教而指導弟子。據日本・中村元先生對原始佛教之基本立場，提出有兩個顯著之特徵：「一、不議論無意義且無利益的事。二、除非有明確的根據，否則不隨便議論。亦即只有捨棄妄想（戲論），才能達到無憂無慮的涅槃。」[16]由是觀釋尊之立場是：不談論形上學，不願落於論爭中，其思惟走向是「合於如實之理」，如是之立場顯然非神秘性的，是如實地合理化的，若以如是之基本立場來論「佛」之證悟，則「成佛」是遠離神通性的，「佛」是於理之思惟觀察上的一種智慧。[17]

釋尊在世時，時人已以「佛陀」稱之，此即代表釋尊之理念與指導之方法，是受當世大多數人之肯定，此與其所主張之「中道」有甚密切之關係。[18]對於所謂「證悟」之理，日本・水野弘元先生將原始佛教初步的證悟，分為「一、四證淨（由信仰而得

---

[16] 中村元著，陳信憲譯《原始佛教其思想與生活》，頁 54，（嘉義：香光書鄉出版社，1995 年）。

[17] 木村泰賢著，歐陽瀚存譯《原始佛教思想論》，頁 61，「佛陀觀察事物之宗法，名為『如是』，又曰『如實』，即以事物之如實觀察，乃為契於真理之唯一方法。至若依此態度與方法所得之智慧，則通稱為般若，為明，為如實智見，於佛教為最高之智慧。蓋由此方能契於法性，夫使解脫之最高理想，得以實現。此乃佛陀之根本方針也。」（台北：臺灣商務印書館，1999 年）。

[18] 呂澂《印度佛學源流略論》，頁 28-29，「釋迦思想帶著對各方面都不走極端的濃厚的中和色彩。因而受到當時各種種姓的支持。例如，他一方面不讚成婆羅門所維護的種姓制（不是根本反對），但另方面又相當地支持了種姓制。拿當時的道德『五戒』來說，是婆羅門、耆那教共同奉行的，釋迦也奉行，又不完全同意，就把其中離欲一戒刪去，而代以戒酒。」（台北：大千出版社，2003 年）。

證悟)。二、得法眼(由理論而得證悟)。」[19]其中「四證淨」,即是佛、法、僧、戒證淨,[20]不論是因正信佛法僧戒,或因於對真理(法)之領悟智慧,此兩者皆使得佛法是傾向於現實人生之觀察與修持。在依證悟而得「成佛」之期盼下,以如是爲佛教之基調,則「成佛」確是於當世間、當時、當下可得成的,且是人人皆有得證法眼而成就佛道之平等性。

二、 威音王佛、七佛與彌勒佛爲代表過去與未來之「佛」的意義

(一)以威音王佛代表「實際理地」
─人人皆是自證自悟

後人尊稱釋迦牟尼佛爲佛教之「教祖」,而佛教之修行階位最高即是「佛」,是一德行圓滿之代表。然「佛」之成就,首位者是否即是釋尊?若以佛教之開創者言之,則釋尊確爲佛教中之第一名爲「佛陀」者,此見《大智度論》卷2有云:「佛陀秦言知者,知何等法?知過去、未來、現在眾生數非眾生數法,有常無常等

---

[19] 水野弘元著,釋惠敏譯《佛教教理研究》,頁 178-186,(台北:法鼓文化公司,2000 年)。

[20] 據《阿毘達磨俱舍論》卷 25 云:「證淨總有四種,佛、法、僧、戒證淨。如實覺知四聖諦理,故名爲證。正信三寶及妙尸羅,皆名爲淨。」(大正 29·133 中。)又《雜阿含經》卷 19〈第 506 經〉云:「曾聞正法,得於佛不壞淨,法、僧不壞淨、聖戒成就。」(大正 2·134 中)。

一切諸法,菩提樹下了了覺知,故名佛陀。」[21]此以釋尊於菩提樹下之證覺了知無常等法,且以所證悟之法而化導眾生,故以釋尊一生之修證歷程而尊爲「佛陀」,如是之「佛陀」稱謂,實特指「釋尊」之殊勝智德而讚崇之。

惟釋尊之行持教化中,時人即以「佛陀」稱之,然釋尊對於「佛」號之得,據《阿含要略》之整理,分爲「自記」與「先佛授記」,[22]於「自記」之說,見於《雜阿含經》卷 4〈第 100 經〉云:

> 時,有異婆羅門來詣佛所,面前問訊,相慰勞已,退坐一面;白佛言:瞿曇!所謂佛者,云何為佛?為是父母制名,為是婆羅門制名?時,婆羅門即說偈言:佛者是世間,超渡之勝名,為是父母制,名之為佛耶?爾時,世尊說偈答言:佛見過去世,如是見未來,亦見現在世,一切行起滅,明智所了知,所應修已修,應斷悉已斷,是故名為佛;歷劫求選擇,純苦無暫樂,生者悉磨滅,遠離息塵垢,拔諸使刺本,等覺故名佛。[23]

「佛」之名,是「世間超渡之勝名」,此謂佛雖處世間,卻不爲世間所著,且於過、現、未皆具明智之知,能觀一切法之生滅、滅生循環不已,且能依之而修、而行。釋尊於其偈言中,所述之

---

[21] 大正 25 · 73 上。
[22] 楊郁文《阿含要略—阿含學與阿含道》,頁 71,(台北:法鼓文化公司,1997年)。
[23] 大正 2 · 28 上。

重點是在個己歷劫修行之自述上，待覺（成正等正覺），行（應修
已修，應斷已斷）圓滿時，即名為「佛」，此「佛」之稱號，顯然
是釋尊於個己之肯定且明確之「自記」說，此即如《雜阿含經》
卷46〈第1226經〉所云：

> 時，波斯匿王聞世尊拘薩羅人間遊行，至舍衛國祇樹給孤
> 獨園；聞已，往詣佛所，稽首佛足，退坐一面，白佛言：
> 世尊！我聞世尊自記說成阿耨多羅三藐三菩提；諸人傳者
> 得非虛妄，過長說耶？為如說說、如法說、隨順法說耶？
> 非是他人損同法者，於其問答生厭薄處耶？佛告大王：彼
> 如是說，是真諦說，非為虛妄；如說說，如法說，隨順法
> 說；非是他人損同法者，於其問答生厭薄處，所以者何？
> 大王！我今實得阿耨多羅三藐三菩提故。[24]

　　此處之載以波斯匿王所聞「世尊自記說成阿耨多羅三藐三菩
提」之說是否為虛妄而請問佛，而釋尊對於「自記說成正等覺」
是給予非常肯定之回答：「我今實得阿耨多羅三藐三菩提」，足見
於釋尊本人而言，成正等正覺確是於自身能因歷劫修行而終究得
證之確然肯定。於釋尊而言之「自記說」，顯然是一種公開宣說，
也是一種肯定之說、明白之說，唯能「自記說」者，顯然只有成
佛之「佛陀」才能確然如是之當下肯定。然釋尊之「自記說成佛」，
是於自身之世尊、佛陀等名號身分之肯認，然於釋尊之前，是否
已早具有成佛者，據《阿含經》之記載，此是確然的，如《增一

---

[24] 大正2‧334下。

阿含經》卷 38〈馬血天子品〉所云：

> 是時，燈光佛知梵志心中所念，即告之曰：汝速還起，將
> 來之世，當成作佛，號釋迦文如來、至真、等正覺。[25]

　　此即所謂「先佛授記」，於釋尊之歷劫修行中，早已有「燈光佛」為釋尊做「預言之肯定」。由是觀之，在代表早期佛法之阿含記錄中，於釋尊之前早已有「成佛者」，此是受肯定的。唯對所謂「成佛」者之所處法界，是否即一法界只有一成佛者，或一法界可有無數之成佛者同時並列，或無數法界是否可同時存在，以及是否可以有無數法界同時並存無數之佛等問題，阿含顯然較少於此有更深入之討論與記載，故以「一佛說」特指當世之釋迦牟尼佛，亦能令人理解之。不論是「自記」成佛，或「先佛授記」成佛，皆指出佛教之一大目的，即依「佛」之教義，或依循修學佛法之歷程，終能使「自身」成佛，唯能使自己成為「佛陀」，才是佛教之終極目標。

　　「成佛」之得證，需歷累劫而成之，今以釋尊得證正等正覺之歷程，亦賴「先佛授記」，則於釋尊之前已成佛者顯應有不計其數。如是，則「佛」之「祖」（第一位）又到底為何位？在無法尋其究竟源頭時，佛法常以「無始劫」為一象徵說明；在無法確證有一明然之開始，故往劫不可計數，則古昔之佛亦無量無邊。既然無法肯確有哪一首位佛（佛之祖）開啓為後輩認證授記之舉，則首位佛之得證又是源於何處之認證？亦或可「自」為「認證」？

---

[25] 大正 2．758 中。

爲表明成佛之認證是有其不同之界判，則有「威音王如來」爲一指標象徵意義，先引《法華經》卷 6〈常不輕菩薩品〉之文云：

> 乃往古昔，過無量無邊不可思議阿僧祇，有佛名威音王如來、應供、正遍知、明行足、善逝、世間解、無上士、調御丈夫、天人師、佛、世尊，劫名離衰，國名大成。其威音王佛於彼世中，爲天人、阿修羅說法。……是威音王佛，壽四十萬億那由他恆河沙劫，正法住世，劫數如一閻浮提微塵；像法住世，劫數如四天下微塵。其佛饒益眾生已，然後滅度。正法、像法滅盡之後，於此國土復有佛出，亦號威音王如來、應供、正遍知、明行足、善逝、世間解、無上士、調御丈夫、天人師、佛、世尊。如是次第有二萬億佛，皆同一號。[26]

「威音王如來」實代表多數之佛名，亦代表遠劫之某一開始，故在禪宗中，特有「威音王佛以前與以後」之分判，於《祖庭事苑》卷 5〈池陽百問〉中之「威音王佛」，特有明言：「禪宗不立文字，謂之教外別傳。今宗匠引經，所以明道，非循蹟也。且威音王佛已（以）前，蓋明實際理地；威音已（以）後，即佛事門中。此借喻以顯道庶知不從人得。」[27]依禪宗而言，其立宗宗旨是「教外別傳，不立文字，直指人心，見性成佛。」既言「教外」（教化之外），實言人人有不待教、不必教、不能教之本來面目，

---

[26] 大正 9・50 中-下。
[27] 卍續 113・71a。

此是父母未生前之本來面目，亦可言是天地未開前之本然，亦是人人之心念未起前之空靈性境，在如是之境界下，人人本自悟自證，故言「威音王佛以前」是人人之「明實際理地」，此純然絕待之精神境界，實亦代表無有任何一位師（佛）可爲我們認證，人人皆是自悟自證。然於「威音王以後」，此乃代表人之心念已啓動，天地已分然而別，一切之生滅已紛然產生（有生則必有死），在如是之相對待之下，心念時或趨善、時或趨惡，故學人需有師爲之引導，而修證工夫與境界是否臻至圓滿，亦需待師（佛）爲之認證，故言「威音以後，即佛事門中」，此亦代表「有師爲證」之重要性與必然性。

「威音王佛」實一象徵意義，是一指標說明：人人皆本有純然之精神境界，或言人人皆有清淨之心，此境界是「本然」、「絕待」，依之本然且絕待無限之境界，人人皆可號威音王佛，而如是之明示，實爲說明真正之修證成佛在己而不在他，故釋尊敢確然「自記」「實得阿耨多羅三藐三菩提」。然「威音王佛」後之「佛事門中」，實並非要人人只肯認於佛門中有某一師而已，因僅求師爲己認證亦是一向外追尋之工夫，且以威音王佛是遠劫成佛之代表，故知自茲以降，實人人（或：佛佛）皆在威音王佛後，而在如是之狀況下，是否即代表無人能自悟自證？提出「威音王佛」是在點醒學人宜往向上探解自己本來之面目，而依師門修證則可避免落入自高自大之狂傲中，故有釋尊受「先佛授記」之載。於「成佛」之解讀中，在釋尊之前早已有無量諸佛，不論是自悟自證，或有師爲證，皆在說明修與證是通往向上之實徑。

（二）以七佛代表「法性常軌」
　　—修證需依師承法義

　　釋尊為佛教之創始者，後人尊其為「教主」，然釋尊特強調於「法」是「自覺知」，是人人皆可得證，於「成佛」上除「自記」外，亦提出「先佛授記」。就「佛」果之證得而言，在以釋尊為一重要中心點時，「七佛」之名號出現，則蘊藏佛法於釋尊之前，是有其傳承之淵源流長與正法久住之意義。所謂「七佛」，據《佛說七佛經》所云：

> 爾時有大苾芻眾，持鉢食時詣迦里梨道場，共坐思惟，過去世時有何佛出現？……佛告諸苾芻：過去九十一劫，有毘婆尸佛應正等覺。三十一劫，有尸棄佛、毘舍浮佛應正等覺。於賢劫中第六劫，有俱留孫佛應正等覺。第七劫，有俱那含牟尼佛應正等覺。第八劫，有迦葉波佛應正等覺。第九劫，我釋迦牟尼佛，出世間，應正等覺。[28]

　　所謂「七佛」，其次序是：1.毘婆尸佛。2.尸棄佛。3.毘舍浮佛。4.俱（拘）留孫佛。5.俱（拘）那含牟尼佛。6.迦葉波佛。7.釋迦牟尼佛。

　　此「七佛」之名號與順序，於《毘婆尸佛經》卷2[29]、《七佛父母姓字經》[30]與《長含經》卷1〈大本經〉[31]中皆是一致的。有

---

[28] 大正1‧150上。
[29] 大正1‧158中-159上。
[30] 大正1‧159上-160上。
[31] 大正1‧1下-2上。

關如是「七佛」之來源與形成考察，據可能性之分析有二：「諸佛成佛的法性常軌、印度神話傳說的轉化。」[32]若以「諸佛成佛的法性常軌」而論，則七佛之形成，是在說明佛法之傳承，有其「法性」之常態，即對證入「第一義」之理境，是一代代相傳且可達成的，此於傳法上是代表崇高、神聖且不變的，如是對於教理之傳播上，將帶給後代學人更決然之肯定，與修證必可成之預期心理。若以「印度神話傳說的轉化」而談，則七佛之形成，顯然是一融合，欲將印度種姓制度與當其時之不同宗教，全歸入為一體，「七」代表多數，而整個佛教實以「釋尊」為最重要之「一」中心，故《仁王經疏》卷中末「從多為論，故云過去七佛，據實釋迦一佛，即是現在。」[33]「七佛」中，釋尊為第七位，代表「現在」；在代代相傳中，前六位佛，代表釋尊出世前所出現之佛。今若暫不以是否確如史實真相而觀之「七佛」，此「七佛」之形成，於禪宗而言，是代表「天竺祖師」。今觀代表禪宗傳燈史蹟記錄之《傳燈錄》卷 1 中，首即明載「七佛天竺祖師」，且對於七佛之〈敘〉特有一段陳述：

> 敘七佛。古佛應世，綿歷無窮，不可以周知而悉數也。故近譚賢劫有千如來，暨于釋迦，但紀七佛。[34]

其中之「古佛」已在說明「佛」之數不可計量，「七佛」但為一總括。《傳燈錄》於七佛各載有得法偈，且對七佛所處之「劫」

---

[32] 釋真慧《七佛通誡偈思想研究》，頁 27-34，（台北：東初出版社，1992 年）。
[33] 大正 33．403 上。
[34] 大正 51．204 下。

有小注說明如下：

1. 毘婆尸佛：過去莊嚴劫第 999 尊。

2. 尸棄佛：莊嚴劫第 999 尊。

3. 毘舍浮佛：莊嚴劫第 1000 尊。

4. 拘留孫佛：現在賢劫第 1 尊。

5. 拘那含牟尼佛：賢劫第 2 尊。

6. 迦葉波佛：賢劫第 3 尊。

7. 釋迦牟尼佛：賢劫第 4 尊。[35]

此中已特標明「過去莊嚴劫」與「現在賢劫」，如是皆在肯定於釋迦牟尼佛之前，早已有過去劫中成佛之聖者。七佛中之前三位隸屬於「過去劫」，今先不論此三位佛之修證歷程是否能展顯其「真實性」（依理，「經」皆由釋尊所開示，故七佛亦可能是一譬說而已），對於《佛說七佛經》中所排序之七位佛，則顯然釋尊是為強調說明，「現在」實傳承於「過去」，即使是後四位佛隸屬於「現在賢劫」，釋尊亦僅排名「第 4 尊」，換言之，同屬於「現在賢劫」中，亦能有無量數成就正等正覺者。由「七佛」之形成，或已在點出「佛」之成可無量數，可同隸屬於一劫中，更明確言之，同一法界（劫）可同時有無量數之佛成就，此觀念實已蘊涵其中。

對有關過去「七佛」說，甚至釋尊曾授記於燃燈佛之未來終將成佛之預言，此皆為釋尊之「法義」表明是有其傳承性，釋尊非是獨創者；釋尊亦是經累劫修行，由凡夫至菩薩而終究成佛，其歷程是必然千生修行，訪拜無量（過去）佛，故對於在釋尊之

---

[35] 大正 51・204 下-205 中。

前有關「過去佛」之數量實難以估計，此於一般人之理念上是被接受的，據水野弘元先生之引證：

> 釋尊在身為菩薩的修行時期，曾禮拜、受教過的佛陀，其數量在梵文《大事》與漢譯《佛本行集經》卷 1 中，就說有多達四十億以上的佛，而根據說一切有部《俱舍經》等書的敘述，則說有二十二萬八千尊佛。由於部派與文獻的不同，似乎還有其他種種的說法。可見，過去佛中，也許有一部分是史實，但多半是虛構的吧！[36]

若不在佛之數量上作一實質之計數，甚至暫捨所謂不同文獻所載明佛量之數的差異，顯然「多佛」思想在佛教之發展中，是被認可的；且主張在他方無量世界中有多佛之思想，亦受肯定的；總之，所謂「十方世界，有十方諸佛」是為大乘佛教所認肯與贊同的。由於「多佛」思想之興起，正可為「人人皆有佛性，眾生皆可成佛」之大乘理念帶來菩薩道之修行動力，凡夫若能興發菩提心，依菩薩道之行持，則終可得證成佛。

由釋尊成正等正覺而傳播之法義，對於成「佛」之數與佛所處之劫（或法界），在隨法之淵源流長中，已逐漸明朗。尤對過去、現在與未來之「佛」名，於《大正藏》之收錄中有：

1.《過去莊嚴劫千佛名經》[37]起首云：

---

[36] 水野弘元著，香光書鄉編譯組譯《佛教的真髓》，頁 357，（嘉義：香光書鄉出版社，2002 年）

[37] 大正 14．365 上-371 上。

若有善男子、善女子，聞是三世三劫諸佛世尊名號，歡喜
信樂，持諷讀誦而不誹謗。或能書寫，為他人說，或能畫
作，立佛形像。或能供養香華伎樂，歎佛功德，至心作禮
者，勝用十方諸佛國土滿中珍寶純摩尼珠，積至梵天，百
千劫中布施者。是善男子、善女人等，已曾供養是諸佛已，
後生之處歷侍諸佛，至于作佛而無窮盡。皆當為三世三劫
中佛而所授決。[38]

此經亦名《集諸佛大功德山》，[39]經中明列千佛名，此千佛名
雖列於「過去莊嚴劫」中，然亦代表「三世三劫諸佛名號」，故由
過去可展衍至現在以至未來。且於「時」之計算上，「今日」者，
是昨日之「明日」，亦是明日之「昨日」，「時」於計數之稱謂上，
顯然是「不定」：「今日」可同時兼該「明日」與「昨日」，此是「時」
之流轉所造成之現象。若能於過去劫中已供養諸佛，則於後世亦
必然再如是，故云「皆當為三世三劫中佛而所授決」。於佛法教化
與傳播上，肯定有無量佛已於過去劫中成正等正覺，是釋尊之修
證與法義所自然而出之普大心量與慈懷，故云：「持此功德，願共
六道一切眾生，皆生無量壽佛國，立大誓願。使諸眾生悉生彼刹。」
[40]

---

[38] 大正 14 · 365 上-中。
[39] 以下兩部經《現在賢劫千佛名經》、《未來星宿劫千佛名經》之另一名稱，亦
皆如是。
[40] 大正 14 · 365 中。

2. 《現在賢劫千佛名經》[41]起首云：

> 爾時喜王菩薩白佛言：世尊！今此眾中頗有菩薩摩訶薩得
> 是三昧，亦得八萬四千波羅蜜門，諸三昧門陀羅尼門者不？
> 佛告喜王：今此會中有菩薩大士，得是三昧，亦能入八萬
> 四千諸波羅蜜，及諸三昧陀羅尼門。此諸菩薩於是賢劫中，
> 皆當得阿耨多羅三藐三菩提。[42]

就「現在賢劫」而言，重點在諸菩薩於現在劫中亦可成佛，
換言之，當世即可修證成佛，只要依諸波羅蜜門、三昧門與陀羅
尼門。然而能於現在賢劫中即修證成佛，亦肇因於過去莊嚴劫中
之一切修行功德。故現今之一切修菩薩行者，亦將是成佛者，如
是則學人之禮敬對象亦當包括現世之修梵行者，故云：「今對十方
佛法僧前，所有罪障，總相披陳，誠心懺悔已造之罪，並願隨懺
消除。自斯已後，改往修來，更不敢造。懺悔發願已，歸命禮三
寶。」[43]一切眾生皆可修證成佛，一切眾生皆是未來佛，故禮敬
眾生即是禮敬諸佛，此實已蘊涵人人皆可成佛義。

3. 《未來星宿劫千佛名經》[44]起首云：

> 夫修善福臻，為惡禍徵，明理皎然，而信悟者鮮。既共生
> 此五濁惡世，五陰煩惱，三毒熾盛，輪轉生死，無有竟已。

---

[41] 大正 14．376 上-383 中。
[42] 大正 14．376 上。
[43] 大正 14．383 中。
[44] 大正 14．388 上-393 中。

昔佛在世時，人民數如恆沙，今漸凋微，萬不遺一。何以
故爾，為善者少，作惡者多。……是以如來隨方教化，敦
慈尚善，不悋軀命，勤行精進，可得勉度。[45]

以「星宿」命名「未來劫」，實已預記未來成佛者，將如「星
宿」之無法計數般。之所以能如是預記未來劫之修證成佛者，其
主因在「如來隨方教化」。釋尊以人格而修證成佛，由人而佛，是
人格至佛格之昇華，而「佛格」即人格之圓滿者，若能依釋尊之
法義而實證，則人人成佛是人人之盼，實亦釋尊法理所必然之走
向。

（三）以彌勒佛代表「法適應性」
─修證之法應機而不同

「七佛」之形成，不論是據「可能性之分析」，或依有關《佛
說七佛經》之論述，其真正在表明之意義，是由「現在」而推之
「過去」；同理，由肯定「現在」，則於法之傳播上，亦必然肯定
有「未來」。而代表於釋尊之後的未來佛，即是彌勒佛。於傳法系
統之紀錄上，《傳燈錄》卷1更載釋尊特明示慈氏佛（彌勒爲梵語，
譯爲中文即「慈」）之預記：

（釋尊）告弟子摩訶迦葉，吾以清淨法眼，涅槃妙心，實
相無相，微妙正法，將付於汝。汝當護持，幷勅阿難副貳

---

[45] 大正14‧388上。

傳化，無令斷絕，而說偈言：法本法無法，無法法亦法，
今付無法時，法法何曾法。爾時世尊說此偈已，復告迦葉，
吾將金縷僧伽梨衣傳付於汝，轉授補處，至慈氏佛出世，
勿令朽壞。[46]

有關彌勒修證之歷程，其中重要之記載有：
1. 《一切智光明仙人慈心因緣不食肉經》[47]

依本經文所述約略如下：一切智光明仙人時為大婆羅門，於
過去劫之勝花敷世界中，拜彌勒佛為師；彌勒之教法是慈心四無
量，所講之經是慈心三昧光大悲海雲。時一切智光明仙人不但信
伏為弟子，並誦持發願於未來劫必成得號彌勒佛，如是修行、乞
食、一心。仙人於修行過程中，曾止於一國，彼國王淫荒，連雨
不止，洪水暴漲，仙人不得乞食七日。時有母兔，欲以身供養仙
人，子兔聞言，即先自投火中，母兔隨後入。仙人悲兔母子而說
偈：「寧當然身破眼目，不忍行殺食眾生。……如佛所說食肉者，
此人行慈不滿足。常受短命多病身，迷沒生死不成佛。」[48]於是
仙人立誓：世世不起殺想，恆不噉肉，乃至成佛，制斷肉戒。仙
人亦投火坑，與兔拼命。時之母兔，即後之釋迦文佛；子兔，即
佛子羅睺羅；林中之五百群兔，即摩訶迦葉等五百比丘；一切智
光明仙人，即彌勒之前身。

本經之重要啟示是：仙人拜彌勒為師，未來劫之得號亦是「彌
勒佛」，故「彌勒」之稱號非僅單一指向為某一位已得成之佛，實

---

[46] 大正 51・205 中-下。
[47] 大正 3・457 下-459 上。
[48] 大正 3・458 中-下。

是依彌勒法門修證得成，即可號曰「彌勒」。「彌勒」義釋為「慈」，慈是「與樂」，要與樂眾生之首要條件，即是戒殺、不食眾生肉，此為彌勒法門之修持重點之一。以畜生身可為法忘軀，當可超九百萬億劫生死之罪，且在諸佛前得成佛道，更在說明要「勤為法」之重要性。

　　2. 《彌勒菩薩所問本願經》[49]

　　本經內容之最重要處，在分別說明釋尊與彌勒於修行法門之差異處：釋尊以十事疾得佛道，即於一切所有皆無所愛惜，包括妻婦、兒子、頭目、手足、國土、珍寶財物、髓腦、血肉以至身命等，皆可布施予眾生，以至而致最正覺。彌勒於本求道時，不持耳、鼻、頭、目、手、足、身命、珍寶、城邑、妻子、國土等布施與人，以成佛道；但以善權方便安樂之行，得致無上正真之道。所謂彌勒以善權得致佛道之行是：彌勒晝夜各三正衣束體，下膝著地，向於十方說偈言：「我悔一切過，勸助眾道德，歸命禮諸佛，令得無上慧。」[50]

　　本經之重要啟示是：「求道本願」將決定未來修行之方向。今觀彌勒之善權方便之行，首要是「悔過」，此為至心之發露罪業，能明己過才有達成修善圓滿之預期。次即「助眾」，助眾是捨慳貪而開闊心胸之法，若「悔過」是獨善其身，「助眾」則是兼善天下，亦是修菩薩道者必要之行。在「悔過」與「助眾」中，個己之力恐有不逮，則需仰仗佛力，故第三則是「禮佛」，至心「禮佛」不但是謙下之表現，更是「禮敬一切，一切禮敬」之開端，由「禮

---

[49] 大正 12・186 下-189 上。
[50] 大正 12・188 下。

佛」以至遍及於事事物物，此乃最高貴之情操。能行彌勒三項善權方便安樂之行－「悔過」、「助眾」、「禮佛」，終能得致「無上慧」。彌勒是「未來佛」，其所行持之法，是較能適應於普羅大眾，此乃相較於釋尊難行、難捨之修持方法而言。釋尊之難行道，恐非常人可臻至，而彌勒之「悔過」、「助眾」、「禮佛」之修持法，常人易行，亦較能普及化，而由彌勒所代表之「未來」修行方法，顯已不同於釋尊，是另一應時應機之法門。

　　3.《佛說觀彌勒菩薩上生兜率天經》（以下簡稱《彌勒上生經》）[51]

　　本經之重要內容依次列之如下：

　　釋尊說：阿逸多（彌勒之名）次當作佛。阿逸多具凡夫身、未斷諸漏，雖復出家，不修禪定，不斷煩惱。佛記阿逸多成佛無疑，命終後必得往生兜率陀天上。[52]

　　彌勒另一名號：一生補處菩薩。[53]

　　欲為彌勒作弟子者：當持五戒、八齋具足戒、身心精進、不求斷結、修十善法、思惟兜率陀天上。[54]

　　彌勒菩薩於未來世當為眾生，作大歸依處。[55]

　　稱彌勒名、聞彌勒名、禮敬彌勒者，皆可除卻百億劫生死之罪。[56]

　　本經之重要啟示是：彌勒為未來世眾生之大歸依處，是次於

---

[51] 大正 14・418 中-420 下。
[52] 大正 14・418 下。
[53] 大正 14・418 下。
[54] 大正 14・419 下。
[55] 大正 14・420 中。
[56] 大正 14・420 中。

釋尊之成佛者，此義已甚明顯。惟彌勒於累劫不斷精進修持中，今已號曰「一生補處菩薩」，此即意謂為「最後身之菩薩」，只要再一次輪迴轉生，則必當修證成佛無疑。此中最重要者是彌勒修持所展現之特色，即「具凡夫身、未斷諸漏，雖復出家、不修禪定、不斷煩惱。」修禪定、斷諸漏煩惱，以至現「出家相」才能修證成佛，此乃釋尊時期教導弟子們之重要修持方法。而彌勒所將帶領未來世眾生之修持方法，顯與釋尊不同，重在積極精進於五戒、十善與思惟上，換言之，是重在於「法」之正面修持上，而不採取壓抑於反面（諸漏煩惱）之行上。惟當善多，則惡必然消失無蹤，此乃恍若進入一暗室，但不問如何掃除黑暗？只需開燈，黑暗自然遠離。彌勒以具凡夫身，終可修證成佛，此正啟示「凡夫終可修成佛」。

4. 《佛說彌勒下生經》（以下簡稱《彌勒下生經》）[57]

本經除敘述彌勒降生，由在家、出家學道，以至於龍花（華）樹下成無上道果之歷程外。主要在說明釋尊與彌勒之傳承關係，重要之敘述如下：

彌勒所化弟子，盡是釋迦文佛弟子，由我（釋尊）遺化得盡有漏。[58]

彌勒最初之會，九十六億人皆得阿羅漢，斯等之人皆是我（釋尊）弟子，所以然者，悉由受我教訓之所致也。[59]

第二會有九十四億人、第三會有九十二億人皆得阿羅漢，亦皆釋尊之遺教弟子；爾時比丘姓號皆名曰慈氏弟子，如我今日諸

---

[57] 大正 14・421 上-423 中。
[58] 大正 14・422 中。
[59] 大正 14・422 中-下。

聲聞皆稱釋迦弟子。[60]

　　本經之重要啓示是：彌勒是釋尊所付囑之未來佛，然「成佛」之歷程貴在「累劫」、「不間斷」，故能於釋尊座下修行之弟子，於「法」與「修持」之傳承上，或過、現、未來之關係上，則必將再隨彌勒下生而繼續修持。而由彌勒所開演之龍華三會，更在表明彌勒法門之攝受面是廣大普及的，凡能稱彌勒名、聞彌勒名、敬禮彌勒者，皆可與彌勒共結法緣，皆可號曰「慈氏弟子」。

　　5.《佛說彌勒成佛經》[61]其內容之主要重點是在闡述：

　　舍利佛爲愍衆生而白佛，願欲廣聞彌勒功德、神力、國土莊嚴之事，以及衆生以何施、何戒、何慧得見彌勒？[62]佛之開示：彌勒悟「無常」義，知一切法皆亦磨滅，修無常想，出家學道，坐於龍華菩提樹下，即以出家日得阿耨多羅三藐三菩提。亦有無量億衆見世苦惱，皆於彌勒佛法中出家；彌勒作是念言：是諸人等皆於佛法中種諸善根，是釋迦牟尼佛遣來付我。是諸人等各修諸功德（或以衣食施人、持戒、智慧、幡蓋華香供養於佛、持齋、修習慈心等），才能至彌勒之所。[63]彌勒有感釋尊之教化苦心，特三稱讚釋迦牟尼佛：能善教化衆生，能令衆生於惡世中修行善事，是爲希有；釋尊亦示彌勒當來度脫衆生。[64]彌勒佛於華林園，三會說法，度天人衆。[65]釋尊要弟子們宜當精進，發清淨心，起諸

---

[60]　大正 14・422 下。
[61]　大正 14・423 下-425 下。
[62]　大正 14・423 下。
[63]　大正 14・424 中-425 上。
[64]　大正 14・425 上。
[65]　大正 14・425 上-中。

善業，即可得見世間燈明彌勒佛身必無疑也。[66]

　　本經之啓示：能體悟「無常」是修道之初階，當知一切法皆將有磨滅之一日，才能興起追求涅槃常樂之動力，化生命之有限存在為無限之可能，此是心靈境界之追求，亦是修道「成佛」之目標。然個人之修行，需賴累劫之諸功德，故於釋尊座下修持之弟子，在未成佛前，亦將再隨釋尊所附囑之彌勒而下轉人間繼續修行。此喻法統有傳承性，然個人之修持亦待堅固持續，雖經中有言彌勒需待「五十六億七千萬歲」才下生人間，然如是之數字，本是一比喻，是代表一個數，有「數」故代表「有限」，換言之，依釋尊之意，彌勒必下生人間為未來佛；而所謂彌勒淨土之示現，是由「人」之「行持」而示現，並非靠「等待」而已，今以人世間之觀念以待五十六億，那是天文數字，然若能由個人以至人人皆精進修持，則淨土之示現可在當下，故釋尊言：「即可得見世間燈明彌勒佛身必無疑也。」

　　彌勒以菩薩身而居兜率天，得釋尊之「授記」為「未來佛」，換言之，一切「佛」之前身必是「菩薩」，而一切菩薩亦必經累劫之修行才能臻得「成佛」之境。本文並無意對於有關彌勒信仰之淵源與發展做一整體論述，唯着重於有關彌勒之修持法門內容做一呈現。

　　彌勒由「菩薩」以至「成佛」，此歷程與釋尊由菩薩道至修證成佛是一樣的，皆需歷經累劫不同之行功立德才得成；此於釋尊常為弟子們闡述其於往昔修菩薩道時，所示現之各種身即可明之。換言之，所謂「成佛」是終究之果，然歷程卻有不同，如：「身」

---

[66] 大正 14・425 下。

可不同,修持之「法門」可不同,此全依個人於累劫所行之功,與所造之業,終將爲個人之修證歷程投下不可預知之事,此事於「人」之知識思考上,可謂「不可思議」,然亦正因往昔之不可思議,故修證歷程亦不可思議,而「成佛」亦終將不可思議。

就史實而言,釋尊於印度開創佛教,由其所立之教理,是令人驚嘆的。由其後所衍生之不同部派或宗門,皆可見佛教義理之發展;惟釋尊以成無上正等正覺之立場,後人依其所開演之法,在各種不同歷史環境之背景下,其法當有不同之適應性,此亦決定佛法是否能淵源流長之重要關鍵點。由佛之早期肯定「一佛」即釋尊,至七佛、威音王佛,以至彌勒佛,每一名號之形成皆有其蘊涵意義,亦代表對於「成佛」之法義論說有不同之適應性。其中尤以代表未來佛之「彌勒法門」,其與釋尊之相異處說明,更是有較多面之論述,如據《菩薩處胎經》(全名《菩薩從兜率天降神母胎說廣普經》)卷 2 所云:「佛告彌勒:汝復受記五十六億七千萬歲,於此樹王下成無上等正覺。我以右脇生,汝彌勒從頂生。如我壽百歲,彌勒壽八萬四千歲。我國土土,汝國土金。我國土苦,汝國土樂。」[67]此中不論就出生、壽數、國土等皆有比較彌勒與釋尊之法門差異處,總論彌勒法門之特色殊勝:「是迴真向俗的世界、是近易普及的世界、是見佛聞法的世界、是迴智向悲的世界。」[68]彌勒並非住於淨智莊嚴之世界,其所居是欲界第四天兜率天,且其發心在欲界中建立淨土,廣度有情;由於與人類同屬欲界,故於凡夫之修行得成上較「易」,且所採之修持法門是慈

---

[67] 大正 12 · 1025 下。
[68] 見於星雲大師〈彌勒上生經的理想世界〉,收錄於慧廣編著《彌勒淨土真義闡述》,頁 8-12,(台北:圓明出版社,1992 年)。

悲、隨緣、布施、歡喜等，是一較「普及」之法門，而由彌勒所代表之未來成「佛」之法門，則在修證成「佛」之「法」上確有不同之適應性。

結語

　　對於「佛」之定義，若能拋捨於佛教經論中所呈現之「神通展現」，則「佛」確是由人格圓滿所達之境，故依佛教之創始者釋尊而言，以「釋尊」為唯一「成佛」之說法，在當其時實為凸顯立教者崇高地位之象徵意義。當「成佛」遠離神秘性時，則修持證悟「成佛」之歷程，將更受到眾所矚目，而其間「自覺知」更在彰顯「成佛」由己不在他，任何有心修證之學人，皆可在自己所具有之因緣條件下而積極努力以追求「成佛」之目標。在此之思維下，則「人人皆可成佛」之論說實為合理，且是佛教發展過程中之必然所提出之看法與期待。而「威音王佛」、「七佛」與「彌勒佛」之提出，其間之意義實已打破以釋尊為唯一「成佛」之說法，再加以過去、現在、未來之「劫」有「千佛」之展現，則「劫」（可以是時間，也可以空間）是「無量」義、「佛」亦是「無量」數更是透顯無疑，成佛已不設限在某一時、空間而可得成。且以「彌勒」為代表之「未來佛」，其修持之方法更與釋尊有顯著之差異，則所謂「成佛」之「法」也已不設限。從佛教之歷史淵源發展而觀之「成佛」之意義，約有如下三點：

1. 成佛之數不設限。
2. 成佛之時、空間不設限。
3. 成佛之法門不設限。

　　而《華嚴經》代表大乘佛教之重要經典之一，其中對「大方廣佛」與「毘盧遮那佛」所呈現廣大圓融、互融互攝之義，更是「十方成佛」思想之代表。由「一佛」以至「十方成佛」之發展歷程，更能彰顯由「人」皆可立志修成「佛」之願景與期待。

第四章 《華嚴經》「成佛」之正覺境界

《華嚴經》之組織形成與內容結構，是佛學發展至一相當階段而有之，此歷程或可言是一種「勢」，即佛學思想之發展一必然趨勢，亦是整個佛教為彰顯全體「佛法義」而形成一嚮往與願景，也可說是佛教所將予全體法界之修學者的一種最高期許，即人人皆可成佛，且不限時、空間，換言之；在同一時、空間可有無量無數成佛者。總言之，《華嚴經》之根本旨趣是「成佛」，並依之而營建一「十方成佛」光明遍照之場景。據八十《華嚴經》之武則天〈序〉言：「大方廣佛華嚴經者，斯乃諸佛之密藏，如來之性海。視之者莫識其指歸。挹之者，罕測其涯際。有學無學，志絕窺覬。二乘三乘，寧希聽受。最勝種智，莊嚴之迹既隆。普賢文殊，願行之因斯滿。一句之內，包法界之無邊。一毫之中，置刹土而非隘。」[1]由此〈序〉文點出兩大《華嚴經》之方向，一即有關「如來之性海」，此所彰顯即佛之正覺境界；二即「普賢文殊之願行」，此即展現成佛所需歷程之修行層次。《華嚴經》有「經王」之稱，其第一品〈世主妙嚴品〉(此據八十《華嚴經》)，所展現之莊嚴殊妙，是佛之「始成正覺」之境界。[2]「佛」需歷累劫而修證得成，以「始成正覺」代表智與行之圓滿，此恍若剛由凡塵昇聖界之初體驗，其心境是最純淨，其舉止是最舒泰，其所處之一切

---

[1] 大正 10・1 上。

[2] 八十《華嚴經》〈世主妙嚴品〉：「如是我聞，一時佛在摩竭提國，阿蘭若法菩提場中，始成正覺。」(大正 10・1 中)。

環境皆最莊嚴圓融的,澄觀爲之釋曰:「大方廣佛華嚴經者,即無盡修多羅之總名。佛及諸王,並稱世主。法門依正,俱曰妙嚴。」[3]所謂「華嚴」所代表之意義是一切經之總名,此已說明《華嚴經》所顯現之境界,是總括一切佛法(法界),故其「世主」是指「世」(一切法界)之「一切主」;各世主所處之法界或有不同,但在「華嚴」之世界中,則一切法皆是正法,皆是殊「妙」(不可思議)且莊「嚴」(飾法成人)。[4]

首先依八十《華嚴經》〈世主妙嚴品〉[5]之內容作一說明,本品主要在闡述有一淨土名「華藏莊嚴世界海」,佛於此中成正覺,諸菩薩、眾神、天王咸共圍遶,有不可思議數之香華妙飾供養此世界。本品之主要內容依次敘述如下:

1. 佛在摩竭提國阿蘭若法菩提場中,成最正覺,佛之「智入三世悉皆平等,其身充滿一切世間,其音普順十方國土。於諸境界,無所分別;於諸國土,平等隨入。」[6]

2. 十佛世界微塵數菩薩摩訶薩,所共圍遶此華藏莊嚴世界海,諸菩薩之所以能有如是之殊勝因緣,其原由是此諸菩薩「往昔皆與毘盧遮那如來,共集善根,修菩薩行。皆從如來善根海生,諸波羅蜜,悉已圓滿。」[7]

3. 眾神、王、天王、天子等,悉皆能勤修諸法,才能具足善因緣而圍遶共護此「華藏莊嚴世界海」。各諸天神與所修

---

[3] 唐・澄觀《華嚴經疏》卷1,大正35・503中。
[4] 唐・澄觀《華嚴經疏》卷1:「華喻功德萬行,嚴謂飾法成人。」(大正35・503中)。
[5] 大正10・1中-26上。
[6] 大正10・1中-2上。
[7] 大正10・2上。

功德表列如下：[8]

名號	所修功德或得成諸法
執金剛神	願常親近供養諸佛
身眾神	成就大願供養承事一切諸佛
足行神	親近如來，隨逐不捨
道場神	成就願力，廣興供養
主城神	嚴淨如來所居宮殿
主地神	願常親近諸佛如來，同修福業
主山神	於諸法得清淨眼
主林神	有無量可愛光明
主藥神	性皆離垢，仁慈祐物
主稼神	得大喜成就
主河神	勤作意，利益眾生
主海神	以如來功德大海，充滿其身
主水神	常勤救護一切眾生
主火神	示現種種光明，令諸眾生熱惱除滅
主風神	勤散滅我慢之心
主空神	心皆離垢，廣大明潔
主方神	能以方便普放光明，恆照十方相續不絕
主夜神	勤修習，以法為樂
主晝神	於妙法能生信解，恆共精勤，嚴飾宮殿
阿脩羅王	精勤摧伏我慢及諸煩惱

---

8 大正 10・2 中-5 中。

名號	所修功德或得成諸法
迦樓羅王	成就大方便力，善能救攝一切眾生
緊那羅王	勤精進觀一切法，心恆快樂，自在遊戲
摩睺羅伽王	勤修習廣大方便，令諸眾生永割癡網
夜叉王	勤守護一切眾生
大龍王	勤力興雲布雨，令諸眾生熱惱消滅
鳩槃荼王	勤修學無礙法門，放大光明
乾闥婆王	於大法深生信解，歡喜愛重，勤修不倦
月天子	勤顯發眾生心寶
日天子	勤修習利益眾生，增其善根
三十三天王	勤發起一切世間廣大之業
夜摩天王	勤修習廣大善根，心常喜足
兜率陀天王	勤念持一切諸佛所有名號
化樂天王	勤調伏一切眾生，令得解脫
他化自在天王	勤修習自在方便廣大法門
大梵天王	具大慈憐愍眾生，舒光普照，令其快樂
光音天王	住廣大寂靜喜樂無礙法門
遍淨天王	已安住廣大法門，於諸世間，勤作利益
廣果天王	以寂靜之法，而為宮殿安住其中
大自在天王	勤觀察無相之法，所行平等

4. 爾時如來道場，眾海雲集，品類形色雖各有差別，然此諸
眾會皆已遠離煩惱心垢與餘習，見佛無礙，此乃因於毘盧
遮那如來在往昔時之劫海中修諸菩薩行，此諸眾會皆曾受
攝受、種善根，且教化成熟者，故終能入於如來功德大海，

而得於諸佛解脫之門，遊戲神通自在。此諸天王、王、天子所得之解脫門，今舉其代表者爲說明如下：[9]

名號	所證解脫門
可愛樂法光明幢天王	得普觀一切眾生根爲說法斷疑解脫門
清淨慧名稱天王	得了達一切眾生解脫道方便解脫門
可愛樂光明天王	得恆受寂靜樂而能降現銷滅世間苦解脫門
尸棄梵王	得普住十方道場中說法而所行清淨無染著解脫門
自在天王	得現前成熟無量眾生自在藏解脫門
善化天王	得開示一切業變化力解脫門
知足天王	得一切佛出興世圓滿教輪解脫門
時分天王	得發起一切眾生善根令永離憂惱解脫門
釋迦因陀羅天王	得憶念三世佛出興乃至刹成壞皆明見大歡喜解脫門
日天子	得淨光普照十方眾生盡未來劫爲利益解脫門
月天子	得淨光普照法界攝化眾生解脫門
持國乾闥婆王	得自在方便攝一切眾生解脫門
增長鳩槃荼王	得滅一切怨害力解脫門
毘樓博叉龍王	得消滅一切諸龍趣熾然苦解脫門

---

[9] 大正10．6上-21中。

名號	所證解脫門
毘沙門夜叉王	得以無邊方便救護惡眾生解脫門
善慧摩睺羅伽王	得以一切神通方便令眾生集功德解脫門
善慧光明天緊那羅王	得普生一切喜樂業解脫門
大速疾力迦樓羅王	得無著無礙眼普觀察眾生界解脫門
羅睺阿脩羅王	得現爲大會尊勝主解脫門
示現宮殿主晝神	得普入一切世間解脫門
普德淨光主夜神	得寂靜禪定樂大勇健解脫門
遍住一切主方神	得普救護力解脫門
淨光普照主空神	得普知諸趣一切眾生心解脫門
無礙光明主風神	得普入佛法及一切世間解脫門
普光焰藏主火神	得悉除一切世間闇解脫門
普興雲幢主水神	得平等利益一切眾生慈解脫門
出現寶光主海神	得以等心施一切眾生福德海眾寶莊嚴身解脫門
普發迅流主河神	得普雨無邊法雨解脫門
柔軟勝味主稼神	得與一切眾生法滋味令成就佛身解脫門
吉祥主藥神	得普觀一切眾生心而勤攝取解脫門
布華如雲主林神	得廣大無邊智海藏解脫門
寶峰開華主山神	得入大寂定光明解脫門
普德淨華主地神	得以慈悲心念念普觀一切眾生解脫門
寶峰光耀主城神	得方便利益眾生解脫門

名號	所證解脫門
淨莊嚴幢道場神	得出現供養佛廣大莊嚴具誓願力解脫門
寶印手足行神	得普雨眾寶生廣大歡喜解脫門
淨喜境界身眾神	得憶佛往昔誓願海解脫門
妙色那羅延執金剛神	得見如來示現無邊色相身解脫門

5. 普賢菩薩入不思議解脫門方便海、入如來功德海，並以自功德，復承如來威神之力，於普觀一切眾會海已，甚為讚頌：「佛所莊嚴廣大刹，等於一切微塵數。如於此會見佛坐，一切塵中悉如是。」[10]無量無數之菩薩眾亦皆各得證不同之解脫門，且承佛威力，於普觀一切道場眾海即為讚頌殊勝無以倫比。

6. 爾時，華藏莊嚴世界海，以佛神力，其他一切六種、十八相震動。諸世主，一一皆現不思議諸供養此華藏莊嚴世界海。而一切世界，所有世主「各各信解、修習助道法，各各成就、歡喜、趣入，各各入如來神通境界、如來解脫門。如於此華藏世界海，十方盡法界、虛空界，一切世界海中，悉亦如是。」[11]

以下將據此〈世主妙嚴品〉而呈現論述佛之正覺境界所融攝之內涵。

---

[10] 大正 10・21 下。
[11] 大正 10・26 上。

一、 佛智－智入三世悉皆平等

佛之成最正覺，是佛教之終極目標，是一切修證之最圓滿結果，佛之成，是「智」（理論）與「行」（實踐）之圓融結合。依〈世主妙嚴品〉所述，佛之智是「入三世悉皆平等」，此處以「平等」而言「智」，並未特別言「行」，然依華嚴事事無礙，圓融無盡之法界觀下，智與行是相融爲一而非二的，此誠如日本學者鎌田茂雄之引證所云：

> 平常，所謂的「實踐」，是叫做「社會的實踐」，或云「宗教的實踐」，但其場合的「實踐」是對著「理論」所說的。可是佛教所說的實踐，並不是單對「理論」的東西，而是含有造出理論的智在內的。「實踐」不與「智」對立，而是「智」本身即成爲「實踐」。[12]

佛智是最勝種智，雖僅言佛「智」實則已蘊涵「行」在內，故「智」即是「行」，智與行是相融爲一的，此是《華嚴經》之立場。依法藏《華嚴一乘教義分齊章》卷1所言之「建立一乘」：「一、性海果分，當是不可說義，何以故？不與教相應故，則十佛自境界也。二、緣起因分，則普賢境界也，此二無二全體遍收。」[13]就「果」而言，是不可說，其義在「不與教相應」，故佛智之圓滿隆勝，其「智」之本身即是「行」、即是「成」，此可相應於「真知

---

[12] 鎌田茂雄〈華嚴哲學的根本立場〉，收錄於《華嚴思想》頁451，（台北：法爾出版社，1989年）。
[13] 大正45‧477上。

即真行」義，此義即《華嚴經》暢論之「相即相入」義，如法藏云：「由空有義故，有相即門也；由有力無力義故，有相入門也；由有待緣不待緣義故，有同體異體門也。由有此等義門故，得有毛孔容刹海事也。」[14]華嚴之境界是「毛孔容刹海事」，宇宙萬有之一切現象皆可互融無礙；依「空有義」有「相即門」，空與有看似不同而對立，然現象之本體唯「空有」兩者互融才能成為一體，故依「相即門」，是「一即一切」。依「有力無力」有「相入門」，有力與無力是現象之作用，此兩者之作用是互相為有或無，而非對立之存在（即一方為有力，在他方即為無力），換言之，有力與無力雖彼此不同，但皆由實體（平等無差別）所緣起，故一切差別皆蘊涵著平等無差別之理，此是「一切（差別）即一（平等）」義。[15]依《華嚴經》之立論，〈世主妙嚴品〉是佛之「始成正覺之時」，「佛之智是入三世悉皆平等」，此乃因《華嚴經》所稱之佛不僅止於菩提樹下成道之釋迦牟尼佛，而是指代表圓滿具足十身之「毘盧遮那佛」，即光明遍照三世十方總該萬有之真理，此是佛之正覺境界，亦是佛境之極致。在《華嚴經》中常敘述菩薩所欲演說法，是由十方萬佛刹諸佛所共加而演說，此即《華嚴經》所稱之「佛智」，故曰「入三世悉皆平等」，今舉八十《華嚴經》〈十行品〉所云：

> 爾時功德林菩薩，承佛神力，入菩薩善思惟三昧。入是三昧已，十方各過萬佛刹，微塵數世界外，有萬佛刹，

---

[14] 唐·法藏《華嚴一乘教義分齊章》卷4，大正45·503上。
[15] 《佛光大辭典》中冊，頁3903，「相即相入」條：「『相即』是一與多之關係，無一則不成多，由多必有一，一與多乃密切不離者。『相入』即一之作用牽動全體之作用並給予影響者，全體之作用自是自一而始，故知二者具有密切不離之關係。」（高雄：佛光出版社，1989年）。

微塵數諸佛，皆號功德林，而現其前，告功德林菩薩言：
善哉佛子！乃能入此善思惟三昧。善男子！此是十方，
各萬佛剎，微塵數同名，諸佛共加於汝。亦是毘盧遮那
如來，往昔願力，威神之力，及諸菩薩，眾善根力，令
汝入是三昧，而演說法。為增長佛智故，深入法界故，
了知眾生界故，所入無礙故，所行無障故，得無量方便
故，攝取一切智性故，覺悟一切諸法故，知一切諸根故，
能持說一切法故。[16]

有微塵數世界（空間無盡）外有萬佛剎（時間無窮）之微
塵數諸佛（成佛者無量），皆同一名號，以毘盧遮那如來為總
名之代表，此即是一切差別（不同空間、時間與諸佛）皆蘊涵
著平等無差別之理（同為毘盧遮那佛之法身），此是《華嚴經》
稱佛之特有之智慧，亦是最勝無上之智，此或可謂是「一切種
智」或是唯識宗所稱之「大圓鏡智」，一皆義指為最高之智。
惟由《華嚴經》自揭示佛之正覺境界，其「智」之奧妙在「不
可分割」上，亦即「一即一切，一切即一」，[17]而如此之智，
是由「佛」之正覺境界所成之「智」，故亦絕非常識可窺探得
知的。[18]

---

[16] 大正 10・102 中-下。

[17] 方東美《華嚴宗哲學》下冊，頁 39，「華嚴的思想，就是把差別境界經過融
會貫通之後，使得整個宇宙，變成一個水乳不容分割的整體，這就是《華嚴
經》裡面所說的「一真法界」，就是一個完整的最高智慧裏面的一個根本對
象。」（台北：黎明文化公司，1981 年）。

[18] 一玄〈讀《華嚴經》記〉：「菩提樹下成道之佛陀，在其外觀上，原不過是一
介苦行修道沙門；而由其觀察頓入正覺內面時，除常識的窺知所不能得的『遍
滿常住之真實理性』外無他。」收錄於張曼濤編《華嚴典籍研究》，頁 167，
（台北：大乘文化出版社，1978 年）。

二、 佛身－十身相海遍一切處

佛之正覺境界，亦是最極境地，乃是由人格以至佛格之圓滿達成，依佛之所證悟而言，則「法身」[19]之得悟是代表真理之殊妙，在《華嚴經》中，佛之頓覺內容即是「毘盧遮那法身」，唯毘盧遮那佛是於「海印三昧」[20]而得證此法身，此乃源於佛之成正覺境界能普印一切眾生心念，依此正覺境界所言之海印三昧，即名「毘盧遮那如來藏身三昧」，如〈普賢三昧品〉言：

> 爾時普賢菩薩摩訶薩，於如來前，坐蓮華藏師子之座，承佛神力，入於三昧。此三昧名一切諸佛毘盧遮那如來藏身：普入一切佛平等性；能於法界示眾影像，廣大無礙，同於虛空；法界海漩靡不隨入；出生一切諸三昧法，普能包納十方法界；三世諸佛智光明海皆從此生；十方所有諸安立海悉能示現；含藏一切佛力解脫，諸菩薩智；能令一切國土微塵普能容受無邊法界；成就一切佛功德海；顯示如來諸大願海；一切諸佛所有法輪，流通護持，使無斷絕。如此世界中，普賢菩薩於世尊前入此三昧，如是盡法界、虛空界、十方三世，微細無礙，廣大光明。

---

[19] 《佛光大辭典》中冊，頁3353，「法身」條：「指佛所說之正法、佛所得之無漏法，及佛之自性真如如來藏。又作法佛、理佛、法身佛、自性佛、法性身、如如佛、實佛、第一身。」（高雄：佛光出版社，1989年）。

[20] 八十《華嚴經》〈賢首品〉云：「眾生形相各不同，行業音聲亦無量，如是一切皆能現，海印三昧威神力。」（大正10‧73下。）又〈如來出現品〉云：「正覺了知一切法，無二離二悉平等，自性清淨如虛空，我與非我不分別。如海印現眾生身，以此說其為大海，菩提普印諸心行，是故說名為正覺。」（大正10‧275下）。

> 佛眼所見、佛力能到、佛身所現一切國土，及此國土所
> 有微塵，一一塵中有世界海；微塵數佛剎，一一剎中有
> 世界海；微塵數諸佛，一一佛前有世界海；微塵數普賢
> 菩薩，皆亦入此一切諸佛毘盧遮那如來藏身三昧。[21]

　　牟宗三先生對華嚴宗之「法身」與「緣起」有一說：「如來藏
緣起是超越的分解。由如來藏緣起悟入佛法身，就此法身而言法
界緣起，一乘無盡緣起，所謂『大緣起陀羅尼法』者，便是華嚴
宗。」[22]《華嚴經》所示現之毘盧遮那法身，此佛身是充滿一切
世間，是非現象界可分解言說的，是不可思議的，於此確可言曰
是「超越的分解」，此是《華嚴經》之特色。佛之正覺境界本不可
言說，故以普賢菩薩為代佛宣說，當一普賢入於「三昧」中（此
三昧是名「一切諸佛毘盧遮那如來藏身」），則微塵數普賢菩薩亦
皆入於此毘盧遮那如來藏身。八十《華嚴經》有〈如來十身相海
品〉，[23]主要在闡述如來之「身相」共有九十七種之莊嚴大人相，
本品之主要內容敘述依次如下：

1. 普賢菩薩為諸菩薩演說如來所有相海。[24]
2. 如來頂上，有三十二寶莊嚴大人相。如：光照一切方普
   放無量大光明網、佛眼光明雲、充滿法界雲……普照一
   切法界莊嚴雲，是為三十二種大人相。[25]

---

[21] 大正 10・32 下-33 上。

[22] 牟宗三《牟宗三先生全集 3・佛性與般若（上）》，頁 481，（台北：聯經出版公司，2003 年）。

[23] 大正 10・251 中-255 下。

[24] 大正 10・251 中。

[25] 大正 10・251 中-252 下。

3. 如來眉間有大人相，名遍法界光明雲，是爲三十三種大
   人相。[26]

4. 依次是如來眼、鼻、舌、口、牙齒、唇、頸、肩、胸臆、
   身、手、手指、手掌、陰藏、臀、髀、腨、足、足指、
   足跟、足趺、足四周、足指端……是爲九十七種大人相。
   [27]

5. 總言：毘盧遮那如來有如是（上）等十華藏世界海微塵
   數大人相，一一身分，眾寶妙相以爲莊嚴。[28]

　　依「佛身」而言，本指釋尊之肉身，然隨釋尊之入滅後，弟
子爲思慕釋尊以致有繪圖塑像之事，此爲「佛身觀」之源，[29]部
派佛教大抵以「生身」與「法身」之「二身」爲主要論說，此中
之「法身」實爲說明「成」就「佛」之殊妙處，絕非依肉眼可見
之，唯此「法身」才是無漏，是有別於有漏之生身。至大乘佛教
興起後，則分爲法身、報身與化身（或應身）之「三身」說。[30]依
《華嚴經》之立場，佛身是充滿一切世間，所謂釋迦牟尼佛、盧
舍那佛、毘盧遮那佛皆是佛之不同名稱，不論是「解境十佛」或
「行境十佛」，於法界無盡緣起之大陀羅尼網中，一一佛身皆可週

---

[26] 大正 10・252 下。

[27] 大正 10・252 下-255 下。

[28] 大正 10・255 下。

[29] 杜松柏《佛學思想綜述（下）》，頁 1249，於「華嚴宗之佛身觀」有云：「佛
陀之佛身觀，逐漸由人格之完美而神化，不但認爲佛陀非常人，而且具有超
越常人之『能力』—所謂十力、四無畏。」（台北：新文豐出版公司，2002
年）。

[30] 隋・慧遠《大乘義章》卷 19：「三佛之義：一法身佛，二報身佛，三應身佛。
法身體有覺照之義，名法身佛。此真心體，爲緣熏發諸功德生，方名報佛。
應身佛者，感化爲應，感化之中，從喻名之。」（大正 44・837 下-838 上。）

遍法界且圓融無礙。在總體圓融為「一即一切」、「一切即一」之下，則「佛身」所展現之「相」亦必莊嚴殊妙，據澄觀對「如來十身相海」之釋云：「如來十身，標人顯德。言相海者，依人顯相。如來十身，福報奇狀，炳著名相，相德深廣，故稱為海。故文云：有十蓮華藏微塵數相，相體廣矣！一一用遍，相用廣矣！一一難思，互相融入，體用深矣！若此之相，唯屬圓教。」[31]《華嚴經》所言之佛身，並非「二身」或「三身」說，而是「十身」；所言之相，並非三十二相或八萬四千相，而是無量相，總言曰「十身相海」，此義在顯佛之境界、佛之德行，在一一之相體與相用皆可互融互入之下，故佛身之成、佛德之行亦皆圓滿無盡。本〈如來十身相海品〉是以普賢菩薩為主，展顯菩薩修無盡圓滿之行，終有得成「如來十身相海」之圓滿佛身。

三、 佛德－德依身顯隨好光明

佛身是為顯佛之相好殊妙，唯此皆在嚴飾佛之身，佛身之莊嚴，遍及全身，如眼、耳、手、足等，由「相」而顯「德」，故八十《華嚴經》於言佛之「十身相海」後，有〈如來隨好光明功德品〉[32]，主要在闡述佛之光明功德，將使眾生離苦得樂，本品之主要內容敘述依次如下：

1. 世尊告寶手菩薩言：如來應正等覺，有隨好，名圓滿王，此隨好中，出大光明，名為熾盛，七百萬阿僧祇光明而

---

[31] 唐·澄觀《華嚴經疏》卷 47，大正 35·865 中。
[32] 大正 10·255 下-257 下。

爲眷屬。[33]

2. 世尊自述於往昔爲菩薩時，於兜率天宮放大光明，照十佛刹微塵數世界；地獄眾生，遇斯光者，眾苦休息，獲得清淨，咸生歡喜；且從彼命終，亦生兜率天。[34]

3. 世尊再述，爲菩薩時，足下有千輻輪，名光明普照王，常放光明，令極苦眾生，遇斯光者，皆悉命終，生兜率天。[35]

4. 世尊爲兜率天子言：毘盧遮那菩薩因威德力故，放大光明，而此光明，非十方來，但以三昧善根力故，般若波羅蜜威德力故。而昔在地獄之眾生，亦非十方來，但由於顛倒惡業，愚癡纏縛生地獄身，此無根本，無有來處。[36]

5. 毘盧遮那菩薩，於一隨好（如：右手掌）中，放一光明，出現無量自在神力；爲微塵數眾生，隨其所樂而演說法，令大歡喜，然我（毘盧遮那菩薩）不生疲厭、不生退怯、不生憍慢、不生放逸。[37]

6. 昔在地獄眾生，蒙光照身，捨彼（地獄）坐此（兜率天），皆宜疾迴向，增長善根。[38]

據澄觀對於如來「隨好功德」次於「十身相海」之釋云：「好依相有，德劣於相，故次明之。如來標人表德。隨好等，顯德依

---

[33] 大正 10・255 下。
[34] 大正 10・255 下。
[35] 大正 10・255 下。
[36] 大正 10・256 上。
[37] 大正 10・256 上。
[38] 大正 10・256 中。

人；隨好是體，隨逐大相，益姿好故。光明者用，功德者德。謂
從好發光，光能益物，顯好之德，故以爲名。」[39]佛之身相是佛
果之成所展現之殊妙莊嚴，然成佛之目的與意義，唯在濟世救人
上，故由佛身而顯之佛德，其重點在使眾生能離苦得樂。釋尊首
開之「隨好」是「光明」，此是《華嚴經》所呈現之重要特點，經
由釋尊身相所展相之光明，是遍及如陀羅尼網之法界，即以「毘
盧遮那佛」爲代表之法身佛，由「佛之光明」所遍及之處，一切
眾生、天子以及菩薩，在此一「金色世界」中，皆得到佛之威德
照耀，各法界本有層次之差別，但在最高之統一精神感召之下，
由一而十，由十而百千萬，法界之一切眾生，皆可蒙佛光而開智
慧，皆有捨凡塵而生佛境之期，此是佛之智慧光明功德所致。然
依《華嚴經》之義，地獄眾生之成佛可期，實因「地獄眾生，非
十方來」，本無地獄，眾生之所以落入地獄身，是由於「顛倒惡業，
愚疑纏縛」，故於「地獄」而言，實「無根本，無有來處」，在華
嚴之精神世界中，恆超久劫，直登佛地是可待的，其因在華嚴法
界之結構中，彼此是一互融互攝之和諧體。

　　「佛」之成就是不可思議，故佛之「德」亦是不可思議，且
依「佛」所呈顯之一切，亦將是不可思議，據八十《華嚴經》〈佛
不思議法品〉[40]，本品主要在闡述何以諸佛國土、本願、種性、
出現、音聲、智慧、自在等皆不可思議之緣由。本品主要內容敘
述依次如下：

　　1. 諸菩薩作是念：諸佛何以能於一切皆無礙、解脫而不可

---

[39] 唐・澄觀《華嚴經疏》卷 48，大正 35・867 上。
[40] 大正 10・242 中-251 中。

思議？世尊知菩薩心之所念，則以神力加持青蓮華藏菩薩，令其住佛無畏，入佛法界，獲佛威德神通自在，則能知見一切佛法。[41]

2. 在承佛神力之下，世尊告蓮華藏菩薩，諸佛之所以能具有種種之不可思議境，實因諸佛具有種種「法」，如：

無量住：常住、大悲住、種種身作諸佛事住……。[42]

十種法：一切諸佛有無邊際身，色相清淨，普入諸趣而無染著……。[43]

十種念：一切諸佛，於一念中，悉能示現無量世界菩薩受生……。[44]

十種不失時：一切諸佛，成等正覺不失時……。[45]

十種無比不思議境界：一切諸佛，一跏趺坐，遍滿十方無量世界……。[46]

十種智：一切諸佛，知一切法無所趣向，而能出生迴向願智……。[47]

十種普入法：一切諸佛，皆悉具足平等大悲，恆不捨離一切眾生……。[48]

十種難信受廣大法：一切諸佛，悉能摧滅一切諸魔……。

---

[41] 大正 10・242 上。
[42] 大正 10・242 上。
[43] 大正 10・242 上-中。
[44] 大正 10・242 中。
[45] 大正 10・242 下。
[46] 大正 10・242 下。
[47] 大正 10・242 下。
[48] 大正 10・243 上。

49

尚有：十種大功能、十種究竟清淨、十種佛事、十種無
盡智海法、十種常法、十種演說無量諸佛法門、十種爲眾
生作佛事、十種最勝法、十種無障礙住、十種最勝無上莊
嚴、十種自在法……。[50]

　　爲彰顯「佛德」非言慮所能思之，故以「不思議法」而讚「佛」
所具有之種種神力。據澄觀所釋：「如來果法，迥超言慮，故以爲
名，斯即佛之不思議法也。宗趣者，總明說佛果德體用，心言罔
及爲宗；令總忘言絕想速滿爲趣。」[51]《華嚴經》之異於其他經
典，最主要在於顯「佛果」、彰「佛德」；以「佛果」而言，當是
超於言慮；以「佛德」而言，當是靈妙而不可思議。《華嚴經》以
「佛」之「正覺境界」所流露之智慧光明，而遍照於一切事事法
界中，在不同之法門攝受下，憑藉佛之精神力量而傳播教化至一
切有緣眾生身上，故本是不同之法界眾生，在佛光、佛智、佛德
之感召下，皆可同入於「佛」之智德光明裡，而成一和諧體，以
是，佛果、佛德雖不可思議，但「速滿」（於佛之德光下，事事法
界皆可快速而圓融無礙）則是《華嚴宗》之趣向。

四、　佛土－華藏世界平等隨入

　　依華嚴之立宗，一即一切，一切即一，毘盧遮那法身不僅是
一，亦是多，亦是十（圓滿義），故其世界自當不止於現實世界，

---

[49] 大正 10・243 上。
[50] 大正 10・243 中-245 中。
[51] 唐・澄觀《華嚴經疏》卷 47，大正 35・861 上。

而是盡法界、虛空界，以至十方三世等無量無數法界，層層之法
界皆能微細無礙且廣大光明。在毘盧遮那法身所遍照一切光明之
下，一切之差別世界，雖有層次之不同，但各各層次、各各世界
皆是互為貫通相融的，如是之妙莊嚴世界海，即是「華藏莊嚴世
界海」，如八十《華嚴經》〈華藏世界品〉云：

> 爾時普賢菩薩復告大眾言：諸佛子！此華藏莊嚴世界
> 海，是毘盧遮那如來往昔於世界海微塵數劫修菩薩行
> 時，一一劫中親近世界海微塵數佛，一一佛所淨修世界
> 海微塵數，大願之所嚴淨。[52]
> 華藏世界海，法界等無別。莊嚴極清淨，安住於虛空。
> 此世界海中，刹種難思議。一一皆自在，各各無雜亂。[53]

　　《華嚴經》以十身具足之「毘盧遮那法身」為累積無數修行
所融攝為一全體之最高真理之所現，然此毘盧遮那法身之成就，
亦是由毘盧遮那如來往昔於修菩薩行時，「一一劫中親近世界海微
塵數佛」而所成；此意謂於《華嚴經》中，「毘盧遮那佛」雖呈現
「佛」之境地，威光照耀，但其是一全體之總代表，就佛境而言，
所呈現是「一一皆自在，各各無雜亂」之景況，而由毘盧遮那法
身所處之淨土，即號曰「華藏莊嚴世界海」。

　　八十《華嚴經》中有〈華藏世界品〉[54]，本品主要是藉由普
賢菩薩為大眾言「華藏莊嚴世界海」層層無盡之殊勝妙狀，有關

---

[52] 大正 10・39 上。
[53] 大正 10・51 中。
[54] 大正 10・39 上-53 下。

本品之主要內容陳述依次如下：

1. 普賢菩薩為諸大眾言「華藏莊嚴世界海」之所以能殊妙無比，實乃因於「毘盧遮那如來，往昔於世界海微塵數劫修菩薩行時，一一劫中，親近世界海微塵數佛，一一佛所，淨修世界海微塵數，大願之所嚴淨。」[55]

2. 此華藏莊嚴世界海，有須彌山，其中有微塵數風輪，層層而上圍遶，其最上者名殊勝威光藏，「能持普光摩尼，莊嚴香水海，此香水海，有大蓮華，名種種光明蘂香幢。」[56]而華藏莊嚴世界海即住在其中，四方均平，清淨堅固。

3. 此華藏莊嚴世界海，可謂「眾妙莊嚴」難以言盡。且此世界海大地中，有不可說佛剎微塵數香水海。一一香水海各有四天下，微塵數香水河，右旋圍遶。於諸香水河兩間之地，有微塵數眾寶莊嚴。[57]

4. 普賢菩薩再告大眾：「諸佛世尊世界海，莊嚴不可思議。何以故？此華藏莊嚴世界海，一切境界，一一皆以世界海微塵數，清淨功德之所莊嚴。」[58]

5. 於此華藏莊嚴世界海，有不可說佛剎微塵數，世界種安住；且於一一世界種中，復有不可說佛剎微塵數世界。彼諸世界種，於世界海中，「各各依住，各各形狀，各各體性，各各方所，各各趣入，各各莊嚴，各各分齊，各

各行列,各各無差別,各各力加持。」[59]

6. 於華藏莊嚴世界海中,有不可說佛剎微塵數香水海,如天帝網,分布而住,一切眾寶莊嚴,彌覆其上。有佛剎、二佛剎、三佛剎以至二十佛剎微塵數世界,周匝圍遶,純一清淨。如上所述,無有窮盡,一皆如然。[60]

7. 「一一世界種中,各依種種莊嚴住。遞相接連,成世界網,於華藏莊嚴世界海,種種差別,周遍建立。」[61]今列舉其讚頌中之數句:

華藏世界海,法界等無別。[62]

如是一切剎,心畫師所成。[63]

隨眾生心行,見諸剎亦然。[64]

一一心念中,出生無量剎。[65]

「華藏」即是「蓮華藏」,佛陀之毘盧遮那法身,其淨土法界為「蓮華藏世界海」,然據法藏《華嚴一乘教義分齊章》卷3將佛之國土有分類之說明:

> 釋迦牟尼身,非但三身,亦即十身,以顯無盡。然彼十佛境界所依有二:一、國土海,圓融自在,當不可說,若寄法顯示,如第二會初說。二、世界海,有三類:(一)

---

[59] 大正 10・41 下。

[60] 大正 10・43 下-51 中。

[61] 大正 10・51 中。

[62] 大正 10・51 中。

[63] 大正 10・51 下。

[64] 大正 10・51 下。

[65] 大正 10・52 上。

蓮華藏莊嚴世界海，具足主伴，通因陀羅等，當是十佛
等境界。（二）於三千界外，有十重世界海：1.世界性 2.
世界海 3.世界輪 4.世界圓滿 5.世界分別 6.世界旋 7.世界
轉 8.世界蓮華 9.世界須彌 10.世界相，此等當是萬子已上
輪王境界。（三）無量雜類世界，皆遍法界。如一類須彌
樓山世界數量邊畔，即盡虛空遍法界；又如一類樹形世
界，乃至一切眾生形等，悉亦如是，皆遍法界，互不相
礙。此上三位並是盧舍那十身攝化之處。[66]

佛之所證悟境界，當有「可道」與「不可道」兩部份；就佛
之內自證而言，當不可道，代表證悟之最高境界，此是「圓融自
在」而不可言說之部份，依此境界而言佛之淨土，是謂「國土海」；
此若就「法」而言，實證悟之終究是「無法」，故釋尊嘗言四十九
年未曾說一字，此亦代表於威音王如來前之證悟理境，言「成佛」
唯待內自證，是自覺如來自悟已存在之「法」，實無有一創法者，
亦無有何人可教化他人。然佛為教化眾生，當觀機逗教，當有言
說，故釋尊所言之「法」稱曰「三藏」，此即代表威音王如來後需
待師為證悟之肯認，於此境界，佛所居之淨土，稱為「世界海」，
「蓮華藏莊嚴世界海」即屬此境地，以無數蓮葉片片相重而成一
蓮華，此「蓮華藏世界」，雖是無盡法界之層層相重、相融之狀，
然終究是可描述，唯因以「微塵數」之無窮盡之「微塵數」而為
敘述，故常以「不可思議」而言其殊妙。蓮華藏世界之成，是「隨
眾生心行」而「出生無量剎」，此正所謂一花一世界、一心念即一

法界，唯眾生之一一心念，入於海印三昧之毘盧遮那法身中，則「同為一味」、「同為一身」，故法界雖有無盡，然入於「華藏世界海」中，則「法界等無別」矣！

依《華嚴經》之立意，由重重法界、無量數佛所營建而成立「華藏莊嚴世界海」，此「世界海」之構成，是由甚多之不同因緣條件組合而成，據八十《華嚴經》〈世界成就品〉[67]之文，主要在闡述普賢菩薩以佛神力遍觀察一切「世界海」，為諸菩薩開示「世界海有十種事」。本品之內容陳述依次如下：

1. 普賢菩薩由觀察一切世界海，而普告一切道場眾海諸菩薩言：「諸佛世尊，知一切世界海，不可思議。」[68]一切世界海之不可思議事亦無量而不可思議，故普賢菩薩為說頌言：「十方剎海叵思議，佛無量劫皆嚴淨，為化眾生使成熟，出興一切諸國土。」[69]

2. 普賢菩薩為大眾言「世界海有十種事」，敘之如下：

    (1) 世界海起其因緣：所謂如來神力故、法應如是故、一切眾生行業故、一切菩薩成一切智所得故等。[70]

    (2) 世界海所依住：或依一切莊嚴住、或依虛空住、或依一切寶光明住、或依一切佛光明住等。[71]

    (3) 世界海形狀：或圓、或方、或非圓方、或如水漩形、或如山焰形、或如樹形、或如眾生形與佛形等。[72]

---

[67] 大正 10・34 中-39 上。
[68] 大正 10・34 中。
[69] 大正 10・34 下。
[70] 大正 10・35 上。
[71] 大正 10・35 中。
[72] 大正 10・36 上。

(4) 世界海體性：或以一切寶莊嚴爲體、或以不可壞金剛爲體、或以佛力持爲體、或以一念心普現境界爲體等。[73]

(5) 世界海莊嚴：或以說一切菩薩功德莊嚴、或以表示一切三世佛影像莊嚴、或以一念頃示現無邊劫神通境界莊嚴等。[74]

(6) 世界海清淨：諸菩薩親近一切善知識，同善根故，淨修廣大諸勝解故；觀察一切菩薩諸地，而入住故，出生一切淨願海故等。[75]

(7) 世界海佛出興：世界海微塵數佛，出現差別：或現小身、或現大身、或唯嚴淨一佛國土、或有嚴淨無量佛土等。[76]

(8) 世界海劫住：或有阿僧祇劫住、或有無量劫住、或有無邊劫住、或有不可數劫住等。[77]

(9) 世界海劫轉變差別：所謂法如是故，世界海無量成壞劫轉變；染污眾生住故，世界海成染污劫轉變；信解菩薩住故，世界海成染淨劫轉變等。[78]

(10) 世界海無差別門：一一世界海中，有世界海微塵數，世界無差別；一一世界海中，諸佛出現，所有

---

[73] 大正 10・36 中。
[74] 大正 10・36 下。
[75] 大正 10・37 上-中。
[76] 大正 10・37 中。
[77] 大正 10・37 下。
[78] 大正 10・38 上。

威力無差別等。[79]

「世界海」之涵攝範圍是不可思議的，然《華嚴經》爲展現佛之威德光明無所不遍，故亦極力以文字敷陳「華藏莊嚴世界海」之盛狀。此中所言之「世界海有十種事」，實爲說明「世界海」之內涵各各不同，或依起具因緣、所依住、形狀、體性、莊嚴、清淨等而有不同之示現，即或佛出興、劫住、劫轉變差別等一一之示現亦皆不同，然以上一一之不同，若依「世界海無差別門」，則一一差別則同可化爲「無差別」，此是《華嚴經》之意趣，在此意旨之下，華藏莊嚴世界海則恍若是虛空，包含一切差別之萬象（不同之世界海），然萬象卻又同處一虛空（華藏莊嚴世界海）而相融無礙。據澄觀論此世界海之建構，其宗趣是：「一令諸菩薩發大信解，悟入爲趣。謂令知佛及菩薩大悲行海廣覆無邊，盡衆生界，倣而行故，世界無邊悉嚴淨故，衆生無邊悉化度故。刹由心異，當淨自心及他心故。世界重重無盡無盡，故大行願悉充滿故。佛界生界非一非異，能正了知大智故，未能了者，熏成種故，皆意趣也。」[80]《華嚴經》以成佛爲宗趣，然「佛」之成就所爲何事？非求自身之安樂而已，但爲度化衆生共成佛道。「佛」之尊崇處在其大悲行願上，華藏莊嚴世界海是無量無邊的，衆生亦是無有窮盡，佛與菩薩之行願亦廣覆無邊，唯因法界無邊、衆生無盡，故成佛者亦將無量，一旦修證成佛，在華藏世界海中，終將秉持無限生命（肉身有限，但法身無限）無限大悲而行持度衆，且所謂「佛」與「衆生」之差別處唯在「心」，故曰「非一非異」，心悟

---

[79] 大正 10・38 下。
[80] 唐・澄觀《華嚴經疏》卷 11，大正 35・573 下。

即佛、心迷即眾生，因心之迷悟不同，則「剎」（所居之地）亦有
異，華藏莊嚴世界海是重重無盡無盡，實意謂即若已「成佛」，其
行願亦終無有窮盡，唯因一切（法界、眾生）皆不可思議。試想
《華嚴經》以「成佛」為宗趣，但又一再強調法界無有邊盡，眾
生無量，故一世之肉身涅槃圓寂，其行願、其心智亦終行持（或
悠遊）於此華藏莊嚴世界海中，肉身似有生有死，但實「無來亦
無去」，是來去自如於此華藏世界海中的；為化眾生是成佛之大
事，但同在此華藏世界海中，實又是「沒有什麼事」，因佛即眾生，
眾生即佛。《華嚴經》所敷陳之法界重重無盡，如是之文字遍舖於
整部經中，反覆來、反覆去，似乎在點醒學人，法界在心，唯當
「心淨」則一切淨耳！

　　有關「世界海」之描述，尚可參之八十《華嚴經》〈毘盧遮那
品〉[81]，本品主要在闡述於往古世，過世界微塵數劫，且復倍於
是數之劫，有無量之世界海，亦皆有佛出興於世。本品之內容敘
述依次如下：

1. 普賢菩薩告大眾言：於往古世，無法計數之劫中，有世
   界海名普門淨光明，此世界海中有世界，名勝音，殊妙
   莊嚴無比。[82]

2. 於勝音世界中，有香水海，名清淨光明；於此香水海中
   有一大林，林東有一大城，名焰光明，此城是人王所都，
   且由百萬億那由他城周匝圍遶，種種妙寶莊嚴周遍十
   方。[83]

---

[81] 大正 10・53 下-57 下。
[82] 大正 10・53 下。
[83] 大正 10・53 下-54 上。

3. 在勝音世界，最初劫中，有十須彌山，微塵數如來出興
   於世，其第一佛號一切功德山須彌勝雲。在焰光明城中
   有王，名喜見善慧，統領百萬億那由他城，有王子五百
   人，其中以大威光太子為上首，因見佛之光明，即時證
   得十種法門，且承佛威力而讚頌佛之功德殊妙，於大威
   光太子讚頌時，其聲普遍勝音世界；其聲感得喜見善慧
   王心大歡喜，故率眾由焰光明城出，至於佛所，頂禮佛
   足，卻坐一面。[84]

4. 一一城皆如是，共往詣一切功德（山）須彌勝雲如來所，
   時如來為欲調伏諸眾生，故於眾會道場海中，說普集一
   切三世佛，自在法修多羅，隨眾生心，悉令獲益。[85]

5. 一切功德山須彌勝雲佛壽命五十億歲，其滅度後，有佛
   出世，名波羅蜜善眼莊嚴王如來，是為此土（勝音世界）
   之第二佛，其入涅槃已，大威光童子受轉輪王位。[86]

6. 第三如來出現於世，名最勝功德海，為說菩薩普眼光明
   行修多羅。大威光菩薩聞此法已，得三昧，名大福德普
   光明。[87]

7. 復有佛出，號名稱普聞蓮華眼幢，為說廣大方便普門遍
   照修多羅。是時大威光於此命終，生須彌山上，寂靜寶
   宮，天城中，為大天王，名離垢福德幢。[88]

---

[84] 大正 10・54 中-55 中。
[85] 大正 10・55 中-下。
[86] 大正 10・56 中-57 中。
[87] 大正 10・57 中。
[88] 大正 10・57 下。

　　「毘盧遮那」於《華嚴經》中是代表十身圓滿具足之佛，一切法界之一切諸佛，皆同遍入於毘盧遮那佛法身中，故毘盧遮那佛亦代表「成佛果」之標目。於八十《華嚴經》〈毘盧遮那品〉中，藉由普賢菩薩為大眾開演世界海中有一特有之世界，名「勝音」，此勝音世界有佛出興於世，城中之大王、太子與人民，皆因佛之光明而受法獲益。然佛之住世亦有其期限，終將涅槃，故有第一佛、第二、三佛之承續，唯就成佛之法身而言，當可永存而遍諸法界中，然一切眾生包括成佛者，其色身必承受「生、老、病、死」之過程，此是全宇宙之共業，無人可跳脫，佛既是由人修成，亦必在此「共業」之下，唯成佛者之再入世度眾，於凡夫而言是「輪迴生死」，於成佛者而言則是「乘願再來」，雖同在一生一死之流轉中，但用「心」卻決然不同。成佛之目的是為度眾，此勝音世界中，由「大威光太子」而「大威光童子」，而「大威光菩薩」，正展現歷劫修證之不同身份；此中由太子之位（世俗之富貴），而童子（見佛光而讚佛德，至佛所、頂禮佛足，終受轉輪王位），而至菩薩（得證三昧），正說明人人皆有得證成佛之機會。據澄觀之釋云：「毘盧遮那曠劫修因之所嚴淨，今方顯其事。明廣大為宗，證成前果為趣。」[89]《華嚴經》所顯現之佛陀，是毘盧遮那法身，雖各會各有其不同之中心人物，然其中又以文殊與普賢菩薩為最具代表性，文殊表大智，普賢表大行，此智與行即代表法身之內容，然一皆是毘盧遮那法身所顯現。由毘盧遮那法身之「光明遍照」、「遍一切處」之特性，可知毘盧遮那法身之「智」，可代表一切法之最高理境；其「行」即是遍一切華藏莊嚴世界海。對於「華

---

[89] 唐·澄觀《華嚴經疏》卷12，大正35·584下。

藏莊嚴世界海」之義，澄觀釋之如下：

> 蓮華含子之處，目之曰藏。今剎種及剎，為大蓮華之所
> 含藏，故云華藏。其中一一境界，皆有剎海塵數清淨功
> 德，故曰莊嚴。世界深廣，故名為海。[90]

　　蓮華片片，片與片之間又生片與片，由片片相重成一大蓮華，蓮華向是出污泥而不染，此喻淨界層層無盡相重而融為一華藏莊嚴世界海。對於此華藏世界海，為何要以「剎海相狀」為喻，澄觀有云：

> 一約眾生如來藏識即是香海，亦法性海，依無住本，是
> 謂風輪，亦妄想風。於此海中，有因果相恆沙性德，即
> 是正因之華。世出世間，未來果法，皆悉含攝故，名為
> 藏。若以法性為海，心即是華，含藏亦爾。然此藏識相
> 分之中，半為外器，不執受故；半為內身，執為自性，
> 生覺受故。如來藏識，何緣如此？法如是故，行業引故。
> 二約諸佛，謂以大願風持，大悲海生，無邊行華，含藏
> 二利。染淨果法，重疊無礙，故所感剎相狀如之。[91]

　　依澄觀之釋義，華藏世界海之構造為「剎海相狀」，若依眾生而言，即是由「如來藏識」所建構而成。有關「如來藏識」義，

---

[90] 唐・澄觀《華嚴經疏》卷11，大正35・578下。
[91] 唐・澄觀《華嚴經疏》卷11，大正35・578下。

見於《楞伽經》卷 2 所云:「佛告大慧:我說如來藏,不同外道所
說之我。……於法無我,離一切妄想相,以種種智慧善巧方便,
或說如來藏,或說無我。……爲離外道見故,當依無我如來之藏。」
[92]釋尊開演「如來藏自性清淨」,此爲眾生身中本具,然肯定此如
來之藏常住不變,並非如外道以爲有一「我」之存在,故釋尊強
調言「如來藏」之用意是:「佛告大慧!有時說空、無相、無願、
如、實際、法性、法身、涅槃、離自性、不生不滅、本來寂靜、
自性涅槃,如是等句說如來藏已,如來應供等正覺,爲斷愚夫畏
無我句,故說離妄想無所有境界如來藏門。」[93]佛之名相言說各
有不同,此乃因應眾生之根器不同,但皆爲彰顯「如來藏自性清
淨」之宗旨則無有差異,言「如來藏」是爲破外道「畏無我」,故
依如來藏法門而言,當是「無我之如來藏」。依佛意,「如來藏」
之本身並無煩惱有漏之種子,然眾生之惑業苦受報,又從何而來?
佛言:「如來之藏是善不善因,能遍興造一切趣生。……外道不覺,
計著作者,爲無始虛僞惡習所薰,名爲識藏,生無明住地,與七
識俱,如海浪身,常生不斷。」[94]佛對「如來藏」,除宣明「如來
藏自性清淨」外,並強調「如來藏識藏」以說明生死輪轉之由,
故如來藏之特性是「善不善因,能遍興造一切趣生」,對於「如來
藏」與「識藏」之關係,佛之闡述如下:

　　不離不轉名如來藏識藏。[95]

---

[92] 大正 16・489 中。
[93] 《楞伽經》卷 2,大正 16・489 中。
[94] 《楞伽經》卷 4,大正 16・510 中。
[95] 《楞伽經》卷 4,大正 16・510 中。

菩薩摩訶薩欲求勝進者,當淨如來藏及識藏。若無識藏名,如來藏者則無生滅。[96]

如來藏及識藏,名與七識俱生。[97]

如來藏是自性清淨,然又與識藏不離不轉,故總名「如來藏識藏」,唯識藏又與七識俱生,此即是生滅之開始。澄觀以「如來藏識」相分之中判為「半為外器,半為內身」,故眾生之藏識一為法性海,一為妄想風,唯此兩者「不離不轉」,且「與七識俱生」,故依眾生如來藏識之特性所建構之世界海,實應總括一切之無量法界,此當包含一切世間法。澄觀以「法性為海,心即是華,含藏亦爾」來說明整個「華藏莊嚴世界海」之構造主要因素在「心」,此是以眾生而言之。

若依諸佛而言「華藏莊嚴世界海」之建構,是以佛之大願、大悲與大行為所感而成。佛為度眾,法門之開設當應眾生之機而多樣化,故「染淨果法,重疊無礙」,是依佛之法身遍一切處而成之。總之,華藏莊嚴世界海之形成,是由無盡法界而重重疊疊而相融而為一願海,此亦是毘盧遮那佛之正覺境界與內容。

五、 佛境－於諸境界無所分別

依《華嚴經》所言之毘盧遮那法身,其身是充滿一切世間;於諸佛土皆平等隨入,此即「華藏莊嚴世界海」;有關「法身」與

---

[96] 《楞伽經》卷 4,大正 16‧510 中。
[97] 《楞伽經》卷 4,大正 16‧510 下。

「佛土」之關係,可見八十《華嚴經》〈如來現相品〉[98],本品主要在闡述以佛之智德光明,爲諸菩薩及一切世間主呈現「華藏莊嚴世界海」之殊勝不可思議妙境,此品之內容敘述如下:

1. 諸菩薩及一切世間主,求世尊慈悲開示有關諸佛之境界、佛身與光明等,以及有關十方世界海之殊勝妙境。

2. 佛應諸菩薩之所請,於面門放佛光明,令「彼世界海諸菩薩眾,於光明中,各得見此華藏莊嚴世界海。」[99]

3. 所謂「華藏莊嚴世界海」,是於斯海之海東、海南、海西、海北、海東北、海東南、海西南、海西北、海下方、海上方共十方,次有無量之世界海,其數無法計數,總曰:「十億佛刹微塵數世界海」,且各世界海中皆莊嚴殊勝無比。[100]

4. 各世界海中,一一各有世界海微塵數之菩薩,且「此諸菩薩,悉能遍入一切法界諸安立海所有微塵。」[101]諸菩薩於「念念中」,示現一切諸法門,是爲開悟世界海微塵數眾生,其終究目的是:「各令如須彌山微塵數眾生,皆得安住毘盧遮那廣大願海,生如來家。」[102]

5. 世尊以神通力,放眉間光,普遍照耀十方藏,顯示十方諸世界之莊嚴殊勝,感得諸菩薩們之讚頌:
   佛身充滿於法界,普現一切眾生前。[103]

---

[98] 大正 10・26 上-32 下。
[99] 大正 10・26 下。
[100] 大正 10・27 上-28 下。
[101] 大正 10・29 上。
[102] 大正 10・29 中。
[103] 大正 10・30 上。

於一佛身上，化為無量佛。一一毛孔中，光網遍十方。[104]
一切諸佛土，一一諸菩薩。普入於佛身，無邊亦無盡。[105]
說佛所行處，周聞十方剎。一一心念中，普觀一切法。
一一微塵中，能證一切法。[106]
菩薩三昧中，慧光普明了。能知一切佛，自在之體性。[107]
佛以一一身，處處轉法輪。法界悉周遍，思議莫能及。[108]
一毛現神變，一切佛同說，經於無量劫，不得其邊際。[109]

　　據澄觀對「如來現相」之釋云：「如來是能現之人，現是所現之法，現通能所，能所合說，體用雙陳以立其稱。」[110]「如來」依其智德光明，「現」一切「相」，此「相」包含佛之正覺境界所呈現之法身、光明與諸莊嚴世界海；然佛之現相是為令一切菩薩「悉能遍入一切法界諸安立海」，是為令「微塵數眾生皆得安住毘盧遮那廣大願海，生如來家」，總言之，如來之「現相」是為廣度眾生皆能安住於毘盧遮那廣大願海中。澄觀對如來之現相提出五類：「現相五者：一現面門光相，召十方眾。二現眉間光相，示說法主。三振動剎網，以警群機。四佛前現華，表說依果。五白毫出眾，表教從佛流。」[111]以此五相總表佛之一切行，不論是面門放光乃至法身遍一切處，皆是佛之廣度眾生之善巧法門，其目的是：「即以佛果無邊剎海，具三世間，無盡自在，故以為宗。令諸

---

[104] 大正 10・30 中。
[105] 大正 10・31 上。
[106] 大正 10・31 中。
[107] 大正 10・31 中。
[108] 大正 10・32 上。
[109] 大正 10・32 下。
[110] 唐・澄觀《華嚴經疏》卷 9，大正 35・562 中。
[111] 唐・澄觀《華嚴經疏》卷 9，大正 35・562 中。

菩薩生淨信修行涉求，以之爲趣。」[112]如來現相除展現佛法界之無邊無量外，更爲令法界之一切眾生皆能由安於大願海中而淨信修行，以達同成佛道，此爲如來現相之真正用意。於八十《華嚴經》〈如來現相品〉中，更借佛之法善現，而展現華嚴之大意：「一即一切，一切即一」之思想，如諸菩薩之讚頌：「無量劫中修行滿，菩提樹下成正覺，爲度眾生普現身，如雲充遍盡未來。」[113]又：「三世諸佛所有願，菩提樹下皆宣說，一剎那中悉現前，汝可速詣如來所。」[114]又：「如來安處菩提座，一毛示現多剎海，一一毛現悉亦然，如是普周於法界。」[115]又：「一切剎土微塵數，常現身雲悉充滿，普爲眾生放大光，各雨法雨稱其心。」[116]又：「如來甚深智，普入於法界，能隨三世轉，與世爲明導，諸佛同法身，無依無差別，隨諸眾生意，令見佛色彩，具足一切智，遍知一切法，一切國土中，一切無不現。」[117]華藏莊嚴世界海之呈現，是由佛之放光明而展開序幕，終使得世界海之菩薩眾而得見之並悉能遍入，換言之，經由佛之「放光說法」，此乃代表佛之最高理境，一切法界中之天、人、菩薩等，皆在佛之光明攝受中相融同入此「諸安立海」中。依佛教之修持而言，「界」代表分隔，每一界各有其不同之領域，以佛之所居法界而言，菩薩將如何而遍入？眾生又將如何修持才能入此安立海中（或一真法界中）？《華嚴經》所營建之「華藏世界」，即藉由佛法身可「普現身」於各不同法界中，

---

[112] 唐・澄觀《華嚴經疏》卷9，大正35・562中。
[113] 大正10・26中。
[114] 大正10・26下-27上。
[115] 大正10・30上。
[116] 大正10・30上。
[117] 大正10・30上-中。

而佛之放大光明與常現身雲，此一切皆為度眾而然。佛以身相、智慧、說法等，於一切法界中，一切無不現，此亦正說明以佛之法身可遍入一切法界中，故「一即一切（多）」，此是華嚴世界圓融無礙之原理，亦是佛以正覺境界所展現「於諸境界（法界），無所分別」之最圓滿境地。

結語

自釋尊立教以來，「佛」即代表覺悟真理者。而所謂「真理」之內容又為何？而佛所「覺悟」之真理內容是否即包含對宇宙間一切法之全然透徹？顯然，於後世之學人，對所謂「成佛」是有高度之期許與嚮往，「佛」是一圓滿、圓善、圓融之境地。雖言佛法是以「四法印」為標幟，而釋尊對「緣起法」之開演，更確立「無常是真理」之立教宗旨。然隨著對「釋尊」示現色身歷程之思念，佛法義之發展更充份展露後人對「佛」所賦予之使命，此一使命正是代表「佛」於精神領域上之最高感召。而《華嚴經》正是以展顯「佛」之「成正覺境界」為最主要之描述與訴求，在佛之正覺境界，依佛所具有之佛智、佛身、佛德、佛土與成佛之境界，皆是遍入無量一切法界皆平等、無分別的，此是《華嚴經》所構成之「華藏世界海」，此「世界海」雖可論說（層層法界各有不同），但又「不可思議」（一一法界皆可相融無礙為一和諧體）。若依現今科學事實求證而論「華藏世界海」，顯然是令人難以理解的，然《華嚴經》所建構之世界觀，是以「佛」之「正覺境界」為最高之精神感召，此是一精神理想之建構，且據科學之研究，人之「腦」終其一生約只用十分之一，換言之，大多數之潛力（腦

力）尚未被開發，此正表顯「佛」曰「不可思議」之用意。若能以「佛」之「正覺境界」是爲令人欣往修行之意志，則不同學人自會適應不同法門，故在不同法界（法門）中皆可修證成佛，以共營建一大和諧之世界，於此之思慮則又絕非只是幻想而已，實有其內涵之價值意義存在。[118]

---

[118] 方東美《華嚴宗哲學》上冊，頁 121，「即使說它是（華嚴世界）幻想的創造系統，也不能把它裡面所包含的藝術價值、道德價值及真理價值都抹煞掉。」（台北：黎明文化公司，1981 年）。

第五章　《華嚴經》「十方成佛」之建構

一、　佛數－不可計量之名號（成佛不限性）

　　《華嚴經》之集成是歷經一長時期，其主題意旨究竟為何？唯有能先確然其「主旨」，才能將各單經之匯集尋求其成立之意義。顯然，《華嚴經》之最根本核心，在由佛始成正覺時，其光明照耀無量法界諸佛之佛剎為開端。唯《華嚴經》所謂之「佛」是有其特義，即是「毘盧遮那佛」，其威光可遍照至每一佛剎之百千萬億國土中，且佛之法身皆可示現於一一國土裡，並可令一一國土之天人悉得見佛，故由《華嚴經》所開展之「佛」，是「十方」皆可「成佛」義，亦是十方世界皆可成為佛剎，且佛之法身皆可住於各各法界中，此主旨甚是明朗，故《華嚴經》標名曰「大方廣」。據《華嚴經》之集成史而言，最能展現「大方廣」之義者，即是八十《華嚴經》之〈如來名號品〉與〈光明覺品〉。以下即分別論之：

（一）佛名號無盡

　　法界身雲是窮一切時、遍一切處，此是《華嚴經》之展現，是一種大氣度之意旨，時時、處處呈顯「成佛」之可待性，不限時、空間中，皆有佛剎（淨土）之成就。菩薩能遍一切處而止住並演說法，其終究目的在於證悟成佛，正因法界不可思議，故成

佛之淨土亦是不可思議。有關「佛」之種種淨土、莊嚴、威德等，可見〈如來名號品〉[1]之論，主要在闡述世尊為諸菩薩開示有關「佛刹、佛住」等不可思議數之名號，本品之主要內容依次敘述如下：

1. 世尊在摩竭提國阿蘭若法菩提場中，始成正覺。諸菩薩眾皆從他方而共來集，且作如是之思惟：「若世尊見愍我等，願隨所樂，開示佛刹、佛住、佛刹莊嚴、佛法性、佛刹清淨、佛所說法、佛刹體性、佛威德、佛刹成就、佛大菩提，如十方一切世界。」[2]

2. 世尊知諸菩薩心之所念，即各隨其類而現神通。於現神通後，即有來自東、南、西、北、東北、東南、西南、西北、下方、上方共十方佛刹世界之佛與微塵數諸菩薩眾，皆來詣佛所。[3]

3. 文殊師利菩薩承佛威力，於普觀一切菩薩眾會，知佛國土不可思議，乃至一切之佛住、佛刹莊嚴等皆不可思議。又言：「如來於此娑婆世界，諸四天下，種種身、名、色相、修短、壽量、處所、諸根、生處、語業、觀察，令諸眾生，各別知見。」[4]

4. 如來於四天下中，有不同之名，或名釋迦牟尼、或名毘盧遮那等，且於此四天下東、南、西、北等共十方，依次各有其世界，而如來之名號亦隨之而有種種不同之稱

---

[1] 大正 10 · 57 下-60 上。
[2] 大正 10 · 57 下-58 上。
[3] 大正 10 · 58 上-中。
[4] 大正 10 · 58 下。

謂。[5]

5. 於此娑婆世界中，有百億四天下，如來亦有百億不同之名號，此皆是眾生之「各別知見」。且於此娑婆世界東、南、西、北等共十方，依次各有其世界，如來亦皆有不同之名號。如來名號不可稱數、計量與言思。[6]

6. 「世尊昔爲菩薩時，以種種談論、語言、音聲、業、報、處、方便、根、信解、地位，而得成熟，亦令眾生如是知見，而爲說法。」[7]

先據澄觀對於〈如來名號品〉之釋云：「召體曰名，表德爲號。名別號通，一切諸佛，通具十號。隨機就德，以立別名。宗趣有三：一、以修生修顯因果爲宗，令諸菩薩修行契入爲趣。二、若就總望，信解行德，攝位爲宗，通成佛果爲趣，信能必到如來地故，近望唯信爲宗，成位爲趣。三、顯佛名號周遍爲宗，隨機調化利益爲趣。」[8]「名號」是爲表顯佛德，「一切諸佛，通具十號」，故此「十號」代表佛之德各有不同。依眾生知見，如來或名釋迦牟尼、或名毘盧遮那，於不同世界中，展現不同之身分，即有不同之名號，此爲眾生之「各別知見」。依華嚴之法界觀，法界之展現，是全體大現，一一法界同時各有不同之佛住持，故「佛」之名號各有不同，此乃因於時地方所而應機攝化不同之眾生所致。依於世界無量，故「如來名號」亦不可稱數、計量與言思，雖言「如來名號」各有不同，但同爲代表「如來」（佛）之「德」則無

[5] 大正 10．58 下-59 中。
[6] 大正 10．59 中-60 上。
[7] 大正 10．60 上。
[8] 唐‧澄觀《華嚴經疏》卷 12，大正 35．588 上-中。

有差異。如來所示現之種種佛剎、佛住、佛威德各有不同,此正足以說明「佛」之所「成」,其內涵理應有不同,此雖言是眾生之「各別知見」,但亦是凸顯遍一切處之菩薩眾,於不同方所、不同演說與不同度眾之法門中,一一皆有成佛之可能性,故展現如來之各種名號,正可引菩薩欲往「修行契入」之方向而行,且在相「信」必有成佛之可待、如來之位必可趣入,如是則「成佛」並非是奢望,而是「十方成佛」當無有疑慮。

(二)佛光明無量

據〈光明覺品〉[9]之論,主要在闡述以世尊之智德,由其兩足輪下大放光明且遍照無量無邊之世界亦皆如是,本品之主要內容敘述依次如下:

1. 世尊從兩足輪下,放百億光明,照此三千大千世界、百億閻浮提等,且使百億菩薩受生、出家,亦使百億如來成正覺、轉法輪與入涅槃,亦照百億各諸天悉皆明現,如此處見佛世尊,坐於蓮華藏師子之座上,有十佛剎微塵數菩薩所共圍遶。且在百億閻浮提中,有百億如來亦如是坐,亦悉以佛神力故,有十佛剎微塵數諸菩薩,共來詣佛所。各菩薩各於佛所,淨修梵行。文殊師利菩薩,各於佛所同時發聲而頌曰:「若有知如來,體相無所有,修習得明了,此人疾作佛。」[10]

---

[9]　大正 10・62 中-66 上。
[10]　大正 10・62 下。

2. （佛）光明過此世界、十、百、千、十千、百千、百萬、一億、十億等世界，[11]無數無量、無邊無等，不可數、不可稱、不可思、不可量、不可說之世界。於一一世界中，皆有百億閻浮提，乃至百億色究竟天，其中所有悉皆明現，悉見如來坐蓮華藏師子之座，十佛剎微塵數菩薩所共圍遶，來詣佛所。文殊師利菩薩，各於佛所，同時發聲而頌曰：「眾生隨業種種別，十方內外難盡見；佛身無礙遍十方，不可盡見亦如是。譬如空中無量剎，無來無去遍十方，生成滅壞無所依，佛遍虛空亦如是。」[12]

華藏莊嚴世界海是「大方廣」，是一大小無礙之法界皆可全然涵蓋之場所，佛之光明無量遍照，可使「百億如來成正覺、轉法輪與入涅槃」，此是佛之「光明」可使無量眾生皆成「覺」者，如斯之旨是《華嚴經》之鮮明立論。在華嚴世界裡，由一而一切，故佛之光明可遍至無量佛剎一皆光明照耀，佛光之「遍」是佛之威德所致，據澄觀對所謂「遍」之釋云：「顯實遍故，但所說有二：一佛、二法。佛有二：一身、二名。法亦有二：一權、二實。此品（〈光明覺品〉）顯即權之實遍故。……今光示遍相故。顯總遍故，今此一會即遍法界，一一皆悉同時、同處、同眾、同說、同遍故。顯圓遍故，今顯無差別，一切即圓融遍一切故。」[13]在八十《華嚴經》中佛之始成正覺境界之述是：「如來自在神通之力，所有境界，皆從中出。一切眾生居處屋宅，皆於此中現其影像，

---

[11] 大正 10 · 63 上-65 下。
[12] 大正 10 · 66 上。
[13] 唐·澄觀《華嚴經疏》卷 13，大正 35 · 594 下。

又以諸佛神力所加,一念之間,悉包法界。」[14]佛之名號雖是無盡,各依不同世界而有不同之名號,此爲眾生之個別知見,亦可謂是差別之見,故名號之「遍」是「別遍」,在不同知見之不同名號下,尚未能將「毘盧遮那佛」義彰顯,唯待毘盧遮那佛之「光明遍照」,是一一法界皆同時同遍故,此並非由「一切」才能「遍一切」,如是尚有前後之順序;而是毘盧遮那佛本具足一切佛身,由其身所發之光明遍照之下,才能是「一切即圓融遍一切」,此即無有順序差別,是全體當下圓遍,是「所有境界,皆從中出」,是同時、圓融、一體的。爲展現《華嚴經》之「大方廣」義,唯在佛之「光明無量」遍照之下,才能真正造就「十方成佛」之境地。

二、佛劫─窮一切時之壽命(時間無盡性)

對於「時間」而言,釋尊之色身住世八十年,此是有數有限之存在;但由釋尊所留下之法義言說卻是流傳且發揚光大至今,此是法身無限之存在。《華嚴經》於有關「時間」上,是以不可計數、不可言說之重重無限之時間爲旨趣。時間本是遷流變化的,此是不爭之事實,而一切事物亦皆在時間之遷流中而不斷地在變化著,釋尊以觀事物之緣起現象(時間即是緣起現象之一),故提出「諸行無常」義,無常是對「常」之否定,於時間中實無有任何一事物可常恆不變的,換言之,以「時間」而看待一切事物,任何之事物皆是有限性,然僧肇有〈物不遷論〉,此論之目的,是

---

14 〈世主妙嚴品〉,大正 10・1 下。

為「佛之功業能萬世不朽」提出論說，[15]僧肇以「物」、「不遷」為論，此乃抽離時間而看待事物，當事物一抽離時間，則事物可當住當下，此當住當下即可成永恆，僧肇之立論背景自有其用心與目的。但今依「成佛」而論，依重重法界而思，依生命生生不息而想，依無常即真理現象而慮，力主抽離時間雖可肯定事物之常恆性，但事物亦將呈現停滯面，或呈真空之狀態，（僅止於形上而論說），如是則背離釋尊開演法義之重現實性，釋尊但以解苦為開法之重要目標。《華嚴經》站在現象法界之立場，以思過去、現在、未來之整體性，故所謂「法界」當是重重無盡之華藏莊嚴世界海，依「時間」而論亦必不可計數，於《華嚴經》有關論述不可計數之時間義，有〈阿僧祇品〉與〈壽量品〉。茲分別述說如下：

據〈阿僧祇品〉[16]之論，主要在闡述所謂「阿僧祇」之不可計數之喻，本品之主要內容敘述依次如下：

1. 心王菩薩請佛為說「阿僧祇」不可數、不可稱、不可思、不可量、不可說之義？[17]

2. 佛以各種「名數」之累積為另一「名數」；而名數是層層翻轉不可計，總喻「阿僧祇」是無量無邊不可思、不可說之「數」。[18]

3. 心王菩薩於佛之譬說已，即以長偈為頌；今略舉其一：「不可言說不可說，充滿一切不可說，不可言說諸劫中，說

---

[15] 後秦·僧肇《肇論》〈物不遷論〉：「如來，功流萬世而常有，道通百劫而彌固。」又：「功業不可朽，故雖在昔而不化，不化故不遷，不遷故則湛然明矣！」（大正 45·151）。

[16] 大正 10·237 中-241 上。

[17] 大正 10·237 中。

[18] 大正 10·237 中-238 中。

不可說不可盡；不可言說諸佛刹，皆悉碎末為微塵，一
塵中刹不可說，如一一切皆如是。」[19]

另據〈壽量品〉[20]之論，主要在闡述諸世界之佛刹，各有不
同之「壽量」，本品之主要內容敘述依次如下：

1. 心王菩薩告諸菩薩：此娑婆世界之釋迦牟尼佛刹一劫，
   於極樂世界阿彌陀佛刹為一日一夜；極樂世界一劫，於
   袈裟幢世界金剛堅佛刹為一日一夜……如是次第乃至過
   百萬阿僧祇世界，最後世界一劫，於勝蓮華世界賢勝佛
   刹為一日一夜。[21]

2. 於勝蓮華世界賢勝佛刹，普賢菩薩及諸同行大菩薩等，
   皆充滿其中。[22]

據澄觀對〈阿僧祇品〉之釋云：「此品校量行德難思，又難思
佛德菩薩盡窮。」[23]「阿僧祇」為「無量數」之義，《華嚴經》所
開顯之華藏莊嚴世界海，此世界海是重重無盡，是充滿「變化」
中之「變化」，是一塵刹中尚有一塵刹。本品以「心王菩薩」為首，
實是「人法雙舉」，除展現佛刹不可思量計數，亦寄顯菩薩願行重
重無盡，故有關本品之宗趣，如澄觀所云：「寄數顯德分齊為宗，
令知普賢諸佛離數重重無盡為趣。」[24]心王菩薩首問佛「阿僧祇」
之義，唯「阿僧祇」已是不可言說、不可計量之數，而佛為開顯
不可計量之數，以層層各種名數而為譬說，主要在展明塵刹無盡，

---

19 大正 10．238 中。
20 大正 10．241 上-中。
21 大正 10．241 上-中。
22 大正 10．241 中。
23 唐．澄觀《華嚴經疏》卷 47，大正 35．858 上。
24 唐．澄觀《華嚴經疏》卷 47，大正 35．858 上。

每一塵刹有不可說劫，如是而重重無盡無盡。佛以時間（劫）之
無盡為論說，實在展顯佛德深廣，如澄觀云：「一將上諸劫讚一普
賢之德不盡，二況一塵中有多普賢，三況遍法界塵皆有多矣！是
知德無盡故。若不以稱性之心思之，心惑狂亂。」[25]由一劫、一
塵至遍法界，由一普賢至多普賢，然普賢究竟是一，還是多？若
以一劫、一法界為數，則一劫有一普賢，一法界有一普賢，然一
一劫中尚有一一劫，故普賢確有無量數，此皆為本尊（非分身），
意謂皆如實之每一普賢所當行其願行，唯共在毘盧遮那法身之
中，同在華藏莊嚴世界海裡，則一即多，多即一。唯以無量數之
時間而明「佛」德深廣，而普賢所代表之義即是「菩薩」欲「盡
窮」之（佛德）。另於〈壽量品〉之末有：「普賢及諸同行大菩薩
等」，皆充滿於「勝蓮華世界賢勝佛剎」中，實亦在顯菩薩之願行
無有窮盡。

　　澄觀對〈壽量品〉之釋云：「玄鑒虛朗，出乎數域之表，豈有
殊形萬狀修短之壽哉！然應物隨機，能無不形，而無不壽故。上
品彰其實德，此品以辨隨機。雖積少至多，顯時無不遍。」[26]對
於華藏莊嚴世界海之重重無盡狀，誠如澄觀所云：「若不以稱性之
心思之，心惑狂亂」，換言之，《華嚴經》所建構之法界觀，無法
以現象界之實況而觀之、視之，是要以「心」思之：以一塵為一
世界，一塵中尚有一塵，以一毛孔為一世界，一毛孔中尚有一毛
孔，如是之見解，若以「心」思之，理應可解悟，故對於無盡之
法界，要言其「壽量」實有困難，因「心」本為不可名狀、不可

---

[25] 唐・澄觀《華嚴經疏》卷 47，大正 35・858 下。
[26] 唐・澄觀《華嚴經疏》卷 47，大正 35・859 上。

言說，而法界亦無法以名數而形容之。唯對於要應化眾生時，則有關法界之「狀」、「時」、「地」等，則宜有分說，故〈壽量品〉由娑婆世界為起點，所開顯之淨土有十：「極樂世界阿彌陀佛剎、袈裟幢世界金剛堅佛剎、不退轉音聲輪世界善勝光明蓮華開敷佛剎、離垢世界法幢佛剎、善燈世界師子佛剎、妙光明世界光明藏佛剎、難超過世界法光明蓮華開敷佛剎、莊嚴慧世界一切神通光明佛剎、鏡光明世界月智佛剎、勝蓮華世界賢勝佛剎。」[27]此十淨土之關連，一皆以前淨土之一劫，為後一淨土之一日一夜，如是輾轉不息「以劫為日」，乃至過「百萬阿僧祇世界，最後世界一劫」，依然如是，終至「勝蓮華世界賢勝佛剎」之一日一夜。淨土為佛之所居，然一切淨土之殊妙無不由「娑婆世界」而修成，故淨土壽量之開顯，是由「娑婆世界釋迦牟尼佛剎一劫」為始，釋尊為娑婆世界修證成佛之代表，以展顯娑婆世界雖染污，卻是修行之最佳場所。澄觀又云：「壽謂報命，量即分限。染淨土之報壽，隨機見之分限，以顯無盡之命、無限之量。」[28]「成佛」是修證之目標，然所謂「成佛」是否有其終限？於〈壽量品〉中，釋尊已於娑婆世界中成佛，然其所成之「佛剎」、「一劫」，於「極樂世界阿彌陀佛剎」僅是「一日一夜」，換言之，所謂「染淨土之報壽，隨機見之分限」是為不同淨土有不同之「壽量」，然因法界是重重無盡，故佛之淨土亦無有窮盡，於某一佛剎所成就之「佛」，於他淨土中尚有努力之機會，此正展顯所謂「成佛」實是「無限生命、無限修證、無限成佛」之無限歷程，而喜呈現「無窮無盡」是《華

---

[27] 八十《華嚴經》卷45，大正10・241上-中。
[28] 澄觀《華嚴經疏》卷47，大正35・859上。

嚴經》之特點,於「成佛」之論上亦然如是。於淨土中充滿普賢等菩薩,其義亦如是,信願行證終將是無窮無限。

三、佛剎－遍一切處之聖地(空間超越性)

於〈壽命品〉中舉出十佛之十世界,至最後世界之一劫,為勝蓮華世界賢勝佛剎之一日一夜,此世界即為普賢及諸同行菩薩之住處,可知〈壽命品〉是以展顯無量世界具有無限時間為旨趣,此為依「時間」而論。至於依「空間」而論述,則有〈諸菩薩住處品〉[29],其內容在闡述各名山、眾城,各有諸菩薩於中止住修行與演說法,本品之主要內容敘述如下:

1. 心王菩薩告諸菩薩:於東、南、西、北、東北、東南、西南、西北方,各有名山,從昔已來有菩薩眾於中止住,現今亦有菩薩與其眷屬常在其中而演說法。於各名城住處亦是如此。

華藏莊嚴世界海是重重無盡的,依時間而論是無限性,時間既無限,則依時間而輾轉之空間,亦將無有窮盡。於百萬阿僧祇世界中,普賢菩薩遍諸如毛端之法界,此是總體而論說。今本〈諸菩薩住處品〉則分別而論,條例如下:

方位:東方、南方、西方、北方等。

地名:仙人山、勝峰山、金剛焰山、香積山等。

主持者:金剛勝菩薩、法慧菩薩、精進無畏行菩薩、香象菩薩等。

護持者:主持者之眷屬與諸菩薩眾。

---

[29] 大正 10 · 241 中-下。

護持人數：或三百人、五百人、一千人、三千人至一萬人等。

度眾方法：主持菩薩與諸菩薩眾，常在其中而演說法。

傳承之時間：從昔已來諸菩薩眾於中（各名山、城窟）止住，
現有菩薩……。

有關菩薩之住處，於文中特有開顯於「大海之中，復有住處」，
各有不同之「窟」、「城」、「國」，唯此處僅強調「從昔已來，諸菩
薩眾，於中止住。」[30]其後並不特言「現有菩薩……常在其中」
等之句，然依理而究，言「昔」即可推至「現」與「未」，或如澄
觀所言：「此文之終都無結束，或是經來不盡。閻浮既爾，餘方餘
界，異類界等，可以倣之。法界身雲，則無在不在矣！」[31]依法
界無盡而總體論說一一皆有菩薩為住，則「菩薩遍一切處」之義
可明，唯當如〈諸菩薩住處品〉一一列明方所與住持者，實為使
眾生心有方所之歸向，設想當眾生聽聞：「在某方有某山有某菩薩」
之說法，相較於「一一法界皆有菩薩止住」之說，前者是較能令
人心生嚮往之意向，故本品從首至尾只言明「此一事」，並未有其
他論說，此正是本品之特點。言菩薩住處方所，是為應眾生之機
感而為言，若依法界重重無盡義，空間實是「無方」的，故有菩
薩之住處僅言「昔」，而不言「現」的，實可明證「法界身雲，則
無在不在」之說，此是華藏莊嚴世界海「住處」特有之趣向，此
亦說明於不限空間中，皆有菩薩為之止住修行而證悟成佛之可
能，故菩薩之聖地亦可謂即是佛之聖地。

---

30 八十《華嚴經》卷 45〈諸菩薩住處品〉，大正 10・241 下。
31 唐・澄觀《華嚴經疏》卷 47，大正 35・860 下-861 上。

四、佛法－往來天人之教化（法門不定性）

八十《華嚴經》由〈世主妙嚴品〉開啟佛之始成正覺之境界，佛座處於眾妙寶嚴麗之菩提場中，於一切法成最正覺，其智、其身、其音遍入一切法界皆悉平等，佛之所以現無量神通，其義是為教化調伏一切眾生。佛之一切演說法，忽而昇天，又忽而人間；忽而是天界之神聖境界，又忽而是人間之凡夫意境，然不論是在天界或人間，法界領域或有差別，然皆是佛之圓滿光明所遍照之下，則一切皆是平等。《華嚴經》暢論佛之境界，所謂「境界」，[32]是對某一種層次之描述，於佛而言即是自身之所證悟，特指於「心」之一種親驗領悟。佛之心境一切無礙，天界、人間往來皆自在，此為佛之變現出沒之神力，實亦在顯佛心之作用遍一切法界皆自在無礙。有關佛於天界人間往來自在之論說，於八十《華嚴經》，有三個天界共包含六品特別值得注意：即〈昇須彌山頂品〉與〈須彌頂上偈讚品〉；〈昇夜摩天宮品〉與〈夜摩宮中偈讚品〉；〈昇兜率天宮品〉與〈兜率宮中偈讚品〉。以下即分別論之：

（一）遊於天人間－見佛因緣之難得

須彌山（世界中央之高山）

〈昇須彌山頂品〉[33]主要在敘述帝釋承佛之神力，自憶念於過去佛所之中，所種之諸善根。本品之主要內容敘述依次如下：

---

[32] 《佛光大辭典》下冊，頁 5765，「境」條：「為感覺作用之區域，或為心之活動範圍。又作境界。」（高雄：佛光出版社，1989 年）。

[33] 大正 10・80 下-81 上。

1. 如來以威神力故,令十方一切世界悉見如來坐於菩提樹下,且各有菩薩承佛神力而演說妙法。於此時,世尊不離一切菩提樹下,而上昇至須彌山且走向帝釋殿;時天帝釋在妙勝殿前,遙見佛來,即以神力而莊嚴此殿;並加妙寶而置普光明藏師子之座;待敷置座已,帝釋即曲躬合掌求佛入殿,世尊即受其請而入殿。[34]

2. 帝釋承佛神力,此時於諸宮殿中,所有樂音自然止息,即自憶念於過去佛所之中,所種之諸善根,並以偈頌而讚十佛:迦葉如來、拘那牟尼佛、迦羅鳩馱佛、毘舍浮佛、尸棄如來、毘婆尸佛、弗沙明達佛、提舍如來、波頭摩佛、然燈如來等之功德。[35]

3. 另有忉利天王及十方世界之諸釋天王,亦皆如是讚佛功德。爾時,世尊入妙勝殿已,即結跏趺坐,而此殿忽然廣博寬容,如其天眾之諸所住處,且十方世界亦皆如是。[36]

〈須彌頂上偈讚品〉[37]主要在闡述佛以神力,令百佛刹微塵數之菩薩,咸來集會;佛之光明普照十方一切世界、須彌頂上與帝釋宮中等,感得諸菩薩以偈而頌讚。本品之主要內容依次敘述如下:

1. 以佛神力故,十方各有一大菩薩,一一各與佛刹微塵數菩薩俱,從百佛刹,微塵數國土外,諸世界中,而來集

---

[34] 大正 10‧80 下。
[35] 大正 10‧80 下-81 上。
[36] 大正 10‧81 上。
[37] 大正 10‧81 上-83 下。

會。[38]

2. 是諸菩薩至佛所已，頂禮佛足，且隨所來方，而各化作
　　毘盧遮那藏師子之座，於其座上，結跏趺坐，一切世界
　　亦皆如是。[39]

3. 爾時，佛從兩足指，放百千億妙色光明，普照十方一切
　　世界、須彌頂上、帝釋宮中、佛及大眾，靡不皆現。[40]

4. 法慧菩薩承佛威神，普觀十方，而說頌曰：「彼會諸菩薩，
　　皆同我等名，所從諸世界，名字亦如是。」[41]

5. 一切慧菩薩頌曰：「一切法無生，一切法無滅，若能如是
　　解，諸佛常現前。」[42]

6. 勝慧菩薩頌曰：「若能除眼翳，捨離於色想，不見於諸法，
　　則得見如來。」[43]

7. 功德慧菩薩頌曰：「若得見於佛，其心無所取，此人則能
　　見，如佛所知法。」[44]

8. 精進慧菩薩頌曰：「法性本清淨，如空無有相，一切無能
　　說，智者如是觀。」[45]

9. 善慧菩薩頌曰：「無見說為見，無生說眾生，若見若眾生，
　　了知無體性。」[46]

---

[38] 大正 10・81 上。
[39] 大正 10・81 中。
[40] 大正 10・81 中。
[41] 大正 10・81 中。
[42] 大正 10・81 下。
[43] 大正 10・82 上。
[44] 大正 10・82 中。
[45] 大正 10・82 中-下。
[46] 大正 10・82 下。

10. 智慧菩薩頌曰：「有諍說生死，無諍即涅槃，生死及涅槃，一俱不可得。」[47]

11. 真實慧菩薩頌曰：「佛法不可覺，了此名覺法，諸佛如是修，一法不可得。」[48]

12. 無上慧菩薩頌曰：「無中無有二，無二亦復無，三界一切空，是則諸佛見。」[49]

13. 堅固慧菩薩頌曰：「唯除正等覺，具德尊導師，一切諸天人，無能救護者。」[50]

夜摩天（欲界第三天）

〈昇夜摩天宮品〉[51]主要在闡述夜摩天王自憶念於過去佛所，所種之諸善根，才能感得如今夜摩天宮中之莊嚴殊妙。本品之主要內容敘述依次如下：

1. 如來以威神力，令十方一切世界皆見如來處於眾會。[52]

2. 世尊走向夜摩天宮之寶莊嚴殿，時夜摩天王遙見佛來，即以神力莊嚴殿內，並求佛哀愍其心，能得受請而昇寶殿。[53]

3. 夜摩天王承佛神力，憶念往昔諸佛功德，稱揚讚頌，於此時，世尊即入莊嚴殿，於師子座上結跏趺坐。此殿忽

---

[47] 大正 10 · 83 上。
[48] 大正 10 · 83 中。
[49] 大正 10 · 83 中。
[50] 大正 10 · 83 下。
[51] 大正 10 · 99 上。
[52] 大正 10 · 99 上。
[53] 大正 10 · 99 上-中。

然,廣博寬容,如其天眾,諸所住處。[54]

〈夜摩宮中偈讚品〉[55]主要在敘述以佛之神力故,有微塵數之菩薩皆來集會,世尊放百千億妙色光明,普照十方一切世界、夜摩宮中,感得諸菩薩之讚頌。本品之主要內容敘述依次如下:

1. 因佛之神力,有微塵數菩薩,從十萬佛剎微塵數國土外,諸世界中而來集會。[56]

2. 是諸菩薩至佛所已,頂禮佛足,隨所來方,各化作摩尼藏師子之座,於其座上,結跏趺坐。如此世界中,夜摩天上,菩薩來集,悉亦如是。[57]

3. 世尊大放光明,普照十方,佛及大眾,靡不皆現。諸菩薩如:功德林、勝林、無畏林、慚愧林、精進林、力林、行林、覺林、智林等菩薩皆承佛威力,遍觀十方而以偈讚頌佛之功德,如:「遊行十方界,如空無所礙,一身無量身,其相不可得。佛功德無邊,云何可測知,無住亦無去,普入於法界。」[58]又:「不可思議劫,供養無量佛,若能知此義,功德超於彼,無量剎珍寶,滿中施於佛,不能知此義,終不成菩提。」[59]又:「一切法無來,是故無有生,以生無有故,滅亦不可得。一切法無生,亦復無有滅,若能如是解,斯人見如來。」[60]又:「如來廣大

---

[54] 大正 10．99 下。

[55] 大正 10．99 下-102 中。

[56] 大正 10．99 下。

[57] 大正 10．99 下。

[58] 大正 10．100 上。

[59] 大正 10．100 中。

[60] 大正 10．100 下。

身，究竟於法界，不離於此座，而遍一切處。若聞如是
法，恭敬信樂者，永離三惡道，一切諸苦難。」[61]等。

兜率天（欲界第四天）

〈昇兜率天宮品〉[62]主要在闡述佛以神力往詣兜率天一切妙
寶所莊嚴之宮殿。本品之主要內容敘述依次如下：

1. 因佛之神力故，令十方一切世界皆見如來坐於樹下，復以
   神力，不離此菩提樹下而往詣於兜率陀天之莊嚴殿。[63]

2. 時兜率天王遙見佛來，即於殿上敷摩尼藏師子之座，此師
   子座由諸天妙寶之所集成，殊勝莊嚴無比。又承如來之
   神力所現，令一切眾生咸來觀察，無有能得究其妙好；
   師子座周匝之妙寶莊嚴、光明遍照與法音流露，令無量
   數之王子、天王、菩薩等皆起信樂、心淨、尊重與生希
   有之想。[64]

3. 時兜率天王為如來敷置座已，心生尊重，與無量數之兜率
   天子、天女、菩薩以無量數之香雲、香華、妙音等，奉
   迎如來。[65]

4. 爾時一切諸天及諸菩薩眾，見於如來不可思議之種種神
   變，令無數眾生心大歡喜、安住善根、獲一切智、心常
   清淨、入諸佛境等，此一切功德皆從往昔善根所現，一

---

[61] 大正 10・100 下。
[62] 大正 10・115 上-121 上。
[63] 大正 10・115 上。
[64] 大正 10・115 上-117 中。
[65] 大正 10・117 中-118 中。

切菩薩於一切劫,稱揚讚說不可窮盡。[66]

5. 兜率陀天王爲奉迎如來,其諸供具已,即與無量數之兜率天子向佛合掌,恭請佛能受天王請,入一切寶莊嚴殿。爾時世尊,以佛莊嚴而自莊嚴,具大威德,爲令一切眾生、菩薩、天子能發起清淨信,即受天王請入一切寶莊嚴殿。[67]

6. 兜率陀天王承佛威力,即自憶念過去佛所,所種善根,而說頌言。此偈頌內容主要在說明:惟因過去有無量諸佛入此莊嚴殿,是故此處最吉祥。[68]

〈兜率宮中偈讚品〉[69]主要在闡述諸菩薩對兜率天宮之莊嚴殊勝而給予偈讚。本品之主要內容敘述依次如下:

1. 因佛之神力,令微塵數諸菩薩來詣佛所,頂禮佛足,且諸菩薩眾,隨所來方,各於其上,結跏趺坐,其身悉放百千億無量光,此乃皆從菩薩清淨心與大願所起。如此世界兜率天宮,亦皆如是。[70]以下爲各菩薩之偈讚。

2. 金剛幢菩薩之偈讚:「色身非是佛,音聲亦復然,亦不離色聲,見佛神通力,少智不能知,諸佛實境界,久修清淨業,於此乃能了。」[71]

3. 堅固幢菩薩之偈讚:「若有尊敬佛,念報於佛恩,彼人終

---

[66] 大正 10・118 中-120 上。
[67] 大正 10・120 上-中。
[68] 大正 10・120 中-下。
[69] 大正 10・121 上-124 上。
[70] 大正 10・121 上-中。
[71] 大正 10・121 下。

不離，一切諸佛住。」[72]

4. 勇猛幢菩薩之偈讚：「設於無數劫，則寶施於佛，不知佛
實相，此亦不名施，無量眾色相，莊嚴於佛身，非於色
相中，而能見於佛。」[73]

5. 光明幢菩薩之偈讚：「人間及天上，一切諸世界，普見於
如來，清淨妙色身，譬如一心力，能生種種心，如是一
佛身，普現一切佛。」[74]

6. 智幢菩薩之偈讚：「佛身非過去，亦復非未來，一念現出
生，成道及涅槃，如幻所作色，無生亦無起，佛身亦如
是，示現無有生。」[75]

7. 寶幢菩薩之偈讚：「眾生如是說，某日佛成道，如來得菩
提，實不繫於日，如來離分別，非世超諸數，三世諸導
師，出現皆如是。」[76]

8. 精進幢菩薩之偈讚：「如剎不可思，而見淨莊嚴，佛難思
亦爾，妙相無不現，譬如一切法，眾緣故生起，見佛亦
復然，必假眾善業。」[77]

9. 離垢幢菩薩之偈讚：「以佛為境界，專念而不息，此人得
見佛，其數與心等，成就白淨法，具足諸功德，彼於一
切智，專念心不捨。」[78]

---

[72] 大正 10．122 上。
[73] 大正 10．122 中。
[74] 大正 10．122 中。
[75] 大正 10．122 下。
[76] 大正 10．123 上。
[77] 大正 10．123 中。
[78] 大正 10．123 中。

10. 法幢菩薩之偈讚：「設於念念中，供養無量佛，未知真實法，不名爲供養，若聞如是法，諸佛從此生，雖經無量法，不捨菩提行。」[79]

依《華嚴經》之立意，華藏莊嚴世界海是由無量數之法界所構造而成，其中「須彌山」是代表一中心點，外圍由重重無盡之風輪、水輪與高山、海洋等所共環遶，而「須彌山頂有三十三天宮」，[80]爲帝釋天所居住之處。佛昇須彌山，是「不離菩提樹」，此是佛之神通力，有關佛之上昇天上，究竟是本身或是化身，歷來有不同之解讀，今據澄觀之釋云：「問：動靜相違，去住懸隔。既云不離，何得言升？古有多釋，一云：本釋迦身，不起道樹，別起應化，以升天上。一云：不起是報，升天是化。一云：不起是法身，升天是化用。並非文意，以此文中俱是毘盧遮那十身雲故。」[81]依毘盧遮那法身之十身具足圓滿，佛之法身遍法界一切處，菩提樹與天上，是「一切即一，一即一切」之不可思議，佛既得正等正覺，其智無不周，其體無不在，故在天上或人間，於佛而言，皆是一體之隨應，本是無來無去、無依無住。《華嚴經》特有佛上昇天上之品目，實如澄觀所云：「然以自在，即體之應，應隨體遍，緣感前後，有住有升。閻浮有感，見在道樹。天宮有感，見升天上。非移覺樹之佛，而升天宮，故云不離覺樹，而升釋殿。」[82]佛在天上或人間，於佛是一體之用，於天人之間皆是「有感」而現，所謂「有感」，即「心」有起念，當天界「心」有

---

[79] 大正 10・124 上。

[80] 《長阿含經》卷 18〈閻浮提州品〉，大正 1・115 上。

[81] 唐・澄觀《華嚴經疏》卷 17，大正 35・627 中。

[82] 唐・澄觀《華嚴經疏》卷 17，大正 35・627 中。

「念」，佛必隨感而應現，故「天宮有感」，則見佛「升天上」；同之，人界「心」有「念」，即是「閻浮有感」，即見佛坐於「道樹下」。

華嚴展現佛之神力，忽在天上，忽在人間，除為彰顯佛之自在無礙外，亦為言明能見佛於天上說法，是一諸善根之聚集，是過往世於毘盧遮那願海中所種善根之成熟。天界是報業之所感，但非至究竟處，佛不論是昇於須彌山、夜摩天或兜率天，於此三處皆有共同之點：

1. 如來之昇天，皆不離閻浮提之菩提樹下，此乃是如來之法身能遍一切處所致。

2. 各天宮之莊嚴殊妙，皆是各天王於過去佛所種諸善根而得成之，由「今」以推「昔」，並寄望「未」來之成佛可期。

3. 佛之昇天是為令一切眾生、菩薩、天子能發起清淨心而修證成佛，佛之隨應示現必有其用心。

4. 諸天中之菩薩之偈讚，其內容主要在說明一切法本無生滅，本不可得，唯能不執著，則能常見諸佛現前。佛之法身能普現一切佛，此即因「一心」而能生種種心；而所見之佛，不能以色相觀之，故曰不可思議；唯見佛當假眾善業而成，是以三天王皆聚集善根因緣始感佛之昇天。

澄觀對於三天皆有「不起而昇」之言，其釋曰：「一、不起一切菩提樹而昇一天。二、不起一處而昇一切處。三、不起一處而

昇一處。四、不起一切處而昇一切處。」[83]依如來之自在力，一切法界皆在佛之法身中，故不論佛昇於何天，於十方而言皆是佛在「當下」之演法，故總曰「不起」；而佛之受請「昇」於某一法界，是爲展現法界眾生之所以能「見佛、聞法」，是需待因緣所聚成，是甚難得、殊勝與希有的。於無量法界中，佛皆可往來自在而說法，然八十《華嚴經》中，佛之上昇天界（須彌山、夜摩天、兜率天）皆隸屬於「欲界」中，而沒有色界與無色界，此中之由，今舉高峰了州之看法：

> 爲何上昇天界？這也許是佛陀成道之夜，關係禪定內觀的上昇與下降，作爲展開菩薩道的階程，相應世界觀的客觀階層的表現！故其根本正覺的內思惟所顯現的場所，才不致離道樹下的寶座。
> 何故說法，必須在欲界，且又偏以天界爲場所？因爲於住、行、向、地的實踐組織上，針對其修行之身心的感果界是欲界，是以強調欲界爲主體是當然的，這是注重人間爲中心立場說法！[84]

《華嚴經》以佛之成正覺境界爲主述，但「佛」之「初成」所展現之威光遍照，是佛德之流露；唯成佛之目的在爲度化眾生，而佛之上昇天界是不離菩提樹下之寶座，如是除顯現佛於成道後所具有之禪定三昧外，亦說明「佛」是以人間爲主的。而佛於「昇」

---

[83] 唐・澄觀《華嚴經疏鈔》卷1，大正36・5上。
[84] 高峰了州著，釋慧嶽譯《華嚴思想史》，頁19，（台北：中華佛教文獻編撰社，1969年）。

「降」之間可往來自在,此正是相應於不同法界之觀念,亦可言佛教之世界觀是有階層的:由一小千世界為一中千世界,一千中千世界為一大千世界,總曰「三千大千世界」,[85],此大千世界即是娑婆世界,釋迦佛是於此世界之閻浮提州而成佛,亦是釋尊之教化場所。然依《華嚴經》所展現之「時間無盡性」與「空間超越性」,正為說明於他方世界中,亦皆有真實如釋迦佛之成佛者,與「上昇天界」而說法度眾之情事,而每一法界之「欲界」皆是菩薩道修持者之場所,故雖言上昇天界,仍以欲界為主,此正表顯《華嚴經》除展現佛始成正覺境界之部份外,而佛之「說法」教化眾生更是另一重要之部份。

(二)教化之內容－佛法無量真實義

據〈四聖諦品〉[86]之論,主要在闡述由文殊師利菩薩為諸菩薩開示「苦、集、滅、道」四聖諦於不同之世界有不同之名,本品之主要內容敘述依次如下:

1. 文殊師利菩薩首以娑婆世界中,於「苦」、「苦集」、「苦滅」、「苦滅道」之聖諦,皆各有種種不同之名。總言是:「此娑婆世界,說四聖諦,有如是等四百億十千名,隨眾生心,悉令調伏。」[87]

2. 四聖諦「苦」、「苦集」、「苦滅」、「苦滅道」之聖諦,於密訓、最勝、離垢、豐溢、攝取、饒益、鮮少、歡喜、

---

[85] 《長阿含經》卷 18,《世紀經》〈閻浮提州品〉,大正 1・114 中-下。
[86] 大正 10・60 上-62 中。
[87] 大正 10・60 上-中。

振音世界等，一一皆有不同之稱名。[88]

3. 總言「四聖諦」於一一世界中皆有不同之名。「說苦聖諦、集聖諦、滅聖諦、道聖諦，亦各有百億萬種名。皆隨眾生，心之所樂，令其調伏。」[89]

依釋尊開法之核心而論，「四聖諦法」—「苦、集、滅、道」是一修證歷程之展現：人生由於有「苦」→「集」之因，而思「滅」之緣，以至終有得「道」之果，此根本法義（歷程）是原始佛教之基本思想。而《華嚴經》之氣度是「大方廣」，故依「法界」而言是「層層無盡」，在無盡法界之中有無量之佛數，於窮一切時、遍一切處，十方之佛皆在演說法，而「四聖諦法」在《華嚴經》中亦因於不同法界、不同之佛演說下，而有不同之「稱名」，然一皆不離「苦、集、滅、道」。此四聖諦法於不同世界之所以有百億萬種名，實「皆隨眾生心之所樂」而然，此即斯為「異」；但欲「令其調伏」則為「同」，換言之，《華嚴經》開展大方廣之無量法界、十方成佛，故佛之演說法亦將「不定」，皆隨眾生心之所樂而有，唯一切「不定」之「稱名」皆是「佛法之無量真實義」。佛之成正覺境界時所展現之佛德威光，正為證明「佛」為可歸依處，而「四聖諦品」正明示成佛是有「法」可循，依不同之「機」則開法各有不同，但皆同屬「聖諦」。此「聖諦」義，據澄觀之釋云：「聖諦者，聖者正也，無漏正法得在心故。」[90]正因眾生心念無量，故佛之開法稱名亦是無量，但唯有如實審「心」念之起伏，以「四聖諦」而觀「苦、集」為虛不實，才能真正擁有無漏正法，而「四

---

[88] 大正 10・60 中-62 上。

[89] 大正 10・62 中。

[90] 唐・澄觀《華嚴經疏》卷 13，大正 35・593 上。

聖諦法」亦將隨著《華嚴經》「大方廣」之義，而成為「無量之真實義」。

五、佛性－人人本具如來智（人人當成佛）

　　《華嚴經》以佛之始成正覺境界為經義之首開，在法界無量無盡之架構下，時間是無盡性、空間是超越性，故成佛之數亦不可限，而佛為往來教化不同眾生，以至說法亦不定性。在《華嚴經》中，「不設限」已為一重要意旨，儘管不同法界有不同之佛與法門等，然一皆在毘盧遮那佛之願海中，則十方皆可修證成佛。「十方成佛」是《華嚴經》所營構之光明遍照之境地，然「十方成佛」其所依據是為何？一佛成即一切佛皆可成，其所憑藉又為何？此則皆不離佛門中之最根本處，即有關「佛性」之問題。在《華嚴經》中，所言之心是「一心」，此一心即真心，亦即如來藏自性清淨心，此清淨心即一切眾生之心體，故又稱其為「自性清淨圓明體」，[91]此「體」即一切眾生與宇宙萬物之本體，而《華嚴經》即依此「本體」而建構整個法界圓融無礙之理論，亦依之而建立「十方成佛」論。

　　一切眾生皆本「自性清淨圓明體」，此為《華嚴經》之義旨，亦可謂是「定說」，然於法界現象而言，則有千差萬別之不同，此「淨」（全同）與「染」（差異）之間又將如何而相互依存呢？此

---

[91] 宋・延壽《宗鏡錄》卷1，曾對《華嚴經》之「性體」內涵有所論說：「諸賢聖所立宗體者，杜順和尚依《華嚴經》立自性清淨圓明體，此即是如來藏中法性之體。從本已來，性自滿足，處染不垢，修治不淨，故云自性清淨。」（大正48・417下）。

即由法藏所開出之「不變隨緣」與「隨緣不變」義：

> 雖現淨法不增鏡明，雖現染法不污鏡淨。非直不污，亦乃
> 由此反顯鏡之明淨。當知真如道理亦爾，非直不動性淨，
> 成於染淨，亦乃由成染淨方顯性淨；非直不壞染淨明於性
> 淨，亦乃由性淨方成染淨。是故二義，全體相收，一性無
> 二。[92]

　　依法藏之義，性淨是不變義，此為性染是隨緣義之前提；若
無隨緣，則不能顯出不變義；同理，若無不變義，亦無法彰顯出
隨緣義，故「不變」與「隨緣」兩者互為依存之關係。總之，於
《華嚴經》中，一切之差別（隨緣）在華藏莊嚴世界海中，於毘
盧遮那佛之願力下，一切皆是圓融無礙、相即相入而互融為一（不
變），此一可曰「一心」，正由此「一心」而緣起萬法事象。然《華
嚴經》之宗趣，是在顯現毘盧遮那佛之清淨法身可充遍於無盡無
邊之法界，一切眾生皆本具如來之智慧德相，只因妄想執著而不
能顯了，而《華嚴經》旨即為開啟眾生之「性起」（使佛性而起）
之義，此「性起」，於眾生而言是欲得之起始，於佛而言是得證之
最終圓滿實相。於八十《華嚴經》〈如來出現品〉[93]主要即在闡述
如來性起之種種瑞相與所成就之一切圓滿功德等，本品之主要內
容敘述依次如下：

　　1. 世尊從眉間白毫相中，放大光明，名「如來出現」之瑞

---

[92] 唐・法藏《華嚴一乘教義分齊章》卷 4，大正 45・499 中。

[93] 大正 10・262 上-278 下。

相,是爲示現如來應正等覺,出現之法、身相、言音、心意、境界、所行之行、成道、轉法輪,乃至示現般涅槃、見聞親近,所生善根,如是等事。[94]

2. 普賢菩薩告如來性起妙德等諸菩薩有關「如來出現」之種種「相」,依次如下:

(1) 十出現之相:興布大雲、雨大法雨、起大智風輪⋯⋯。[95]

(2) 十如來身相:應於無量處見如來身。如來身以智光明,普遍照明一切。如來無有分別,亦不分身,無種種身,而隨一切眾生心樂,示現其身⋯⋯。[96]

(3) 十如來音聲相:如來音聲,不從身出,不從心出,而能利益無量眾生。如來音聲,但隨眾生欲解緣出,其性究竟,無言無示,不可宣說⋯⋯。[97]

(4) 十如來心相:如來爲一切世間出世間智所依,而如來智無所依。如來恆出世間出世間種種智慧,而如來智無增減⋯⋯。[98]

(5) 如來境界:如來境界知一切三世境界、一切剎境界、一切法境界、一切眾生境界⋯⋯。[99]

(6) 如來行:無礙行、真如行是如來行。不生不動不起

---

[94] 大正 10 · 262 上-下。
[95] 大正 10 · 263 上-266 上。
[96] 大正 10 · 266 上-268 上。
[97] 大正 10 · 268 上-271 上。
[98] 大正 10 · 271 上-273 中。
[99] 大正 10 · 273 下-274 中。

是如來行……。[100]

(7) 如來成正覺：如來成正覺，於一切義無所觀察，於
法平等無所疑惑，無二無相、無行無止，無量無際，
遠離二邊，住於中道……。[101]

(8) 如來轉法輪：如來以心自在力，無起無轉而轉法輪。
如來知一切法恆無起故，以三種轉，斷所應斷而轉
法輪……。[102]

(9) 如來般涅槃：如來為令眾生，生欣樂故，出現於世。
欲令眾生，生戀慕故，示現涅槃。而實如來無有出
世，亦無涅槃。如來常住清淨法界，隨眾生心，示
現涅槃……。[103]

(10)於如來所見聞親近：菩薩於如來所見聞親近，所種
善根，皆悉不虛，出生無盡覺慧故，離於一切障難
故，決定至究竟故……。[104]

3. 以佛之神力，如是示現，令諸菩薩皆大歡喜，周遍十方
一切世界，悉亦共同護持、歌詠讚歎。[105]

4. 普賢菩薩承佛神力，欲重明如來出現，廣大威德，一切
如來，一身無異，從本大行之所生起，而說偈頌。[106]

---

[100] 大正 10・274 中-下。
[101] 大正 10・274 下-275 下。
[102] 大正 10・275 下-276 上。
[103] 大正 10・276 上-277 上。
[104] 大正 10・277 上-278 上。
[105] 大正 10・278 上-下。
[106] 大正 10・278 下。

　　《華嚴經》即以「性起」而開展其思想之源頭,如〈如來出現品〉所云:「佛子!如來智慧無處不至。何以故?無一眾生而不具有如來智慧,但以妄想顛倒執著,而不證得。若離妄想,一切智、自然智、無礙智則得現前。……我當教以聖道,令其永離妄想執著。自於身中,得見如來廣大智慧,與佛無異。」[107]如來之出現,其所示現之種種瑞相與境界,實非語言文字及一切之概念可盡述之,其身、音聲、心等,一皆以「十」爲代表圓滿之義。依如來性起之相狀而言,本超越一切之時、空間,於佛而言,一切之出現皆是佛本身如如不變之自體,此不變之自體本是無所造作,亦無所變現,皆隨眾生心而示現遍一切處之相,即如文云:「佛子!諸佛如來,爲令眾生生欣樂故,出現於世。欲令眾生生戀慕故,示現涅槃。而實如來,無有出世,亦無涅槃。何以故?如來常住清淨法界,隨眾生心,示現涅槃。」[108]以如來之清淨自體而言,本無所謂之出世與涅槃,而如來之出現,只爲隨眾生心而然,於隨順之中,其目的但爲引眾生入佛之知見,同證佛果。故於如來之出現而言,實是一種善權方便而已,決不可執有如來之出世與涅槃。佛爲引眾生明自身之本具如來智慧德相,更以「日」與「器」爲例說明:

　　　佛子!譬如日出普照世間,於一切淨水器中,影無不現,普遍眾處,而無來往。或一器破,便不現影。佛子!於汝意云何,彼影不現,爲日咎不?答言:不也,但由器壞,

---

[107] 大正 10・272 下。
[108] 八十《華嚴經》〈如來出現品〉,大正 10・276 中。

非日有咎。佛子！如來智日，亦復如是，普現法界，無前
無後，一切眾生淨心器中，佛無不現。心器常淨，常見佛
身，若心濁器破，則不得見。[109]

佛之智如「日」，眾生心如「器」，日出普照世間，眾生若心
器淨明自能映現日影，故關鍵處在眾生是否能「心器常淨」，以至
而知，眾生本是「性起」，而今「佛性」不起，是自身之「心濁器
破」，實非關如來，故佛特又明言：「佛子！菩薩摩訶薩，應知，
自心念念，常有佛成正覺。何以故？諸佛如來不離此心成正覺故。
如自心、一切眾生心，亦復如是。」[110]《華嚴經》以暢論「性起」
為其思想之要點，實欲眾生能由「自心」上去體行「性起」之義，
因「諸佛如來不離此心成正覺」，故一切眾生亦當如佛般之成正
覺，一切眾生應如是而知「性起」之重要性。

「性起」是就一切眾生自性本具之內涵而言之，亦是說明「佛
性」深義之代表，法藏於《華嚴經探玄記》中有云：

《佛性論》〈如來藏品〉云：從自性住來至得果，故名如來。
不改名性，顯用稱起，即如來之性起。又真理名如、名性，
顯用名起、名來，即如來為性起。[111]

《華嚴經》以「性起」之義為「佛性」之說明，然《華嚴經》
之另一主論即是「法界緣起」說，在「性起」與「緣起」之差異

---

[109] 八十《華嚴經》〈如來出現品〉，大正 10‧276 中。
[110] 八十《華嚴經》〈如來出現品〉，大正 10‧275 中。
[111] 唐‧法藏《華嚴經探玄記》卷 16，大正 35‧405 上。

上，已隨華嚴宗之代表祖師們之闡述中，其義分判已更見明朗，
如智儼《華嚴經內章門等雜孔目章》卷4云：

> 性起者，明一乘法界。緣起之際，本來究竟，離於修造。
> 何以故？以離相故。起在大解大行，離分別菩提心中，名
> 為起也。由是緣起性故，說為起，起即不起，不起者是性
> 起。[112]

「性起」之本質是「一乘法界」之真如本體，是故本是「不
起」；然法界之森羅萬象是「緣起性故」（緣「起」於佛之本「性」），
故曰「緣起」為「起」，然如是之「起」，是緣於「性」而起，故
以「性」而言，實亦不起；此正說明「性起」與「緣起」之互為
依存而不相離的。《華嚴經》一方面肯定真如自性之最高價值，然
於另一方面亦重視無盡法界所展現之各種現象，如是兩方面之結
合，將華藏莊嚴世界海在佛成正覺境界中，即在如來「性起」之
下，而呈現相融相入之一面；然又能凸顯華藏莊嚴世界海中各有
無量無盡之不同法界；既能相融，又各有不同，此即是華嚴世界
所欲呈現廣闊、包容又和諧之境界。
　　對於「性起」之義，以現今學者之研究可為一參考：

> 總之，華嚴宗的「性起」說是指不必依靠其他各種條件，
> 只須隨順佛性或如來之性就能現起宇宙萬法；雖然有宇宙
> 萬法的生起，其實是不動佛性而起，所以說「起即不起，

---

[112] 大正45‧580下。

不起者是性起也」。綜而言之，華嚴宗是依據諸佛的果位來宣說「性起」，認為宇宙萬有都是由佛性所起，亦即從諸佛的立場來看眾生，這是由「果」向「因」的法門。其次，「性起」說主張佛境是淨心，性起是隨順佛性而起，也就是說，佛性隨緣則現起千差萬別的事相。另外，「性起」說以佛性生起來說明宇宙萬法的緣起，是為了把九界（地獄、餓鬼、畜生、阿修羅、人、天、聲聞、緣覺、菩薩）眾生引入佛界。[113]

所謂「性起」，乃由自性本具之性德而生起，故性起實不待他；唯「性起」與「重重無盡法界緣起」相配合之下，則性起將可通於淨（不變）與染（隨緣）兩方面，然一切之法界緣起仍以「性起」為本。正因《華嚴經》暢論「性起」義，且華嚴之境界是依佛之始成正覺為論，故《華嚴經》可謂是「由果向因」之法門；由「性起」義，則見華藏莊嚴世界海皆是佛光明遍照之下所呈現之佛果境界；且由性起而入一切法界，則一切法界必是毘盧遮那佛之法身充遍其中，此即如八十《華嚴經》之〈入法界品〉所云：

> 我知法界無量，獲得廣大智光明故。我知法界無邊，見一切佛所知見故。我知法界無限，普入一切諸佛國土，恭敬供養諸如來故。我知法界無畔，普於一切法界海中示現修行菩薩行故。。……我知法界一性，如來一音一切眾生無不了故。我知法界性淨，了如來願普度一切諸眾生故，我

知法界遍眾生，普賢妙行悉周遍故。[114]

　　法界無量、無邊、無限、無畔，且其「性」本「淨」，又遍一切眾生等，此皆是佛於「法界」之觀察，而佛之所以能有如是之法界觀察，實皆由「佛」之「性」而「起」而得，然依佛之「性起」而言之「如來出現」，若追溯於過往則有其得成就之十因，此即如〈如來出現品〉所云：

　　　　所謂如來應正等覺，以無量法而得出現。何以故？非以一
　　　　緣、非以一事，如來出現而得成就。以十無量百千阿僧祇
　　　　事而得成就。何等為十：所謂
　　　　過去無量攝受一切眾生，菩提心成故。
　　　　過去無量清淨殊勝，志樂所成故。
　　　　過去無量救護一切眾生，大慈大悲所成故。
　　　　過去無量相續行願所成故。
　　　　過去無量修諸福智，心無厭足所成故。
　　　　過去無量供養諸佛，教化眾生所成故。
　　　　過去無量智慧方便，清淨道所成故。
　　　　過去無量清淨功德藏所成故。
　　　　過去無量通達法義所成故。
　　　　佛子！如是無量阿僧祇法門圓滿，成於如來。[115]

---

[114] 大正 10‧388 中。
[115] 大正 10‧263 中-下。

　　如來之成就出現，是由無量法門「圓滿」所達至，此「如來性起」之十種因緣，依華嚴之義，「十」即代表「圓滿」，故十因緣即是百千阿僧祇無量因緣。法藏於《華嚴經探玄記》卷 1，為開顯此「性起十因緣」之無盡義，於是提出其闡述之「十義」：

> 法爾故：一切諸佛法爾皆於無盡世界，常轉如此無盡法輪。
> 願力故：如來本願力故，令此教法稱機顯現。
> 機感故：如來平等無有改易，隨應眾生現身說法。
> 為本故：將欲逐機漸施末教故，宜最初先示本法。
> 顯德故：顯佛果殊勝之德，令諸菩薩信向證得。
> 顯位故：為顯菩薩修行佛因。
> 開發故：為欲開發眾生心中如來之藏性起功德，令諸菩薩
> 　　　　依此修學破無明殼，顯性德故。
> 見聞故：示此無盡自在法門，唯是極位大菩薩境。而令下
> 　　　　位諸眾生等於此見聞，而得成彼金剛種子，不毀
> 　　　　不盡，要當令其至究竟位故也。
> 成行故：為示此普法，令諸菩薩成普賢行。
> 得果故：令得佛地智、斷果故。斷果謂除障故，智果謂成
> 　　　　德故。[116]

　　佛果之得成是不易之事，更是難得殊勝之事，此為各經論共同之說，然於「成佛」後，究竟應以何為教化眾生之入手處，則各宗派經論各有不同。《華嚴經》之立旨是以佛之「性起」為總出

發點,彰顯圓滿佛性之達成境地,此境地即是佛之「法身」,此佛
法身可遍入整個華藏莊嚴世界海,故由佛之性起、佛之境界,以
至毘盧遮那如來藏身三昧等,皆可由一而一切,此就舖展而言之;
若依攝受而言之,則一切可為一,如是之無礙、圓融之境,已然
超越言思,故曰不可思議。雖言華嚴立旨是如斯之不可思議,然
《華嚴經》「性起」思想,正為「佛性」義提出最高之價值,此乃
起於由「佛之性而起」所產生之法界中之每一存在體,亦皆是「佛
之性而起」,如是輾轉所形成之華嚴法界緣起,才能是一清淨光明
圓滿之整體,如是之法界緣起,則不同於原始佛教由惑業苦所形
成之緣起說。《華嚴經》以佛之正覺為其性之起,是先為法界展現
一最清淨、最圓滿之理域,以引導學人同往如是之境而行、而證,
此為《華嚴經》之立意,亦是其不同凡響處。

結語

　　若以一切佛經皆為釋尊所宣暢,則即或後世各宗派所尊崇之
經論各有不同,但皆是佛為一大事因緣而出現於世,此則為同。
然《華嚴經》確有與他經不同之特色,即是以佛果萬德圓滿為全
經中心之位,以引眾生興發修行之因。既以佛果之「圓滿」為主
述,則如何描繪圓滿無盡與圓融無礙之不思議解脫境界,則必為
全經重要之著力處,即如法藏《華嚴經探玄記》卷1所云:「《華
嚴經》者,斯乃集海會之盛談,照山王之極說,理智宏遠,盡法
界而亙真源。……一即多而無礙,多即一而圓通。攝九世以入剎

那，舒一念而該永劫。」[117]以佛果之涵攝與包融而言，一與多必是相即相入、無礙圓通，而《華嚴經》於施教之方法上雖或與他經不同，但同欲令眾生共證佛性、同成佛果則為一致。故依華嚴之旨，一成佛則十方皆可成佛，而華嚴為建構「十方成佛」之主旨，其闡述重點必然是打破時、空間之設限，亦必然於成佛之法界、名號等皆不設定，且因應不同眾生之機而佛之教化亦必不同，故法門亦為不定，然一一皆可同證佛果。然《華嚴經》之十方成佛論之所以可能，實因一切眾生皆本具如來智慧德相，故華嚴依「佛」之「性」而「起」旨趣，必言「心佛與眾生，是三無差別」，故人人皆當成佛必無有疑慮，如澄觀所云：「心佛與眾生，是三無差別，則三皆無盡。無盡即是無別之相。應云：心佛與眾生，體性皆無盡。以妄體本真，故亦無盡。是以如來不斷性惡，亦猶闡提不斷性善。」[118]佛性為真實之性，既為真實之性，則無所謂斷或不斷之問題，故依「無盡」義，心佛與眾生皆同住一體性，故一佛成則十方佛皆可成。

---

[117] 大正 35‧107 上-中。
[118] 唐‧澄觀《華嚴經疏》卷 21，大正 35‧658 下。

第六章 《華嚴經》之「成佛」歷程

一、 入法界之願心

　　《華嚴經》之譯本，於現今《大正藏》有六十卷與八十卷本，然其中〈入法界品〉佔有甚重之份量：於六十卷本中，〈入法界品〉為第44-60卷，共17卷；[1]於八十卷本中，〈入法界品〉為第60-80卷，共21卷。[2]另有四十卷本名為《大方廣佛華嚴經入不思議解脫境界普賢行願品》，[3]此本與上之〈入法界品〉內容可謂一致，是〈入法界品〉之單本，足見〈入法界品〉於《華嚴經》中之重要性。〈入法界品〉為《華嚴經》之一大品，此品所欲彰顯之義，據《華嚴經綱要》所云：

> 初辨分來者，名依人證入成德分。由前兩番研窮六位因果，以依信發解，行起解絕。苟無證入之人，則前解行俱為虛設。夫行因證立，證藉行深，前既託法進修行成。故此依人證入亦為遠答解脫海問，故有此分來。[4]

　　《華嚴經》所建構之世界是「華藏莊嚴世界海」，此世界是由

---

[1] 大正 9・676 上-788 中。
[2] 大正 10・319 上-444 下。
[3] 大正 10・661 上-848 中。
[4] 唐・澄觀疏義，明・德清提挈《華嚴經綱要》卷 60，卍續 13・432a。

毘盧遮那佛所創造,而華藏世界之美妙殊勝,乃是佛之神力所嚴
淨。然整個佛法,雖常有對他方「淨土」之描繪,於此佛法可謂
是「出世間」,除此,佛法更是解脫世間苦惱之苦,此又可見佛法
是「世間」法。據《綱要》之義,〈入法界品〉之重點在「依人證
入」,則《華嚴經》雖有甚多篇幅在描繪佛之境界,[5]以至有關佛
之身、淨土與壽量等,但畢竟如何由「人」而證悟至「佛」,此中
歷程之敷陳,才是學子欲修證成悟所最關心處。而〈入法界品〉
中之善財五十三參,正為表明「信解行證」之歷程,是「依人」
可確然「證入」之行法,唯能如實由人得以修證成佛,則整部《華
嚴經》有關佛之境界之描繪才不致淪為虛設落空。

(一)入法界即入世間

今先將八十《華嚴經》〈入法界品〉之主要內容敘述依次如下:

1. 世尊於室羅筏國逝多林給孤獨園大莊嚴重閣,與眾菩薩
   俱,此諸菩薩皆悉成就普賢行願,境界無礙。諸菩薩心
   之所念,願世尊為諸眾生開示如來境界、如來智行、如
   來加持、如來力、如來無畏、如來三昧、如來所住、如
   來自在、如來身、如來智等。[6]

2. 世尊知諸菩薩心之所念,即入師子頻申三昧,示現一切
   佛及佛國莊嚴,感得眾菩薩之讚頌。普賢菩薩以十種法

---

[5] 鄭秀雄《善財五十三參》海雲繼夢〈序〉中云:「在八十《華嚴經》的結構裡,
主要的兩個主題是佛的境界,與成佛之道,而善財五十三參的重點就在成佛
之道上。」(台北:佛光文化公司,1999 年)。

[6] 大正 10‧319 上-320 上。

句，爲諸菩薩開發、顯示、照明、演說此師子頻申三昧，時世尊以其神力，令菩薩大眾悉見一切盡法界虛空界一切佛剎，文殊師利菩薩即以偈頌重宣逝多林中之諸神變事。[7]

3. 文殊師利菩薩於眾會莊嚴已，即出逝多林，往於南方，遊行人間，有舍利弗尊者與眾比丘隨行，文殊師利菩薩勸諸比丘發阿耨多羅三藐三菩提心已，即再漸次南行，經歷人間。[8]

4. 有五百童子，以善財童子爲首，從文殊師利所，聞佛之種種功德，即一心勤求阿耨多羅三藐三菩提。文殊師利菩薩告善財童子：「汝已發阿耨多羅三藐三菩提心，復欲親近諸善知識，問菩薩行，修菩薩道。善男子！親近供養諸善知識，是具一切智最初因緣，是故於此，勿生疲厭。」善財童子依文殊師利之指向南方，即往詣妙峰山訪德雲比丘，問：云何學菩薩行？云何修菩薩行？[9]

5. 善財童子漸次南行，……前後共參訪五十三位善知識。[10]

〈入法界品〉於量言，約佔八十卷本之四分之一；於義言，據《華嚴經綱要》之分析，所謂「入法界」之義是：

> 品名入法界者，入，乃能入之智行。法界，乃所入之境界。
> 若依人為能證者，即文殊根本之大智，普賢法界之妙行，

---

[7] 大正 10・320 上-329 下。

[8] 大正 10・330 下-331 下。

[9] 大正 10・332 上-334 上。

[10] 大正 10・335 上-444 下。

及諸佛菩薩善友知識，已能證入之人。一一皆以淨信、正
解、正修行三門，為能入之具。今善財乃未證之人，今從
文殊發起淨信，參多知識，決擇正解。一一皆得一種解脫，
是為正修行路。一一隨行證入，是為證得。直至見普賢，
方證圓滿。[11]

　　釋尊之教法中，以成阿耨多羅三藐三菩提為最高目標，但釋
尊亦於經中常譬說其於累劫修持中，亦必行持無量之法門，而終
得佛道。今若以修持之「法」（法各有不同）而觀「入法界」之義，
則因「法」之不同，以是法法本各有其別（界），而所謂「入法界」
亦必因修持無量之法門而有不同之特殊成就，唯一切之法門，皆
為通向且助成佛之道則無有異，故「入法界」顯然是為呈現成佛
之必經之道。據法藏《華嚴經探玄記》卷18將「入法界」義分為
五門，今歸納條列如下：

1. 有為法界：本識能持諸法種子、三世諸法差別邊際。
2. 無為法界：性淨門（在凡位性恆淨）。

　　　　　　　離垢門（由對治方顯淨）。
3. 亦有為亦無為法界：隨相門（唯意識所知）。

　　　　　　　　　　　無礙門（一心法界總攝一切諸法）。
4. 非有為非無為法界：形奪門（有為、無為二法不合不散）。

　　　　　　　　　　　無寄門（非有為、無為二名言所能
　　　　　　　　　　　至）。
5. 無障礙法界：普攝門（上四門隨一即攝餘一切）。

---

[11] 唐‧澄觀疏義，明‧德清提挈《華嚴經綱要》卷60，卍續13‧432c。

圓融門（一多無礙）。[12]

依上之分析，「法界」雖歸類爲「五門」，但以「普攝」與「圓融」爲總攝，則法界實涵無量、無盡、無邊之義，「法界」無量是《華嚴經》之大要，「入」無量之「法界」所爲何事？依法藏之言：「法界是所入法有三義，一是持自性義；二是軌則義；三對意義。界亦有三義，一是因義，依生聖道故；二是性義，謂是諸法所依性故；三是分齊義，謂諸緣起相不雜故。」[13]於佛法中，「法界」之涵義甚廣，「概括而言，法界的一般涵義有二：一是泛指宇宙的萬事萬物；二是指決定萬事萬物的本性。」[14]不論「法界」所指是廣義之宇宙萬物，或指向爲事物之本然之性，能「深入法界」則代表必將能悠遊於一切世間（當然包括佛世間與眾生世間），故「入法界，也就是遊心於諸佛世界以及深入眾生所在之世間，一方面在佛國世界之中體味諸佛之智慧，另一方面又在眾生世間實踐救度教化眾生的功德。」[15]於佛國世界中體味諸佛之智慧，此是《華嚴經》諸佛境界之描繪，然本〈入法界品〉於四十卷《華嚴經》之全名爲《入不思議解脫境界普賢行願品》，「這指佛地的境界說爲不思議解脫，而由清淨了的法界構成，所以能入不思議解脫法門的也就能入法界。在這一品裡藉善財童子作過渡人物，由代表般若思想的文殊願行逐漸轉變爲代表華嚴思想的普賢願行。善財所參訪的諸位善知識，都是對於不思議解脫或者法界已

---

[12] 大正 35・440 中-441 上。

[13] 大正 35・440 中。

[14] 楊維中《新譯華嚴經入法界品（上）》〈導讀・入法界品的佛學思想及其修行意義〉，頁 72，（台北：三民書局，2004 年）。

[15] 楊維中《新譯華嚴經入法界品（上）》〈導讀・入法界品的佛學思想及其修行意義〉，頁 73，（台北：三民書局，2004 年）。

經有了部分證悟的，集合攏來自然體現了全法界清淨的境界。」[16]
佛地之境界爲不思議解脫，既言「不思議」則爲言說所不能至，
然〈入法界品〉以善財五十三參爲一大重點，由未得證之善財
（人），依文殊之智以達普賢圓滿之行，在「淨信、正解、正修行」
皆具之下，終「方證圓滿」，則本品除呈現佛境之不思議外，實所
謂「入法界」之意義：「一、深入法界與隨順法界，二、普賢行與
解脫不離世間，三、〈入法界品〉的修行論意義（此特指善財五十
三參之內容與意義）。」[17]以如是而觀〈入法界品〉，則本品所欲
彰顯之義，是成佛之修證歷程必不離世間，故凡欲修學「成佛」
之學人，必要發心、行持、修證以達圓滿，而「深入法界」則爲
「成佛」之行（歷程）與果（佛境之臻至）之必要功課。

（二）初發心之功德

修成佛道是釋尊一生歷程之展現，亦是佛教之最高目標。依
據《阿含要略》之整理，有關「成佛道」之標目，有「由福成佛
道」與「誓願成佛」等，[18]其中「由福成佛道」，見於《增一阿含
經》卷 31〈力品〉云：

> 世尊告曰：世間求福之人，無復過我；如來於六法，無有

---

[16] 呂澂《中國佛學源流略講》，頁 389，（台北：里仁書局，1985 年）。

[17] 楊維中《新譯華嚴經入法界品（上）》〈導讀・入法界品的佛學思想及其修行意義〉，頁 72-108，（台北：三民書局，2004 年）。

[18] 楊郁文《阿含要略－阿含學與阿含道》，頁 82，（台北：法鼓文化公司，1997年）。

厭足。云何為六？一者施，二者教誡，三者忍，四者法說、義說，五者將護眾生，六者求無上正真之道。[19]

釋尊以「求福之人，無復過我」，實謂可依「求福」而過渡至「成佛道」，換言之，於世間六法中，能勇於「求無上正真之道」此是終成佛道之關鍵點，而「求福」不但不礙「成佛道」，實亦是助長成佛道之法。此與後來代表禪宗重要思想之宗寶本《六祖壇經》〈疑問品〉中將「求福」與「功德」有明顯之分別是不同的，如經云：「造寺、供僧、布施、設齋，名為求福，不可將福便為功德。功德在法身中，不在修福。師（惠能）又曰：見性是功，平等是德。念念無滯，常見本性真實妙用，名為功德。」[20]禪宗以徹悟「父母未生前之本來面目」為學人最終之參，故主張「不思善！不思惡！正與麼時那箇是上座本來面目」，[21]當有「求福」之心，即落兩邊，以致達摩言梁武帝「實無功德」，[22]若以禪宗所要求之「常見本性真實妙用，名為功德」，則「功德」之境界與證悟「無上正真之道」所求之「理境」是應有其一致性，皆是最高之證悟。唯《壇經》特標明「福德與功德別」，[23]實要學人勿僅止於「求福」之中為滿足，而忘卻修證成阿耨多羅三藐三菩提之最終追求。而阿含以「求福」而至「求無上正真之道」，其間「求福」之法，為施、誡、忍，此是「自化」之階段；而法說、義說與將

---

[19] 大正 2 · 719 中。

[20] 大正 48 · 351 下-352 上。

[21] 宗寶本《六祖壇經》〈行由品〉，大正 48 · 349 中。

[22] 宗寶本《六祖壇經》〈疑問品〉，大正 48 · 351 下。

[23] 宗寶本《六祖壇經》〈疑問品〉，大正 48 · 352 上。

護眾生,即是「化他」之歷程,亦足見釋尊於未成佛道前,是一努力行持「自化化他」之菩薩行者,以致而終求得無上正真之道。

另有關「誓願成佛」之義,見於《增一阿含經》卷 38〈馬血天子品〉云:

> 當發誓願,無願不果。所以然者,若彼女人作是誓願,即於彼劫成其所願也。若長老比丘不發誓願者,終不成佛道。誓願之福不可稱記,得至甘露滅盡之處。[24]

佛法強調「信願行證」,而「願」是「行」之源,菩薩道首重發心(願),之後即依願而行,依行得證。於佛典中有關立大誓願最著名者有阿彌陀佛發四十八願、藥師琉璃光佛之十二大願,以至地藏菩薩之「地獄不空,誓不成佛」等如是耳熟能詳之佛、菩薩大願,皆在說明「發誓願」與「成佛道」之關聯性。

在《華嚴經》中,有關「願心」之發,最具代表性即是「普賢之行」,有關「普賢行」於《華嚴經》中之重要性,呂澂有一段論說如下:「普賢行的樞紐在於始終一貫的願心,這一點在華嚴思想發展到四十卷《華嚴》的階段最爲突出,賢首創宗的時候還未及知道,便也不免忽略了。由此,在華嚴宗的宗義裡,無盡緣起說並沒有能夠很好的和普賢行願結合起來發揮這一宗的特色,華嚴宗徒雖然竭力闡揚法界觀乃至六相、十玄等等觀法,但不自覺地停止在靜觀的階段,實際的意味很爲淡薄,說得厲害一些,僅

---

24 大正 2.758 下。

僅構成一精緻的圖式而已。」[25]呂先生之論說，確能指出華嚴宗之特點與問題。觀華嚴思想之全體架構，是以營建重重無盡且相融無礙之法界為重點，若以「華嚴」即代表「法界」實亦不為過。[26]然對於一位欲修證成佛之菩薩道行者而言，「入法界」實際即是「入世間」，而欲在現實世間修證成佛道，其首要之條件即是「發願心」，呂先生以「普賢行的樞紐在於始終一貫的願心」，則「普賢」於《華嚴經》所代表之意義，與其「願行」之內涵要點，將使華嚴在「精緻的圖式」中，透視出真實活潑之修行源動力。

對於菩薩之「發心」，尤以「初發心」之功德最為殊妙，於八十《華嚴經》有〈初發心功德品〉[27]主要在闡述菩薩初發菩提之心，其所得之功德是無法計量的，本品之主要內容敘述依次如下：

1. 由天帝釋向法慧菩薩提問：有關菩薩初發菩提之心，所得功德，其量幾何？法慧菩薩以「難思惟、難度量、難趣入」而答之，但亦當承佛威神之力而為喻說如下。[28]

2. 喻說：若有人以一切樂具而供養十方阿僧祇世界之所有眾生，經於一劫，然後教令淨持五戒，其所得之功德，比菩薩初發心功德尚不及百千那由他億分之一。[29]

3. 喻說：同前之供養，經於百劫、千劫以至百千億劫，令修十善道、教住四禪以至教住辟支佛道，所得之功德，

---

[25] 呂澂《中國佛學源流略講》，頁 391，（台北：里仁書局，1985 年）。

[26] 劉貴傑《華嚴宗入門》，頁 93：「法界通常被當作無盡差別、無限廣大的世界和出世間的總括。在《華嚴經》中，『法界』是出現頻率最高的名詞之一。」（台北：東大圖書公司，2002 年）。

[27] 大正 10・89 上-95 上。

[28] 大正 10・89 上。

[29] 大正 10・89 上。

皆不及菩薩初發心功德之優波尼沙分之一。[30]

4. 以下亦皆廣為喻說：若有一念頃能盡阿僧祇劫之世界，一念頃能知阿僧祇世界成壞劫數，一念頃能知所有眾生種種差別解，一念頃能知一切眾生諸根差別，一念頃能知所有眾生種種欲樂、方便、差別心、差別業、煩惱等，然於菩薩初發菩提心之善根邊際，卻不可得知。[31]

5. 喻說：以種種妙寶莊嚴供養無量諸佛，所得之功德，亦不及菩薩初發菩提心功德之優波尼沙分之一。[32]

6. 「發心」義：「菩薩為不斷一切如來種性故，發心，為充遍一切世界故。發心為度脫一切世界眾生故。以發心故，常為三世一切諸佛之所憶念。以是發心，當得佛故。」[33]

7. 法慧菩薩說法已，感得微塵數世界六種震動，亦感得有萬佛剎微塵數菩薩發菩提心。[34]

《華嚴經》善用「十」數為一結構圓滿之說明，故有十住、十行、十無盡藏、十迴向、十地、十定、十通、十忍以至十身等為各種品目，此中除「十身」為形容如來之身相圓滿外，其餘有關「十」之品目，大抵皆與修行之層次有關，其中對於「十地」與「發心」之關聯性，據呂澂先生所論：「十地進程依著發心的輾轉增勝而自成階段，實際則係屬於菩薩的願行。」[35]菩薩之名總稱為「菩薩摩訶薩」，「摩訶」本有廣大之義，而以「菩提薩埵」

---

[30] 大正 10 · 89 上-中。
[31] 大正 10 · 89 中-91 上。
[32] 大正 10 · 91 中。
[33] 大正 10 · 91 中-下。
[34] 大正 10 · 92 上。
[35] 呂澂《中國佛學源流略講》，頁 389，（台北：里仁書局，1985 年）。

爲自覺覺他，故菩薩是一大心量者，依其心量廣大、行願廣大，以至所利眾生亦廣大，而其終究之成就亦廣大。若以「十地」爲「依著發心而輾轉增勝」，則不論是十行、十住等之成就，實皆憑藉「發心」而逐次完成，足見菩薩之「初發心」是一切願行之開始。《華嚴經》之境界是佛之境界，但佛之前身是菩薩（補處菩薩），此品雖言是菩薩之「初發心功德」，但此發心是「爲充遍一切世界，爲度脫一切眾生」，而如是發心之心量，已等同佛之心量，故常爲諸佛所憶念，則終究成佛必無疑，此爲《華嚴經》之確然肯定。

二、普賢行願之意義

（一）三昧之成就

　　成佛之歷程，首重「發心」，故「初發心」之功德不可思量，然由一念之初發心，至究竟之成佛，其間之歷程有淺深高下之別。「初發願心」是否能堅固持續，則有賴「三昧」之修持，華嚴以普賢之願行爲一圓滿之代表，今於八十《華嚴經》中有關以「普賢」爲「品名」者有二：即第三品之〈普賢三昧品〉與第三十六品之〈普賢行品〉。其中〈普賢三昧品〉[36]是以普賢菩薩爲主要對象，闡述其入於三昧中之殊勝功德。本品之主要內容依次敘述如下：

　　1. 普賢菩薩承佛神力而入於三昧，此三昧名「一切諸佛毘

---

[36] 大正 10・32 下-34 中。

盧遮那如來藏身。」[37]以毘盧遮那如來身之光明遍照、無
所不在、圓滿具足之功德威力，終使得如微塵數世界海
之普賢菩薩，亦皆入於「一切諸佛，毘盧遮那如來藏身
三昧。」

2. 十方一切諸佛感得普賢菩薩入於三昧之功德殊勝，亦一
一而現於普賢菩薩前，具同聲讚言普賢菩薩之所以能入
於一切諸佛，毘盧遮那如來藏身之原由：「是十方一切諸
佛，共加於汝。以毘盧遮那如來，本願力故。亦以汝修
一切諸佛，行願力故。」[38]由此讚言中，十方一切諸佛即
與普賢菩薩同入於一切佛境界智中。

3. 普賢菩薩為十方佛所共摩頂，即從三昧而起。由此三昧
門中，感知三世念念無差別，故能由「三昧門起，從知
一切眾生心海。」[39]

4. 爾時，十方一切世界海悉皆微動，此乃實承佛威神力及
普賢菩薩三昧力故，且一一世界皆眾寶莊嚴殊妙，以是
感得一切菩薩眾同聲向普賢讚言：「一切佛剎眾會中，普
賢遍住於其所，功德智海光明者，等照十方無不見。普
賢廣大功德海，遍往十方親近佛，一切塵中所有剎，悉
能詣彼而明現。」[40]

本〈普賢三昧品〉顯然是以如何得入「三昧」為重點，「三昧」
為「定」義；以修持「定」而言，「定」代表一心不亂、有理智、

---

[37] 大正 10 · 32 下。
[38] 大正 10 · 33 上。
[39] 大正 10 · 33 中。
[40] 大正 10 · 34 上。

有方向、有主見與不易動搖等義。本品是以普賢本具勝行為根本之下，其所入之三昧是「一切諸佛毘盧遮那如來藏身」，且在華嚴重重無盡、圓融無礙法界觀之下，所悟之境界即是「一真法界」，亦即是「將法界歸於一心」，[41]換言之，惟「心」能「定」則必與毘盧遮那如來（亦代表一切諸佛）相融相入。於《華嚴經》中，「普賢願行」是特被後世所注意的，但願行之圓滿成就，則有待修持歷程之精進，而「三昧」之成就，實是成佛歷程所不可或缺的。唯「普賢」是一菩薩，其又將如何才能得與毘盧遮那如來相融相入呢？此答案即是「十方一切諸佛，共加於汝。以毘盧遮那如來，本願力故。」此意謂當十方一切諸佛之智慧一發動，普賢即能與之互相感應，故予普賢而言是「共加於汝」，而之所以能具有如是之智慧（或）神力，皆是普賢於過往歷劫修持中之「行願力」所造成，故「普賢」之「三昧」，是一種「定力」，實則更是一種「願力」。以「定」而言，於八十《華嚴經》中，有特以「定」為品名者，即第二十七品〈十定品〉[42]，本品主要在闡述「十種三昧」之殊勝功德，有關其主要內容敘述依次如下：

1. 世尊在摩竭提國阿蘭若法菩提場中，始成正覺，於普光明殿入剎那際諸佛三昧。與十佛剎微塵數菩薩摩訶薩俱，靡不皆入灌頂之位，具菩薩行，等于法界無量無邊獲諸菩薩普見三昧，大悲安隱一切眾生。[43]

2. 普眼菩薩承佛神力合掌白佛言：普賢菩薩以何因緣能於菩薩諸大三昧中，或入或出，或時安住，而能於一切三

---

[41] 劉貴傑《華嚴宗入門》，頁 71-73，（台北：東大圖書公司，2002 年）。

[42] 大正 10・211 上-229 下。

[43] 大正 10・211 上。

昧自在，神通變化無有休息？佛言：普賢菩薩今現在此，
已能成就不可思議自在神通，出過一切諸菩薩上。[44]

3. 普賢菩薩即以解脫神通之力，如其所應，爲現色身，令
彼一切諸菩薩衆，皆見普賢親近如來，於此一切諸菩薩
衆中，坐蓮華座。爾時如來，告予普賢菩薩，應爲此會
中之諸菩薩衆，說「十種三昧」，令得善入。[45]以下即爲
「十種三昧」開演之主要內容。

4. 十種三昧之一，普光明大三昧：菩薩摩訶薩住此三昧，
觀察法身，見諸世間普入其身，於中明見一切世間及世
間法，於諸世間及世間法，皆無所著。[46]

5. 十種三昧之二，妙光明大三昧：菩薩摩訶薩住此三昧，
不壞世界安立之相，不滅世間諸法自性；觀一切法，一
相無相，住真如性，恆不捨離。[47]

6. 十種三昧之三，次第遍往諸佛國土神通大三昧：菩薩摩
訶薩於無數世界，入神通三昧，入三昧已，明見爾所無
數世界，不生分別，心無染著，不作二、不作不二、不
作普、不作別。[48]

7. 十種三昧之四，清淨深心行大三昧：菩薩摩訶薩終不分
別如來出世及涅槃相；諸佛有相，及以無相，皆是想心
之所分別。菩薩入於三昧，見佛聞法；從定而起，憶持

---

[44] 大正 10・211 中-下。
[45] 大正 10・212 中-下。
[46] 大正 10・213 下。
[47] 大正 10・214 上。
[48] 大正 10・215 上。

不忘。[49]

8. 十種三昧之五，知過去莊嚴藏大三昧：菩薩摩訶薩得無邊次第智故，則知過去諸佛、諸剎、法門、諸劫、諸心、諸眾生等。菩薩於一念中，能入無量不可說劫；入此三昧，不滅現在，不緣過去，於如來所，受不可思議灌頂法。[50]

9. 十種三昧之六，智光明藏大三昧：菩薩摩訶薩住此三昧，能知未來一切世界，一切劫中所有諸佛，若已說、若未說、若已授記、若未授記，種種名號，各各不同。菩薩住此三昧，了知體性平等無有分別，能令菩薩知無量數差別之相。[51]

10. 十種三昧之七，了知一切世界佛莊嚴大三昧：菩薩摩訶薩住此三昧，於四維上下，所有世界，悉能次第入，皆見諸佛出興於世、一切神力、廣大威德、大師子吼等。菩薩住此三昧，隨其心樂，見諸佛身種種化相，言辭演法，受持不忘，而如來身，不增不減。[52]

11. 十種三昧之八，一切眾生差別身大三昧：菩薩摩訶薩住此三昧，於一切剎、一切方、一切劫、一切眾、一切法、一切三昧、一切地、一切菩薩、一切菩薩願、一切佛皆無所著。菩薩住此三昧，得稱讚、光明照耀、無所作、

---

[49] 大正 10・215 上-下。
[50] 大正 10・215 下。
[51] 大正 10・216 上-下。
[52] 大正 10・216 下-217 下。

自在境界、神通彼岸。[53]

12. 十種三昧之九，法界自在大三昧：菩薩摩訶薩於自眼處乃至意處，入三昧，名法界自在。菩薩於自身一一毛孔中，入此三昧，自然能知諸世間、世間法、不可說佛剎微塵數世界。菩薩住此三昧，得諸佛海、諸殊勝、諸力、了知一切三昧。[54]

13. 十種三昧之十，無礙輪大三昧：菩薩摩訶薩入此三昧時，住無礙身、語、意業，住無礙佛國土，得無礙成就眾生智，轉無礙清淨法輪，得菩薩無礙自在，普入諸佛力，普住諸佛智，常得親近無量諸佛，作諸佛事，紹諸佛種。菩薩住此三昧，同去來今一切諸佛。[55]

14. 以上之十種三昧，普賢菩薩演說已。普眼再白普賢菩薩言：菩薩摩訶薩得如是法（十種三昧），同諸如來，何故不名佛？普賢菩薩言：一切菩薩種種行願，入智境界，則名為佛；於如來所，修菩薩行，無有休息，說名菩薩。[56]

15. 以上之十種三昧，亦總稱：「普賢行十大三昧輪」。[57]

「十定」之闡述，是以普賢菩薩所成就之自在神通力，是過於諸菩薩之上為立基之點，換言之，以普賢所成就之十種「三昧」，實已「同諸如來」，然今所謂之「普賢願行」，普賢之位階仍是「菩

---

[53] 大正 10・218 下-220 下。
[54] 大正 10・220 下-222 上。
[55] 大正 10・223 下-228 中。
[56] 大正 10・228 中-下。
[57] 大正 10・229 下。

薩」，尚不以佛稱之，如是即可看出，依《華嚴經》之整體思想而言，佛之境界是重要之敷陳，然如何將玄妙高尚之境界，迴向在現實修證過程裡則更顯迫切。而普賢是以佛之境界而名「菩薩」，故當〈十定品〉在論述佛與菩薩之不同時，雖有兩者於內涵差異上之比較說明，如所謂「佛」是：「入智境界，則名爲佛」、「知一切法，而能演說，名一切智」、「已得諸佛智慧之眼，是則說名覺一切法」，[58]顯然「佛」是代表已修證（已入、已知、已得）完成，此當無有異議。另對於「菩薩」之述是：「雖成十力，行普賢行，而無休息，說名菩薩。」、「雖能演說一切諸法，於一一法，善巧思惟，未嘗止息，說名菩薩。」[59]菩薩顯然是在已具有之能力上，仍然不斷再精進，而其所用之語法是「雖能（成）……（但）於……法，未曾休息」，故以「佛」代表已成之境界，菩薩則永在精進中，此是兩者之微妙不同處，但由普賢所代表之「圓滿願行」（與一切諸佛同入），則此「菩薩，住佛所住，與佛無二。」[60]顯然，能依持普賢圓滿願行，則實與佛無二。澄觀於《華嚴經疏》卷45所釋之「十定品」之義是：「定謂心一境性，十是數之圓極，以普賢深定妙用無涯，寄十以顯無盡，故云十定品。」[61]《華嚴經》處處在展現不可思議境，如是之「妙有」境界，需由「有」（即「願心」之持續「定」）而向上追求才能臻至。

有關「三昧」之義，於華嚴而言有「華嚴三昧」與「海印三昧」。「華嚴三昧」者，據法藏《修華嚴奧旨妄盡還源觀》云：「法

---

[58] 大正 10・228 下。
[59] 大正 10・228 下。
[60] 大正 10・228 下。
[61] 大正 35・840 中。

界圓明自在用,是華嚴三昧也,謂廣修萬行稱理成德,普周法界而證菩提。……《華嚴經》云:嚴淨不可思議刹,供養一切諸如來。放大光明無有邊,度脫眾生亦無限。施戒忍進及禪定,智慧方便神通等。如是一切皆自在,以佛華嚴三昧力。」[62]「海印三昧」者,據法藏《華嚴經探玄記》卷4云:「海印者,從喻爲名,如修羅四兵列在空中,於大海內印現其像。菩薩定心,猶如大海,應機現異,如彼兵像故。」[63]又據《妄盡還源觀》云:「言海印者,真如本覺也。妄盡心澄,萬象齊現,猶如大海因風起浪,若風止息,海水澄清,無象不現。」[64]依《華嚴經》所談之「三昧」義,不論是「華嚴三昧」或「海印三昧」,其重點皆在以「定心」、「心澄」爲基礎之上,才能真正堅固行持施戒忍進及禪定、智慧方便神通等,此代表萬行之廣修,而其終究之目的是爲「普周法界而證菩提」。在華嚴、海印「三昧」之證得中,將使「願心」之「發」是在與毘盧遮那佛之互融互攝下爲其立基,此亦意謂,唯有如是之「發願心」才有得證成佛之保證;換言之,普賢願行之發心能在與毘盧遮那佛相應相入之下,才有證得「圓融之法界性德」之日,此是「普賢」所代表之意義,而善財五十三參之最後所參亦即是「普賢菩薩」。[65]由修持「三昧」而有「十定」,由「定」可

---

[62] 大正 45‧637 下。

[63] 大正 35‧189 上。

[64] 大正 45‧637 中。

[65] 方東美《華嚴宗哲學》下冊,頁 127-128,以「華嚴三昧爲宗教修證的至高無上的微妙世界」,且以如是之「精神橋樑,可以貫通內外、上下、主客、時空、古今,最後便產生一套所謂的圓融和諧、無礙自在的大圓滿解脫門。」(台北:黎明文化公司,1981 年)。

證得「通」，於八十《華嚴經》中有〈十通品〉[66]主要在闡述由普賢菩薩所開演之「十種通」，本品之主要內容敘述依次如下：

1. 十種通之一，善知他心智神通：菩薩摩訶薩以他心智通，知一三千大千世界眾生心差別，所謂善心不善心、廣心狹心、大心小心，無量差別種種眾生心，悉分別知。[67]

2. 十種通之二，無礙天眼智神通：菩薩摩訶薩以無礙清淨天眼智通，見無量不可說佛剎微塵數世界中眾生，死此生彼，善趣惡趣，悉皆見之，無有錯謬。[68]

3. 十種通之三，知過去際劫宿住智神通：菩薩摩訶薩以宿住隨念智通，能知自身及不可說佛剎微塵數世界中一切眾生，過去不可說佛剎微塵數劫宿住之事，所謂某處生、如是名、如是姓、如是等事，皆悉了知。[69]

4. 十種通之四，知盡未來際劫智神通：菩薩摩訶薩，以知盡未來際劫智通，知不可說佛剎微塵數世界中所有劫。一一劫中，所有眾生，命終受生，諸有相續，業行果報，如是等事，悉能了知。[70]

5. 十種通之五，無礙清淨天耳智神通：菩薩摩訶薩成就無礙清淨天耳，圓滿廣大聰徹離障，了達無礙，具足成就，於諸一切所有音聲，欲聞不聞，隨意自在。[71]

6. 十種通之六，住無體性無動作往一切佛剎智神通：菩薩

---

[66] 大正 10・229 下-232 中。
[67] 大正 10・229 下。
[68] 大正 10・230 上。
[69] 大正 10・230 上-中。
[70] 大正 10・230 中。
[71] 大正 10・230 中-下。

摩訶薩住無體性神通，能聞極遠一切世界中諸佛名，不動本處而見其身，觀佛聽法請道，無有疲厭，修菩薩行，成就大願，爲令如來廣大種性，不斷絕故。[72]

7. 十種通之七，善分別一切言辭智神通：菩薩摩訶薩以善分別一切眾生言音智通，知不可說佛剎微塵數世界中所有言辭，各各表示，種種差別，如是一切，皆能了知，令諸世間聰慧之者，悉得解了。[73]

8. 十種通之八，無數色身智神通：菩薩摩訶薩以出生無量阿僧祇色身莊嚴智通，知一切法，遠離色相，無差別相，無種種相。菩薩深入無色法界，起種種神通，爲所化者，現種種自在、施種種能事。[74]

9. 十種通之九，一切法智神通：菩薩摩訶薩以一切法智通，知一切法無有名字，無有種性。雖知實現，不可言說，而以方便無盡辯才，隨法隨義，次第開演；雖有言說而無所著，以眾妙音，隨眾生心，普雨法雨而不失時。[75]

10. 十種通之十，入一切法滅盡三昧智神通：菩薩摩訶薩以一切法滅盡三昧智通，於念念中，入一切法滅盡三昧，亦不退菩薩道，不捨菩薩事，恆不捨離一切眾生，教化調伏，未曾失時，無有休息，而於三昧，寂然不動。[76]

11. 菩薩摩訶薩能住於上之「十種神通」，則一切天人不能思

---

[72] 大正 10・230 下-231 上。
[73] 大正 10・231 上。
[74] 大正 10・231 上-下。
[75] 大正 10・231 下。
[76] 大正 10・231 下-232 上。

議其功德，亦不能稱揚讚歎之。若菩薩住此神通，悉得一切三世無礙智神通。[77]

據《大乘義章》卷20之釋「通」義：「作用無壅，名之為通。」[78]又「神通者，窮潛難測故名為神。」[79]於修行之歷程中，因六根之作用不同，故有得證「通」之各種別名，大抵所言之「通」或「神通」皆指於某一作用能自在無礙且妙用難測者。據澄觀《華嚴經疏》卷46之「十通」依次是：「一他心、二天眼、三知過去劫宿住、四盡未來際劫、五無礙清淨天耳通、六無體性無動作往一切佛剎、七善分別一切言辭、八無數色身、九入一切法智、十入一切法滅盡三昧」，澄觀並將此「十通」總括為「六通」云：「天眼約見現未分成二四。天耳約音聲言辭分出五七。神足約業用及色身分成六八。漏盡約慧定分成九十。一三不分故六為十。」[80]以「十」而顯「圓」，是《華嚴經》之特色，「十通」之內容是為彰顯於修證歷程中，將隨發心之願行而自成階段之境界。依修持三昧（定、禪定）而能否具有神妙難測之神通？今舉印順導師之論如下：

> 一般觀念中的「以定發慧」，是以為修禪定便能產生智慧；但事實上，應該是以禪定做基礎，然後在定中修智慧，這才能產生真正的智慧。至於有禪定便有神通的觀念，也是不正確的。在印度，也是先要有根本定，然後依一些特殊

---

[77] 大正10·232上-中。
[78] 大正44·855上。
[79] 大正44·855上。
[80] 大正35·850上。

的方法去修，才能引發神通。[81]

　　《華嚴經》之主要立論是「佛」之境界，十通之成就，於「成佛」而言是終究圓滿可得證的。唯在修菩薩願行中，能具備神通，於指點與解決眾生問題時，將更具成效，於弘法利生上可謂一大助力。

　　據澄觀《華嚴經疏》卷46對於「十定」與「十通」之用意所言是：「明業用廣大」，[82]於「十忍」之義與前之定、通之關係，所論是：「前二已明通定用廣，今此辨其智慧深奧故，次來也。釋名者，忍謂忍解印可，即智照觀達。宗趣者，智行深奧為宗，為得佛果無礙無盡為趣。然此忍行約位即等覺後心，為斷微細無明。」[83]於修證之歷程中，定力與神通是以「定」為基礎而「修智慧」，並依特殊之方法修持而得證「神通」，然「神通」之證得並非代表智慧之高下，唯神通自有其攝眾善巧之方便，故澄觀以定、通為「業用廣大」。然是否能修證成佛道，則微細無明煩惱之斷除，是一大關鍵，而「忍」是一種智慧之觀照，「忍」更是一種行為之展現，今觀八十《華嚴經》之〈十忍品〉[84]，主要在闡述由普賢菩薩所開演之「十種忍」，本品之主要內容敘述依次如下：

1. 普賢菩薩告諸菩薩言：菩薩若得十種忍，則得到於一切菩薩無礙忍地，一切佛法，無礙無盡。此十種忍，為三

---

[81]　《印順・呂澂佛學辭典》中冊，頁1088-1089，「神通」條，引印順《華雨集》（一）頁81-82，（台南：中華佛教百科文獻基金會，2000年）。
[82]　大正35・850上。
[83]　大正35・852上-中。
[84]　大正10・232中-237上。

世諸佛已說、今說、當說。[85]

2. 十種忍之一，音聲忍：菩薩摩訶薩聞諸佛所說之法，不驚不怖不畏，深信悟解，愛樂趣向，專心憶念，修習安住。[86]

3. 十種忍之二，順忍：菩薩摩訶薩於諸法，思惟觀察，平等無違，隨順了知，令心清淨，正住修習，趣入成就。[87]

4. 十種忍之三，無生法忍：菩薩摩訶薩不見有少法生，亦不見有少法滅，何以故？若無生則無滅→無盡→離垢→無差別→無處所→寂靜→離欲→無作→無願→無住→無去無來。[88]

5. 十種忍之四，如幻忍：菩薩摩訶薩知一切法皆悉如幻，從因緣起。然由幻故，示現種種差別之事。雖普觀法界而安住法性，寂然不動；雖達三世平等，而不違分別三世法。[89]

6. 十種忍之五，如焰忍：菩薩摩訶薩知一切世間，同於陽焰，無有方所、非內非外、非有非無、非一色非種種色，亦非無色，但隨世間言說顯示。[90]

7. 十種忍之六，如夢忍：菩薩摩訶薩知一切世間如夢，非世間非離世間、非欲界非色界、非生非沒、非染非淨，

---

[85] 大正 10‧232 中。
[86] 大正 10‧232 中。
[87] 大正 10‧232 中。
[88] 大正 10‧232 中。
[89] 大正 10‧232 中-下。
[90] 大正 10‧232 下-233 上。

而有示現。[91]

8. 十種忍之七，如響忍：菩薩摩訶薩聞佛說法，觀諸法性，修學成就，到於彼岸，知一切音聲，悉同於響，無來無去，如是示現。菩薩善能觀察一切眾生，以廣長舌相而為演說，其聲無礙，遍十方士令隨所宜聞。[92]

9. 十種忍之八，如影忍：菩薩摩訶薩雖常行一切佛法，而能辨一切世間事，不隨世間流，亦不住法流。菩薩成就此忍·能普現一切佛剎，亦不離此，亦不到彼，如影普現，所行無礙。[93]

10. 十種忍之九，如化忍：菩薩摩訶薩知一切世間，皆悉如化。知諸法性無來無去，雖無所有，而滿足佛法，了法如化，非有非無。菩薩安住如化忍時，悉能滿足一切諸佛菩提之道，利益眾生。[94]

11. 十種忍之十，如空忍：菩薩摩訶薩了一切法界猶如虛空，以無相、無起、無二故。菩薩以如虛空方便，了一切法皆無所有；以如虛空忍智，了一切法時，得如虛空身語意業；一切法身，不生不歿，譬如虛空，不可破壞。[95]

依澄觀對「忍」之釋義是「忍解印可，即智照觀達」，顯然「忍」之初步是「解」，即對一件事之發生，當下所產生之觀照；而「印可」是於觀照下所採取之一種行為，故「忍」雖是一種展現於外

---

[91] 大正 10 · 233 上。
[92] 大正 10 · 233 上。
[93] 大正 10 · 233 中。
[94] 大正 10 · 233 下。
[95] 大正 10 · 234 上。

在之行爲，實則更是一種證悟眞理且安住於理上之行爲，故於經論中有各種不同「忍」之條目，如「有二忍、三忍、四忍、五忍、六忍，以至十忍、三十二種安忍」，[96]「忍」之條目各經論雖有不同，但《華嚴經》向以「十」爲「圓」之代表，由「一」而「十」，且在一即多、多即一之華嚴架構下，「十忍」實已涵蓋一切行持菩薩道「忍辱行」之內容。

（二）在世不染世之普賢行

於有關「普賢行願」上，在八十《華嚴經》中另有一品名爲〈普賢行品〉，[97]主要在闡述普賢菩薩爲諸菩薩演說修行法門，可遠離「百萬障門」，本品之主要內容敘述依次如下：

1. 普賢菩薩告諸菩薩：若於他菩薩起瞋恚心者，將開啓「百萬障門」，如：不見菩提障、不聞正法障、生不淨世界障……。[98]

2. 爲欲疾滿足諸菩薩行，應勤修十種法：心不棄捨一切眾生；於諸菩薩生如來想；永不誹謗一切佛法……。[99]

3. 安住上之十法已，則能具足十種清淨：通達甚深法清淨；親近善知識清淨；護持諸佛法清淨……。[100]

4. 安住上之十清淨法已，則能具足十種廣大智：知一切眾

---

[96] 有關各種「忍」之條目，可參考《佛光大辭典》中冊，頁 2889-2892，「忍條」，（高雄：佛光出版社，1989 年）。

[97] 大正 10・257 下-262 上。

[98] 大正 10・257 下-258 中。

[99] 大正 10・258 中。

[100] 大正 10・258 中。

生心行智、知一切眾生業報智、知一切佛法智……。[101]

5. 安住上之十智已，則得入十種普入：一切世界入一毛道、一毛道入一切世界、一切眾生身入一身……。[102]

6. 能觀察上之十種普入，則住十種勝妙心：住一切世界語言非語言勝妙心、住一切眾生想念無所依止勝妙心……。[103]

7. 住上之十種勝妙心已，則得十種佛法善巧智：了達甚深佛法善巧智、出生廣大佛法善巧智、宣說種種佛法善巧智……。[104]

8. 諸菩薩聞上之法已，皆發心恭敬受持，少作功力，疾得阿耨多羅三藐三菩提，皆得具足一切佛法。[105]

9. 普賢菩薩欲開示菩薩行，欲宣說如來菩提界，且欲為一切眾生現形說法令其開悟，再以長偈讚頌。[106]

修證成佛之歷程，首重願心之發，此為成佛之根苗，而三昧之修持可堅固願心，不令退轉；然於修證中，其歷程之考驗將因個人之業識而有不同之阻礙，故「除障」之於修證，則恍若「除草」之於秧田，唯待障門除，才能真正安住於法上，如是才有可能具足一切佛法，得證無上正等正覺。

由普賢菩薩所宣說之「百萬障門」，實皆因「瞋恚心」而開啟；以證悟之歷程而言，除正向法之開導外，如何遠離世俗之顛倒妄

---

[101] 大正 10 · 258 中。
[102] 大正 10 · 258 中。
[103] 大正 10 · 258 下。
[104] 大正 10 · 258 下。
[105] 大正 10 · 258 下。
[106] 大正 10 · 259 上。

見更是一重要課題，八十《華嚴經》有〈離世間品〉[107]，主要在敘述由普賢菩薩所開演之「菩薩廣大清淨行」，本品之主要內容敘述依次如下：

1. 世尊在普光明殿中，無量數之菩薩所共圍遶。爾時普賢菩薩廣大三昧，名佛華莊嚴。……然後從其三昧而起，普慧菩薩知眾已集，即問普賢菩薩：何等為菩薩摩訶薩依、奇特想、行、善知識、勤精進等，共約兩百個問題。[108]

2. 普賢菩薩即依所提之問題而一一演說，每一問題皆各以「十種」為回答。僅列舉一二如下：

    (1) 十種依：以菩薩心為依，恆不忘失故。以善知識為依，和合如一故。以善根為依，修集增長故。[109]……

    (2) 十種奇特想：於一切善根，生自善根想。於一切善根，生菩提種子想。於一切眾生，生菩提器想。[110]……

3. 由普賢菩薩所宣說如上之法，總名「菩薩廣大清淨行」，此為無量諸佛所共宣說。能令智者了無量義，皆生歡喜。令一切菩薩大願大行，皆得相續。若有眾生得聞此法，聞已信解，解已修行，必得疾成阿耨多羅三藐三菩提。[111]

依華嚴之義理，入法界即入世間，且以普賢為菩薩行成就之代表，然此所謂「離世間」，即「出離世間」，則是否與「入法界」

---

[107] 大正 10・279 上-318 下。
[108] 大正 10・279 上-280 中。
[109] 大正 10・280 中。
[110] 大正 10・280 中。
[111] 大正 10・313 中-下。

有所衝突？依「法界」之廣義即應包含一切世出世間，即眾生界
與佛界皆隸屬於「法界」，故〈離世間品〉於敘述菩薩之特德有云：
「於世出世無量諸法，皆善安住，知其真實；於有為無為，一切
諸法，悉善觀察，知無有二。」[112]《華嚴經》總論一切法界之法，
故於華嚴之法界圓融而言，菩薩於世出世與有為無為法皆要善安
住與觀察。唯釋尊示現出家相而行遊教化，於世與出世法之優劣
上是有分別的，如：「爾時世尊告諸比丘：世俗者，是名有漏法。
出世間者，是名無漏法。」[113]又：「佛告三彌離提：是名世間，所
以者何？六入處集，即觸集，如是乃至純大苦聚集。」[114]世法是
有漏且是大苦聚集，故釋尊要比丘追求無漏之出世法，然「出世
法」又當如何而得之？「爾時世尊告諸比丘：毘婆尸佛未成正覺
時，獨一靜處，專精禪思，作如是念：一切世間，皆入生死，自
生自熟、自滅自沒，而彼眾生，於老死之上出世間道，不如實知，
即自觀察。」[115]釋尊引毘婆尸佛未成正覺時之思慮，主要在宣說
「世間」法是「皆入生死」，要學人於「出世間道」能「自觀察」；
而如何才能「實知出世間道」，又並非是來自外在經驗或法義之吸
收而已，此中之「獨一靜處，專精禪思」，即在說明唯有自身之深
悟觀照印契於心才有可能達到，換言之，靜慮禪定之工夫為修行
之必然。釋尊顯然是肯定出世法，亦以出世法為「正見」，如：「爾
時世尊告諸比丘，有正見是：聖、出世間、無漏、無取、正盡苦、

---

[112] 大正 10・279 上。

[113] 《雜阿含經》卷 8〈第 229 經〉，大正 2・56 上。

[114] 《雜阿含經》卷 9〈第 230 經〉，大正 2・56 上-中。

[115] 《雜阿含經》卷 15〈第 366 經〉，大正 2・101 上。

轉向苦邊。」[116]出世間法是無漏法，是成就聖道之法，故釋尊一旦成就佛道，則所言之法亦當是以「出世」為主，如：「爾時世尊告異比丘：我已度疑，離於猶豫，拔邪見刺，不復退轉，心無所著故，何處有我？為彼比丘說法，說賢聖、出世、空相應、緣起隨順法。」[117]釋尊自詡「已度疑、離猶豫」，此是對自我修持之確認肯定，「心無著、不退轉」更表達於「法」深悟實證上之自信。出世法為釋尊之所肯定，但學人又該如何體悟？又該向何處入手？此即「若佛出世、若未出世，此法常住，法住法界，彼如來自覺知，成等正覺，為人演說，開示顯發。」[118]對於出世法之深悟，釋尊特別強調是「此法常住，法住法界」，不因佛是否出世（出現於世）或未出世而存在或消失；出世法是「如來自覺知」，佛之「成等正覺」後，為人演說開示之法，亦是出世法。依釋尊之意，「出世間法」是「此法常住，法住法界」，換言之，個人如何深觀「自覺知」而「成等正覺」，唯然在於個人之精進上。而所謂出世法，即「緣起隨順法」，能善觀因緣起，則知一切終究是無常、苦、無我（空），反之，若不能透悟緣起真理，於「常」與「我」之上追求不止，即是一切之苦因；釋尊以「此法常住，法住法界」而啟示眾生當自悟自覺出世間法，並以「四法印」[119]來明證「出世間法」是佛法之法本。

　　有關《華嚴經》之「離世間」，據澄觀之釋義：「前會因圓果

---

[116]　《雜阿含經》卷 28〈第 785 經〉，大正 2・203 上。

[117]　《雜阿含經》卷 12〈第 293 經〉，大正 2・83 下。

[118]　《雜阿含經》卷 12〈第 296 經〉，大正 2・84 中。

[119]　《增一阿含經》卷 18〈四意斷品〉云：「今有四法本末，如來之所說。一切諸行無常、一切諸行苦、一切諸行無我、涅槃為永寂。」（大正 2・640 中）。

滿，生解之終；此會正行，處世無染，通於始終。前品出現之果殊勝，今明依彼起行圓融。……離有二義：一性離，世間性空，即是出世間故。二明事離，行成無染故。」[120]〈離世間品〉是八十《華嚴經》之第三十八品，此品之前是〈如來出現品〉，主要在描述如來出現時之種種瑞相與所示現之諸境界，所展現者是佛之境界。唯對於欲修學菩薩道之學人，如何觀照世間？如何行持無染？才是最切身之課題。《華嚴經》之「離世間」，主要有二義：一、能觀五蘊世間但是假名，只是暫時之存在現象，故「離世間」即是「出世間」，然此非是消極厭世或離世而已。二、能觀「世間」終究是「空」，是為去捨於塵俗之染著，此是為成就行為上之無染無執無著。足見《華嚴經》之「離世間」是為成就無染行以證悟正等菩提。而眾菩薩所成就者，即是「普賢行願」，如〈離世間品〉云：

> 如是等十不可說百千億那由他佛剎微塵數，皆悉成就普賢行願，深心大願，皆已圓滿。一切諸佛，出興世處，悉能往詣，請轉法輪，善能受持諸佛法眼，不斷一切諸佛種性，善知一切諸佛興世，授記次第，名號國土，成等正覺，轉於法輪，無佛世界，現身成佛，能令一切雜染眾生，皆悉清淨，能滅一切菩薩業障，入於無礙清淨法界。[121]

離世間是為成就普賢行願，然普賢之行願亦必在世間而實

---

[120] 唐·澄觀《華嚴經疏》卷51，大正35·887下-888上。
[121] 八十《華嚴經》卷53，大正10·279中。

證,當普賢行願皆已圓滿,則當下所處之世界即是普賢境界。八十《華嚴經》於〈離世間品〉後,最後第三十九品即是〈入法界品〉;由「離世間」而「入法界(世間)」,足見「離世」是為入世做準備,而「入世」是為完成菩薩行之自化化他之成就。佛法在出世與入世之間,其銜接處之重要關鍵在是否能行持菩薩道,故依《禪苑清規》所云:「代佛揚化,表異知事,故云:傳法各處一方,續佛慧命,斯曰住持;初轉法輪,命為出世。」[122]「傳法」是「住持」、是「入世」;然「初轉法輪」又名為「出世」,則「出世」已然是一種入世說法,唯所說法要是「菩薩廣大清淨行」之成就出世間之聖道法。故澄觀之論是:「菩薩具上真行,可得名離,而非究竟,唯佛為離故,經云:佛常在世間而不染世法。」[123]重點不在是否「離」世,而在「不染」上,換言之,普賢行願是在世而不染世上而得成之。

於八十《華嚴經》中,由〈普賢三昧品〉與〈普賢行品〉可涵涉各品而展現出普賢之行願,然此中與普賢「願心」最能相應者,即是四十《華嚴經》之最後一卷,如經云:

> 爾時普賢菩薩摩訶薩,稱歎如來勝功德已,告諸菩薩及善財言。善男子!如來功德,假使十方一切諸佛經不可說佛剎極微塵數劫,相續演說不可窮盡。若欲成就此功德門,應修十種廣大行願。何等為十?一者禮敬諸佛,二者稱讚如來,三者廣修供養,四者懺悔業障,五者隨喜功德,六

---

[122] 宋・宗頤《禪苑清規》卷7「尊宿住持」,(卍續 111・458c)。

[123] 唐・澄觀《華嚴經疏》卷51,大正 35・888 中。

者請轉法輪，七者請佛住世，八者常隨佛學，九者恆順眾
生，十者普皆迴向。[124]

此普賢十大願行於修行者而言可要歸爲：去惡（第四者）、修
善（第一、二、三、五者）、求法（第六、七、八者）與度眾（第
九、十者）。惟「普賢願行」之所以殊妙處，正在於華嚴所營建重
重無盡之法界中，故其每一願行所涵容之對象是：「所有盡法界、
虛法界，十方三世一切佛剎極微塵數諸佛世尊，我以普賢行願力
故，起深信解，如對目前。」[125]行菩薩道者若能具足此十大願行，
則能「成熟一切眾生，則能隨順阿耨多羅三藐三菩提，則能成滿
普賢菩薩諸行願海。」[126]行此十大願行有不可思議之功德現成，
而其最終之勝德是「導歸極樂」，[127]如經云：「又復是人，臨命終
時，最後剎那，一切諸根悉皆散壞，一切親屬悉皆捨離。……唯
此願王不相捨離。於一切時，引導其前，一剎那中，即得往生極
樂世界，到已即見阿彌陀佛、文殊師利菩薩、普賢菩薩、觀自在
菩薩、彌勒菩薩等。」[128]普賢之「十」大行願，「十」代表「圓」，
是無盡、無礙之義，依此十願即可成就無量無邊之行願功德，唯
一切行願功德於生命之終結時，則終歸於「極樂世界」；此義與《華
嚴經》特以佛之境界爲主述方向是爲一致，因菩薩行之終極趣向
是佛境，然成佛之目的又爲何？是爲教化眾生，若言「佛」是長

---

[124] 大正 10・844 中。

[125] 大正 10・844 下。

[126] 大正 10・846 中。

[127] 釋淨空《普賢大士行願的啓示》，頁 125，稱此十大願行爲「顯經勝德－十大
願王導歸極樂」，（台北：和裕出版社，2004 年）。

[128] 大正 10・846 下。

劫之輪迴，實亦不為過，唯此輪迴，是坦然再入輪迴，是「乘願
再來」，故佛實等於菩薩，以是《華嚴經》之架構，佛境之描述是
一大區塊，然普賢行願之涵蓋面更是一大重要區塊。學人一生之
修持，至終「唯此願王不相捨離」，願王不離代表行持亦終不捨，
菩薩道之修持至此境界，則必與華嚴之無盡法界、無量諸佛同相
融為一體。

　　普賢行願是菩薩行之總代表，對於有關「菩薩」之名，於阿
含經義中，雖有大小乘之論述。卻尚未涉及至「菩薩」，[129]阿含之
原文雖「沒有」論述「菩薩」，但於阿含經義中，佛以求成「無上
菩提」為目的，與聲聞弟子以證入涅槃為目的，兩者顯然不同。
佛學傳入中國，其中「般若學」是一關鍵點，[130]於《大般若經》
卷423即對所謂「菩薩摩訶薩」有其深義之界定：

> 爾時具壽善現對曰：尊者所問云何菩薩摩訶薩者。舍利子！
> 勤求無上正等菩提，利樂有情，故名菩薩，具如實覺能遍
> 了知一切法相，而無所執故，復名摩訶薩。[131]

　　菩薩摩訶薩之義，要點有三：一、能了知一切法相，廣遍修
學不同之法門，且不捨不執任何一法相、法門。二、將廣求、修
學之法相、法門，以善巧方便而利樂有情。三、勤求度人度己之

---

[129] 印順《初期大乘佛教之起源與開展》，頁125-131，〈菩薩的意義〉文中云：「菩
薩這個名詞，顯然是後起的。阿含原文，本來是沒有菩薩的。菩薩是愛樂無
上菩提，精進欲求的有情。」（台北：正聞出版社，1986年）。

[130] 湯用彤《漢魏兩晉南北朝佛教史》，頁167，「自漢之末葉，直訖劉宋初年，
中國佛典之最流行者，當為般若經。」（台北：臺灣商務印書館，1979年）。

[131] 大正7‧126中-下。

無上正等菩提。顯然所謂大乘之菩薩，除於個己之修學法門當勤求不懈外，其真正之重點在「利樂有情」上。[132]而真正能展現「普賢行願」且落實爲行證法門之代表人物是善財五十三參，則不論是不捨普賢願王而「得往生極樂世界」，即同入佛境；或以善財五十三參爲法門之遍學而自化化他之菩薩行成就，此皆在說明普賢行願是成佛之基礎與條件。

三、成佛之基礎

（一）明解佛法

《華嚴經》之「成佛」是全體法界共成之，其理論背景是「一即多」，當「一」成佛，在法界圓融無礙網之架構下，則「一」即是「多」，此非有層次性，而是當下即體即現，此乃就「成佛」而言之，換言之，此乃就「果」而論。若依「果」而視《華嚴經》，則展顯佛之正覺境界，已然能完全呈現華嚴義旨；然全體法界當下即現佛之正覺境界，是一圓滿圓融之理域，此一「高標」實代表《華嚴經》之擎柱，如是之「擎柱」是令人仰望並興嚮往之，故於學人必將問：如何才能成就並展顯如華嚴般之成佛正覺境地？而如是之問，即是將欲成就佛境之路開出一可循之跡，學人可依之而修證以達佛地。當「成佛」有一實際可依循之路，則所謂以善財爲代表「依人證入」之實例，於一般學人而言，則顯得

---

[132] 《大般若經》卷 574，「世尊！我（曼殊室利）今來至此處，親近禮敬觀如來者，專爲利樂一切有情，非爲證得佛菩提故，非爲樂觀如來身故。」（大正 7・964 中）。

甚是親切與受用。今如欲成就佛道，則首先需明確了解何謂「佛法」？唯能於「法」有明確之解悟，才能有不偏之行，換言之，「正行」來自於「正心」與「正念」。今觀八十《華嚴經》中，對於有關「法」之闡述有〈菩薩問明品〉與〈明法品〉，依之闡述如下：

〈菩薩問明品〉[133]主要是以文殊師利菩薩爲代表，向各菩薩「提問」，且由各菩薩回應問題後，最終則以文殊師利菩薩爲暢論「佛境界」等義，本品之主要內容敘述依次如下：

1. 文殊師利菩薩問覺首菩薩：人性既是一，但爲何常見種種差別，如有端正與醜陋、善趣與惡趣，有苦與樂？又爲何「業不知心，心不知業。受不知報，報不知受。心不知受，受不知心。因不知緣，緣不知因。智不知境，境不知智。」[134]覺首菩薩答曰：「諸法無作用，亦無有體性，是故彼一切，各各不相知。法性本無生，示現而有生。眼耳鼻舌身，心意諸情根，一切空無性，妄心分別有，如理而觀察，一切皆無性。世間出世間，但有假言說。」[135]

2. 文殊師利菩薩問財首菩薩：如來爲何要隨其時、命、身、行、方便、思惟、觀察等，而教化調伏眾生？財首菩薩答曰：「諸法空無我，永離一切相，眾報隨業生，如夢不真實。念念常滅壞，如前後亦爾，世間所見法，但以心爲主。」[136]

---

[133] 大正 10・66 上-69 中。
[134] 大正 10・66 上-中。
[135] 大正 10・66 中。
[136] 大正 10・66 下。

3. 文殊師利菩薩問寶首菩薩：眾生皆由四大所成，本無我
無我所，又為何有受苦與受樂、少受與多受、受現報與
受後報等事呢？且於法界中，本無美無惡。寶首菩薩言：
「隨其所行業，如是果報生，作者無所有，諸佛之所說。
譬如淨明鏡，隨其所對質，現像各不同，業性亦如是。」
[137]

4. 文殊師利菩薩問德首菩薩：如來所悟，唯是一法，又為
何說有無量諸法、現無量剎、化無量眾、顯示種種境界？
而於法性中，此差別相，皆不可得。德首菩薩答曰：「譬
如地性一，眾生各別住，地無一異念，諸佛法如是。」[138]

5. 文殊師利菩薩問目首菩薩：如來福田，等一無異，又為
何因見眾生布施，而有種種果報之不同？目首菩薩答
言：「譬如大地一，隨種各生芽，於彼無怨親，佛福田亦
然。」[139]

6. 文殊師利菩薩問勤首菩薩：佛教是一，眾生得見，又為
何不能悉斷一切諸煩惱縛，而得出離？如是則佛教於眾
生是有利益或無利益？勤首菩薩答曰：「或有速解脫，或
有難出離，若欲求除滅，無量諸過惡，當於佛法中，勇
猛常精進。」[140]

7. 文殊師利菩薩問法首菩薩：如佛所說，若有眾生受持正
法，悉能除斷一切煩惱。又何故復有受持正法而不斷者，

---

[137] 大正 10・66 下-67 上。
[138] 大正 10・67 上。
[139] 大正 10・67 中。
[140] 大正 10・67 下。

且隨貪瞋癡之勢力所轉，無有離心呢？法首菩薩答曰：
「非但以多聞，能入如來法。如人水所漂，懼溺而渴死，
於法不修行，多聞亦如是。如在四衢道，廣說眾好事，
內自無實德，不行亦如是。」[141]

8. 文殊師利菩薩問智首菩薩：於佛法中，智爲上首，然如
   來又爲何故，亦讚嘆布施、持戒、忍辱、精進、禪定等
   法呢？而又爲何無有唯以一法而得出離，成就無上正等
   正覺呢？智首菩薩答言：「過去未來世，現在諸導師，無
   有說一法，而得於道者，佛知眾生心，性分各不同，隨
   其所應度，如是而說法。」[142]

9. 文殊師利菩薩問賢首菩薩：諸佛世尊唯以一道而得出
   離，又爲何今見一切佛土所有眾事，種種不同，且世界
   眾生界，教儀法住，各有差別，無有不具一切佛法而成
   無上正等正覺者？賢首菩薩答曰：「文殊法常爾，法王唯
   一法；一切無礙人，一道出生死。一切諸佛身，唯是一
   法身；一心一智慧，力無畏亦然。佛刹無分別，無憎無
   有愛；但隨眾生心，如是見有殊。以是於世界，所見各
   差別；非一切如來，大仙之過咎。」[143]

10. 以上諸菩薩向文殊師利菩薩表明，已將各自所解而說
    已，願請文殊師利菩薩演暢如來所有境界。文殊師利菩
    薩答曰「如來深境界，其量等虛空，一切眾生入，而實
    無所入。一切眾生心，普在三世中，如來於一念，一切

悉明達。」[144]於娑婆世界中，一切眾生所有法差別，悉
以佛神力而分明顯現。

先據澄觀之釋何謂「菩薩問明」義：「菩薩是人，問明是法，
遮果表因，故云菩薩。問即是難，明即是答。以十菩薩問出十種
法明，故曰問明，雖諸義不同，皆菩薩之問明。」[145]本品以文殊
菩薩為代表「問」，此「問」亦代表一般學人於修學佛法過程中，
所最易遭遇到之困惑，其間最大之問題即在於一切世間法之差別
上。以世俗之眼而觀一切有為法，皆有善惡、苦樂等不同，簡言
之，一切世間法可謂皆是「對待法」，有對待即有差別，有差別即
無法平等，而世間之苦亦由此而生。文殊菩薩本是「智」之化身，
其所提問之內容，正顯凡夫眾生因意識分別心而產生之種種差別
對待法，然「菩薩是人」，故凡夫一旦能「轉」意識分別心而為清
淨平等心，則將知「一切法皆無性」，而所謂世間與出世間之差別，
皆只是「但有假言說」而已，如是之理念，可謂是學佛之基礎，
凡夫一旦能具有如是之思維，於「法」自能達到無礙之地步，如
是即可謂「凡夫是菩薩」。由文殊菩薩與各菩薩間之「問明」，正
為彰顯菩薩之無量說法，實為引導眾生入「唯心」之理，法之差
別起於眾生之不同心念，於菩薩而言，一切皆怨親平等、同體大
悲，故本品雖以「問明」為主，但終以由文殊菩薩暢演佛之境界
為結，而「佛之境界」正是「於諸境界皆無所分別」。

又據〈明法品〉[146]之論，內容在闡述菩薩當如何於佛教中修
習，才能令諸如來皆生歡喜，一切大行皆清淨，所有大願皆滿足，

---

[144] 大正 10・69 上-中。
[145] 唐・澄觀《華嚴經疏》卷 14，大正 35・600 下。
[146] 大正 10・95 上-99 上。

於諸眾生，隨其所應而為說法，本品之主要內容敘述依次如下：

1. 精進慧問法慧菩薩：菩薩於初發心求一切智心，即能成就無量之功德；然又當如何再修習？才能臻至行、願皆圓滿之地步，以令諸如來皆生歡喜。[147]

2. 法慧菩薩提出「住十種法，名不放逸。」[148]能住不放逸即能得十種清淨。法慧菩薩再依次而提出各種修習法門：

   (1) 住十法，能令一切如來歡喜。[149]

   (2) 有十法，能令一切諸佛歡喜。[150]

   (3) 有十法，令諸菩薩速入諸地。[151]

   (4) 有十法，令諸菩薩所行清淨。既得行清淨已，復獲十種增勝法。[152]

   (5) 十種清淨願。[153]

   (6) 住十法，令諸大願，皆得圓滿。[154]

   (7) 十種無盡藏。[155]

3. 菩薩能得十種無盡藏已，則福德具足，智慧清淨，於諸眾生，即能隨其所應，而為說法，如：「貪欲多者，為說不淨。瞋恚多者，為說大慈。愚癡多者，教勤觀察……」

---

[147] 大正 10・95 上。
[148] 大正 10・95 下-96 上。
[149] 大正 10・96 上。
[150] 大正 10・96 中。
[151] 大正 10・96 中。
[152] 大正 10・96 中-下。
[153] 大正 10・96 下。
[154] 大正 10・96 下。
[155] 大正 10・96 下-97 上。

156

4. 法慧菩薩承佛神力,以偈頌再重宣法義,令諸如來歡喜,
　　大眾奉行。

據澄觀之釋曰:「明法不同略有四種,謂教理行果、尋教悟理、
觀理起行、行成得果,皆初宗後趣,又此四皆宗,爲成後位及成
勝德爲趣。」[157]「明法」顧名思義即「明解佛法」,釋尊因不同眾
生之機而有不同之演法,但一切「法」皆爲指向「成佛」爲目標
則無有異。而「明法」所爲何事?實爲能依「法」而「行」,依行
而證「果」,此爲明法之目的,故菩薩於修證過程中,當修習再修
習,以追求「一切大行皆清淨、所有大願皆滿足」爲宗旨。唯因
眾生無盡,故法門亦將無盡,而菩薩爲度眾生亦將修習無量之法
門,而無量法門即總稱「無盡藏」。菩薩明解佛法、修習佛法,其
最終目的是爲「令諸如來皆生歡喜」,換言之,如何臻至「歡喜」
之境,是「明法」所爲之事。依華嚴法界觀而論,法界層層無盡
皆可圓融無礙,此是在毘盧遮那佛之大願下而然。依華嚴佛始成
正覺之境而言之,一切法門本清淨、一切大願皆本圓滿,此是依
佛之本自性而觀一切法門、一切大願,故所謂「明法」是爲令諸
如來皆生歡喜,若依佛性本圓滿具足一切法而言,則所謂「歡喜」
實非指一般歡喜與憂愁爲對待法之「歡喜」,此「令諸如來皆生歡
喜」之境,實是當一切修證至圓滿佛境時,一切皆現現成成、自
自然然,心境已無憂喜,而是一片平和光明。故明法雖有是爲「成
勝德爲趣」,但明法實確爲使一切行皆能清淨,由清淨以至圓滿,

---

156 大正 10‧97 上-98 下。
157 唐‧澄觀《華嚴經疏》卷 20,大正 35‧649 中。

終達華藏莊嚴世界海之相融爲一，此是依「理」而言，但修證成佛之歷程，如何之行是爲清淨梵行，則是攸關「行」之事。

（二）清淨梵行

《華嚴經》之〈世主妙嚴品〉，其中「世主」之義，即如澄觀所云：「佛及諸王，並稱世主」[158]故於〈世主妙嚴品〉中，除起首即展現佛之成正覺之殊妙莊嚴境界外，以下即以廣面角度，一一論述各法界中各有菩薩、天神眾等，其所修證之解脫法門，於此正說明欲成佛道需有曠劫之修證始可成就。如〈世主妙嚴品〉所云：

> 爾時如來道場眾海，悉已雲集。無邊品類，周匝遍滿。形色部從，各各差別，隨所來方，親近世尊，一心瞻仰。此諸眾會，已離一切煩惱心垢及其餘習，摧重障山，見佛無礙。如是皆以毘盧遮那如來往昔之時，於劫海中修菩薩行，以四攝事而曾攝受。[159]

佛之始成正覺是一最高之境界，亦是一件天人間最大之盛事，「無邊品類，形色部從」，此雖各有「差別」；但皆「已離心垢，見佛無礙」，此則是「平等」，由「差別」而入「平等」，其因是各品類形色於往昔中，皆曾在毘盧遮那如來修菩薩行中被攝受教化過，故有「見佛無礙」之「平等」；然於此「平等」中，各世主又

---

[158] 唐・澄觀《華嚴經疏》卷 1，大正 35・503 中。
[159] 八十《華嚴經》卷 2，〈世主妙嚴品〉第一之二，大正 10・5 中。

各有不同之所修證之解脫法門,故有「隨所來方」之「差別」。〈世主妙嚴品〉彰顯佛之智入三世,身遍十方,妙音周聞,此是佛之威德圓融,由佛之智、身、音等,如是之一切皆含藏眾德更顯佛之德用無邊。經由佛之正覺境界中,將一切「差別」同入於「平等」中,使華嚴之法界呈現一整體而不可分割之網。依華嚴大意,全體法界同為「一真法界」,既言「一真」,則是「無二」且「不虛妄」,理應離卻生滅、空有、內外,如〈世主妙嚴品〉所云:「佛身普遍諸大會,充滿法界無窮盡,寂滅無性不可取,為救世間而出現。」[160]佛身與法界是唯一真實而不可思議,但為度眾攝化故佛出現於世,為展現成佛之可待性,則有曠劫修證之歷程,各世主亦有不同之解脫法門,唯其差別在所「用」之「心」不同。於八十《華嚴經》中,有關暢論如何修證才能謂之「淨行」與「梵行」,各有專品為之探討。

　　〈淨行品〉[161]主要是文殊師利菩薩回答智首菩薩,將如何「用心」才能獲得一切勝妙功德,本品之主要內容敘述依次如下:

1. 智首菩薩問文殊師利菩薩:如何才能獲得殊勝之身語意業、具足、慧、力、善巧、覺分、波羅蜜、智力、諸天王守護恭敬供養?又如何得與一切眾生為歸趣、勝導,於眾生中為最勝妙第一?[162]

2. 文殊師利菩薩告智首菩薩言:「善用其心,則獲一切勝妙功德。」[163]以下即開演如何於日常生活中之點點滴滴、

---

[160] 八十《華嚴經》卷2,〈世主妙嚴品〉第一之二,大正10‧5下。
[161] 大正10‧69中-72上。
[162] 大正10‧69中-下。
[163] 大正10‧69下。

日日時時、分分秒秒、不分時地皆要「善用其心」之方法，如：「菩薩在家，當願眾生，知家性空，免其逼迫。孝事父母，當願眾生，善事於佛，護養一切。……」[164]

3. 唯能「用心」，則能獲一切勝妙功德；且如是之功德，於一切世間及諸天等，皆不能動之。[165]

本品可謂是將如何成就佛道之內容，以可行、當行、能行之條目一一列舉（共 141 種清淨願行），若能一一實證完成，則成佛必定有餘矣！故本品於坊間中常以單行品而出現，亦足見其受重視之程度。本品主要在「云何用心，能獲一切勝妙功德？」上，有云：「若諸菩薩，善用其心，則獲一切勝妙功德。於諸佛法，心無所礙，住去來今，諸佛之道，隨眾生住，恆不捨離。如諸法相，悉能通達，斷一切惡，具足眾善。當如普賢，色像第一，一切行願，皆得具足。於一切法，無不自在，而為眾生，第二導師。」[166]本品之所謂「用心」，其義在「當願眾生」之上，菩薩每思一念，每行一事，其起心動念皆要往「聖」地而行，如「若得五欲，當願眾生，拔除欲箭，究竟安隱。」[167]「五欲」為凡夫之所企盼，但欲成佛者，要能恆轉世俗之「欲」為成佛之「智」，即不著五欲，不但於己如是，於眾生亦要如此，故本品所列舉之每一願行，其中必有「當願眾生」四字，唯能有如是之「用心」，才是菩薩之用心而不同於凡夫但求己之安樂而已。據澄觀之釋云：「悲智雙運名為所行，行越凡小故稱清淨。以二乘無漏，不能兼利，非真淨故。

---

[164] 大正 10・70 上-72 上。
[165] 大正 10・72 上。
[166] 大正 10・69 下-70 上。
[167] 大正 10・70 上。

得斯意者，舉足下足盡文殊心，見聞覺知皆普賢行。文殊心故，心無濁亂，是曰清淨。普賢行故，是佛往修諸佛菩薩同所行也，所行即淨。」[168]成佛重在由「解」入「行」，然行重在「清淨」上，本品由文殊為答，文殊代表「智」，行必以智為前導，能具般若空智，則一切行願必不執取；於行願能不執，但雖觀空又能不遺事行，如是才能「智」與「行」雙運雙游。本品雖所取譬之事為近於日常生活間，但其旨意則指向妙遠之但為「成佛」之上。

〈梵行品〉[169]主要在闡述於修十法梵行時，當如何觀察才可謂曰：梵行。本品之主要內容敘述依次如下：

1. 法慧菩薩回答正念天子之提問，如何才能得「梵行清淨」。總提梵行有十法：身、身業、語、語業、意、意業、佛、法、僧、戒。[170]

2. 梵行法不可得故之因：若思惟「梵行從何處來？誰之所有？體為是誰？由誰而作？為是有？為是無？為是色？為非色？為是受？為非受？為是想？為非想？為是行？為非行？為是識？為非識？如是觀察，梵行法不可得故。」[171]

3. 如何才可謂之「清淨梵行」：若能觀察「三世法皆空寂故，意無取著故，心無障礙故，所行無二故，方便自在故，受無相法故，觀無相法故，知佛法平等故，具一切佛法

---

[168] 唐・澄觀《華嚴經疏》卷 15，大正 35・613 上。

[169] 大正 10・88 中-89 上。

[170] 大正 10・88 中。

[171] 大正 10・88 下。

故，如是名爲清淨梵行。」[172]

4. 於十法梵行修習已，復應再修習十種法：處非處智、過現未來業報智、諸禪解脫三昧智、諸根勝劣智、種種解智、種種界智、一切至處道智、天眼無礙智、宿命無礙智、永斷習氣智。此十種法之修習，當如是而思惟：「觀察眾生而不捨離，思惟諸法無有休息，行無上業不求果報，了知境界如幻如夢、如影如響，亦如變化。於諸法中，不生二解，一切佛法，疾得現前。知一切法，即心自性，成就慧身，不由他悟。」[173]

梵行即清淨行，而「梵」特顯爲出家之所行。此品之宗趣，據澄觀所云：「即以悲智無二，事理雙修，觀行爲宗，疾滿一切佛法爲趣。」[174]「梵」於印度婆羅門教之思想中，爲萬有之根本原理，且將「梵」神格化，並確立「梵我一如」說。然不論「梵」於印度思想中所具有之諸多涵意，但沙門之行即爲「梵行」是被公認的。有關〈梵行品〉之品名，亦見於《大般涅槃經》卷14，如云：

善男子！云何菩薩摩訶薩梵行？善男子！菩薩摩訶薩住於大乘大般涅槃，住七善法得具梵行。何等爲七？一者知法，二者知義，三者知時，四者知足，五者自知，六者知眾，七者知尊卑。[175]

---

[172] 大正 10 · 98 下。
[173] 大正 10 · 88 下-89 上。
[174] 唐 · 澄觀《華嚴經疏》卷 19，大正 35 · 640 下。
[175] 大正 12 · 693 中。

　　由《涅槃經》所開演之〈梵行品〉,其首論有關「梵行」,是在「有」上,即要「知」一切事,然其後繼續所闡釋之法是:「菩薩知見則無所得,亦無有心言無所得。菩薩摩訶薩實無所得,若使菩薩心有得者,則非菩薩,名爲凡夫。無所得者名方等經,菩薩讀誦如是經故得大涅槃,是故菩薩名無所得,有所得者名十二部經。」[176]

　　華嚴以一行即一切行,心淨則一切淨,故一切梵行,雖「總提梵行有十法」,此乃分別推徵;若能「知一切法,即心自性」,即爲無分別,此爲「觀無相法故,知佛法平等故」,三世諸法其性皆本空寂,本就無可取、無所得,《華嚴經》以十方成佛爲宗趣,依梵行而言,心淨則一切功德淨,故成佛終功歸心淨,心淨即梵行。

　　成佛之基礎在「明解佛法」,並依法而修證,當一切所行皆清淨爲梵行時,則其所獲之功德將殊妙無比。八十《華嚴經》中之〈賢首品〉[177]主要在闡述賢首菩薩演暢能清淨修行所將獲得之殊勝功德,本品之主要內容敘述依次如下:

1. 前文殊師利菩薩已將因清淨行所獲之殊妙功德宣說完畢,又欲「顯示菩提心功德」,即以偈問賢首菩薩:「我今已爲諸菩薩,說佛往修清淨行,仁亦當於此會中,演暢修行勝功德。」[178]

2. 賢首菩薩即以長偈回答「修行勝功德」之種種殊妙處,

---

[176] 《涅槃經》卷15,〈梵行品〉,大正12‧706中-下。
[177] 大正10‧72上-80中。
[178] 大正10‧72上。

今僅條列數點如下：

信為功德不壞種，信能生長菩提樹。[179]

戒能開發菩提本，學是勤修功德地。[180]

若能念佛心不動，則常覩見無量佛。[181]

若以智慧為先導，身語意業恆無失。[182]

見聞聽受若供養，靡不皆令獲安樂。[183]

3. 當賢首菩薩演說「修行勝功德」之長偈已，即感得：「十方世界，六返震動，魔宮隱蔽，惡道休息。」[184]並獲得十方諸佛同聲讚言與隨喜。

本品最重要處在論「淨心之功德」，一切日常之行、住、坐、臥皆能為清淨梵行時，則此因清淨修行而所獲之功德，雖殊勝如本品內容之所述，但一切之行皆不離開「心」，故由清淨行所獲之最大功德即是「淨心」。據澄觀之釋：「謂體性至順調善曰賢，吉祥勝德超絕名首，即以此名菩薩演說此法，賢即是首。賢首之品，以當賢位之初攝諸德，故偏舉賢名。宗趣者，於信門中成普賢行德，而自在莊嚴，無方大用建立眾生，通貫始終該攝諸位，以為其宗。令起圓融信行，成位德用，而為意趣。」[185]本品雖是以菩薩之名「賢首」為之命名，但誠如澄觀之釋文：「賢即是首」一切之修證當以成就「賢位」為初步，故以「賢首」為品名，又絕非

---

[179] 大正 10・72 中。
[180] 大正 10・72 下。
[181] 大正 10・73 上。
[182] 大正 10・73 中。
[183] 大正 10・73 下。
[184] 大正 10・80 中。
[185] 唐・澄觀《華嚴經疏》卷 16，大正 35・618 上。

單指某一菩薩而已，凡一切能證入賢位者，凡能成就普賢行德者
皆然，而所謂「普賢」亦非僅止於特稱某一菩薩耳！凡能普救一
切眾生皆入賢位者，皆是「普賢」，故不論是名「賢首」或「普賢」
皆是代表修證之行德。本品由賢首菩薩暢論因淨心修行所能獲得
之功德，其間雖有分列之德目，但以華嚴之「海印三昧」可「映
現萬象」為論，一切功德之德目，在清淨心之「映現」之下，其
所將獲得之「修行功德」必是無量無盡的，足見「淨心」於修行
中所具有之地位，此正與華嚴以「一切唯心造」之旨可謂最是契
合。重視「心」，更強調「淨心」，故與之相對者即是「心」外之
一切法，即世俗所謂之酒色財氣等，皆將是如夢、如幻、如浮雲
般之虛妄不實。本品暢論修行之殊勝功德，實為推助修學者之意
志，於向成佛之歷程而行時，於一切修行法，皆要能平等精進而
行持，直終達成佛之境為止耳！

四、成佛之條件—圓滿法門之曠劫修證

欲成佛道，首重發心，其入手處在「自度」上，當能擁有「自
受用法樂智」，[186]才能再享有「他受用法樂智」，換言之，成佛之
條件在「自度度他」為基礎上。〈入法界品〉是以善財為代表行持
菩薩道者，此品之重要性，誠如《華嚴經綱要》卷 60 所云：

---

[186] 《佛光大辭典》，中冊，頁 2523，「自受法樂」條，「指諸佛享受自己開悟的
廣大境地之法樂。據傳佛陀初成道時，嘗暫時自享法樂，此稱『自受用』。
其後，佛陀為救度眾生，以此法樂分予眾生享用，稱『他受用』。(高雄：佛
光出版社，1989 年)。

前因位行門，俱在普光及天上而說。而此證入深法界門，
在人間常居而說者，有其二義：一要依人證入。若欲依人，
必要在人間以便親近知識，請問法門，即善財南詢百十一
城，參五十三大善知識。非在人間廣參知識，博問先賢，
何以能充己德。故此一品，有本末二會，本會顯示所證法
界；末會顯能證之人，此一義也。

二者，盧舍那佛，是報身佛；所居報土，乃華藏莊嚴微妙
佛剎，現法界身雲，說此法界圓融無障礙法門。然二乘在
座，猶如盲如聾，況五濁業垢眾生，而能堪此法耶？所以
居此說者，正顯圓融法界，染淨融通，即此娑婆就是華藏，
即此化身便是報身。正顯真應不二，染淨融通，生佛平等。
187

　《華嚴經》是彰顯佛之境界，然佛由人成，[188]如何由「人」
而得證入「佛」界，此為〈入法界品〉之用意，故本品有別於前
天上說法，換言之，佛境如何落實在人間而實證臻至，是本品之
重點。唯〈入法界品〉又分為本、末二會，其義是：

　本會：屬於自受用法樂智，是於文殊師利菩薩處之所學。[189]

　末會：屬於他受用法樂智，是善財童子每參所云：「我已先發
阿耨多羅三藐三菩提心，而未知菩薩云何學菩薩行？云何修菩薩

187 卍續 13‧432ab。
188 《增一阿含經》卷 26〈等見品〉：「諸佛世尊，皆出人間，非由天而得佛也。」
　　（大正 2‧694 上）。
189 即四十《華嚴經》前 4 卷。

行？」[190]即是有關如何得知行持菩薩行、菩薩道之方法，[191]以參
訪善知識爲修學之過程，其目的是爲完成菩薩行自化化他之目的。

「入法界」是爲說明人間即淨土（即淨土之願景是由人間而
完成），唯因有「入法界」之普賢行願之完成，才能真正彰顯《華
嚴經》之重重無盡法界之圓融無礙，故「娑婆即華藏、染淨融通、
生佛平等」之義則確然可行、可證與可言。對於「佛」境界之觀
照，在《華嚴經》中，顯然前爲「天」、後在「人」，兩者能「融
然無礙」，才是「佛觀」之真相。[192]《華嚴經》之佛境界描繪，是
令人不可思議的，然由善財五十三參所表顯而出之修證歷程，是
修學階級明確之層次劃分，此又是極可思、可議、可行的。故不
論是本會或末會、天或人、文殊或普賢，實皆在共顯如來之果德，
此即誠如《華嚴經綱要》卷 61 所云：「以文殊權實無二之大智，
普賢體用平等之理行。此二無二，共顯如來三昧之果德。」[193]

「入法界」是爲證入人間而開演法義，以善財代表「依人證
入」之典型，而善財所參訪之善知識中，其歷程與內涵要義，實
爲「通顯六位因果」，據《華嚴經綱要》卷 62 云：

> 自文殊出閣已，下至經終，通顯六位因果。在善財所參知
> 識五十四人。約位，則文殊一人表信位。二、從德雲至慈

---

[190] 四十《華嚴經》卷 4，大正 10・679。

[191] 即四十《華嚴經》之後 36 卷。

[192] 印順《佛在人間》頁 13-15，〈佛從人間被升到天上〉文云：「佛陀在天而天，
在人而人。佛陀是人間的，我們要遠離擬想，理解佛在人間的確實性。佛是
即人而成佛的，所以要遠離俗見，要探索佛陀的佛格，而作面見佛陀的體驗，
也就是把握出世（不是天上）正見的佛陀觀。這兩者的融然無礙，是佛陀觀
的真相。」（台北：正聞出版社，1987 年）。

[193] 卍續 13・448c。

行，寄十住位。三、善見至徧行，寄十行位。四、鬻香長
者至安住地神，寄十向位。五、婆珊夜神至瞿波，寄十地
位。摩耶至天主光等十一人，寄等覺位。彌勒、普賢寄妙
覺位。[194]

　　此是著名之善財五十三參，共五十四人，其中第五十參有兩
位，即德生童子與有德童女，[195]對於善財童子五十三參訪善知識
所代表之意義，方東美先生之標目如下：

善財童子嚮往追求哲學智慧為宗教實踐的最高表率：
1. 善財童子聽文殊講普照法界頓悟根本智。
2. 文殊指點依人證入圓融法界。
3. 善財童子經歷五十三種不同生命的表徵獲得不同的宗
　 教體驗。
4. 善財童子代表華嚴宗教極致的最高境界。[196]

另有釋繼夢法師之述如下：

1. 五十三參是將修證過程依人證成的實例，人人修行皆
　 必如此，故此一過程稱為「普賢行願大道」，即成佛之
　 道唯此一途，別無他法。
2. 善財者，凡已發心，修學「普賢行願」者皆是善財童

---

[194] 卍續 13・453bc。
[195] 八十《華嚴經》卷 77，大正 10・419 下-422 中。
[196] 方東美《華嚴宗哲學》下冊，頁 87-92，（台北：黎明文化公司，1981 年）。

子；是故，凡正入華嚴法門者皆可謂善財；凡已發心
願發菩提心，行菩薩道者亦皆善財。

3. 五十三參者，具存於日常生活中之一切人事時地物，
而非彼上天下地的某些特殊人物方是善友。[197]

且觀善財五十三參，可謂是一個有完整系統、有步驟計劃之
佛法論，此中共涵攝八十《華嚴經》之〈十住品〉、〈十行品〉、〈十
迴向品〉與〈十地品〉等。另據澄觀對於〈離世間品〉中有總提
二百句之問答，其內容包括：「初二十句，問十信行。二從普賢心
下二十句，問十住行。三從力持下三十句，問十行之行。四從如
寶住下二十九句，問十迴向行。五從身業下五十句，問十地行。
六從觀察下五十一句，問因圓果滿行。」[198]於二百句之問答中，
有關「十住、十行、十迴向、十地」之部份，就有百二十九句，
已佔四分之三強，亦足見此四十階位於《華嚴經》中之重要性。
以下依次就八十《華嚴經》之此「四品」作一分列說明。

〈十住品〉[199]主要在闡述菩薩有「十種住」法，此「十住」
為過去、未來、現在諸佛已說、當說、今說，本品之主要內容敘
述依次如下：

1. 法慧菩薩承佛威力，入菩薩無量方便三昧。亦因此三昧
力，有千佛剎微塵數諸佛，皆同一號，名曰法慧，普現
其前，欲令法慧菩薩有無量智而開演「菩薩十種住」。[200]

---

[197] 釋繼夢《華嚴宗哲學概要》，頁 241-242，（台北：圓明出版社，1993 年）。
[198] 唐・澄觀《華嚴經疏》卷 51，大正 35・889 下。
[199] 大正 10・84 上-88 上。
[200] 大正 10・84 上。

2. 十種住之一，發心住：菩薩見佛世尊形貌端嚴、難可值遇，或聞如來廣大佛法，而發菩提心，求一切智。[201]

3. 十種住之二，治地住：菩薩於諸眾生，發十種心：利益心、大悲心、安樂心、安住心、憐愍心、攝受心、守護心、同己心、師心、導師心。[202]

4. 十種住之三，修行住：菩薩以十種行，觀一切法：觀一切法無常、苦、空、無我、無作、無味、不如名、無處所、離分別、無堅實。[203]

5. 十種住之四，生貴住：菩薩從聖教中生，成就十法：永不退轉於諸佛所，深生淨信，善觀察法了知眾生、國土、世界、業行、果報、生死、涅槃。[204]

6. 十種住之五，具足方便住：菩薩所修善根皆為：救護、饒益、安樂、哀愍、度脫一切眾生，令一切眾生離諸災難、出生死苦、發生淨信、悉得調伏、咸證涅槃。[205]

7. 十種住之六，正心住：菩薩聞十種法，心定不動：聞讚或毀佛、法、菩薩、菩薩所行法，聞說眾生有量無量、有垢無垢、易度難度，聞說法界有量無量、有成有壞、若有若無，於佛法中，心定不動。[206]

8. 十種住之七，不退住：菩薩聞十種法，堅固不退：聞有或無佛、法、菩薩、菩薩行，菩薩修行出離或不出離，

---

[201] 大正 10‧84 上-中。
[202] 大正 10‧84 中。
[203] 大正 10‧84 中。
[204] 大正 10‧84 下。
[205] 大正 10‧84 下。
[206] 大正 10‧84 下-85 上。

過去有或無佛，未來有或無佛，現在有或無佛，佛智有
或無盡，三世一相非一相，於佛法中，心不退轉。[207]

9. 十種住之八，童真住：菩薩住十種業：身、語、意行無
失，隨意受生，知眾生種種欲、解、界、業，知世界成
壞，神足自在所行無礙。[208]

10. 十種住之九，王子住：菩薩善知十種法：善知諸眾生受
生、諸煩惱現起、習氣相續、所行方便、無量法，善解
諸威儀，善知世界差別、前際後際事、演說世諦、演說
第一義諦。[209]

11. 十種住之十，灌頂住：菩薩得成就十種智：震動、照耀、
住持、往詣、嚴淨無數世界，開示、觀察無數眾生，知
無數眾生根，令無數眾生趣入、調伏。[210]

12. 法慧菩薩說法已，感得微塵數世界六種震動，亦感得微
塵數菩薩來詣此會。法慧菩薩承佛威力，觀察十方法界
再以偈頌讚之。[211]

〈十行品〉[212]主要在闡述菩薩當學三世諸佛而修行「十行」
法，本品之主要內容敘述依次如下：

1. 功德林菩薩承佛神力，入菩薩善思惟三昧，發起諸菩薩
十種行，此「十行」為三世諸佛之所宣說。[213]

---

[207] 大正 10．85 上-中。
[208] 大正 10．85 中。
[209] 大正 10．85 中。
[210] 大正 10．85 中-下。
[211] 大正 10．85 下。
[212] 大正 10．102 中-111 上。
[213] 大正 10．102 中-下。

2. 十種行之一，歡喜行：為大施主，凡所有物，悉能惠施，其心平等，無有悔吝，不望果報，不求名稱，不貪利養，但為救護一切眾生。[214]

3. 十種行之二，饒益行：護持淨戒，於色聲香味觸，心無所著，亦為眾生如是宣說。不求威勢，不求富饒，如是一切皆無所著，但堅持淨戒。[215]

4. 十種行之三，無違逆行：常修忍法，謙下恭敬，不貪求名聞利養。但作是念：我當常為眾生說法，令離一切惡，斷貪瞋癡憍慢覆藏，慳嫉諂誑，令恆安住忍辱柔和。[216]

5. 十種行之四，無屈撓行：修諸精進，終不為惱一眾生故而行精進，但為斷一切煩惱故而行精進，但為拔一切惑本故而行精進，但為除一切習氣故而行精進。[217]

6. 十種行之五，離癡亂行：成就正念，心無散亂，堅固不動，最上清淨，廣大無量，無有迷惑，以是正念故，善解世間一切語言，能持出世諸法言說。[218]

7. 十種行之六，善現行：身、語、意業清淨，住無所得，示無所得。身語意業，能知三業，皆無所有。無虛妄故，無有繫縛。凡所示現，無性無依，住如實心。[219]

8. 十種行之七，無著行：以無著心，於念念中，能入阿僧祇世界，嚴淨阿僧祇世界。於諸世界，心無所著，往詣

---

214 大正 10・102 下。
215 大正 10・103 中。
216 大正 10・103 下。
217 大正 10・104 上-中。
218 大正 10・104 下。
219 大正 10・105 上-中。

阿僧祇諸如來所，恭敬禮拜，承事供養。[220]

9. 十種行之八，難得行：成就難得善根。與一切佛，同一性善根。修諸行時，於佛法中，得最勝解。於佛菩提，得廣大解。於菩薩願，未曾休息，盡一切劫，心無疲倦。具行一切菩薩苦行。[221]

10. 十種行之九，善法行：為一切世間、天人魔梵、沙門、婆羅門等，作清涼法池，攝持正法，不斷佛種，得清淨光明陀羅尼，說法授記，辯才無盡，得具足義。[222]

11. 十種行之十，真實行：成就第一誠諦之語，如說能行，如行能說。學三世諸佛真實語、入三世諸佛種性、與三世諸佛善根同等。[223]

12. 「十行」法說已，感得微塵數世界六種震動，十萬佛剎微塵數菩薩皆讚語功德林菩薩，善能演說諸菩薩行。功德林菩薩承佛神力，欲令法界佛種性不斷，故再以偈頌讚之。[224]

〈十迴向品〉[225]主要在闡述菩薩摩訶薩有十種迴向，此「十迴向」為三世諸佛咸共演說，本品之主要內容敘述依次如下：

1. 金剛幢菩薩承佛神力，入菩薩智光三昧，有十萬佛剎微塵數諸佛，共為護念，欲令演說諸菩薩十迴向。[226]

---

[220] 大正 10 · 105 下。
[221] 大正 10 · 106 中-下。
[222] 大正 10 · 107 中。
[223] 大正 10 · 108 上。
[224] 大正 10 · 108 中-下。
[225] 大正 10 · 124 上-178 中。
[226] 大正 10 · 124 上-中。

2. 十種迴向之一，救護一切眾生離眾生相迴向：菩薩摩訶薩修無量善根時，作是念言，願此善根，普能饒益一切眾生，皆使清淨，至於究竟。種善根時，以己善根，如是迴向，我當為一切眾生作舍，令免一切諸苦事故。[227]

3. 十種迴向之二，不壞迴向：菩薩摩訶薩於去來今，諸如來所，得不壞信，悉能承事一切佛故。於一切佛法，得不壞信，發深志樂故。菩薩摩訶薩以如是等善根功德，迴向一切智，願常見諸佛，親近善友與諸菩薩，同共止住，念一切智，心無暫捨。[228]

4. 十種迴向之三，等一切諸佛迴向：菩薩摩訶薩隨順修學去來現在，諸佛世尊，迴向之道。如是修學迴向道時，見一切色，乃至觸法，若美若惡，不生愛憎，心得自在。菩薩摩訶薩獲得如是安樂之時，復更發心，迴向諸佛，作如是念，願以我今所種善根，令諸佛樂，轉更增勝。[229]

5. 十種迴向之四，至一切處迴向：菩薩摩訶薩修習一切諸善根時，作是念言，願此善根功德之力，至一切處、物、世間、眾生、國土、法、虛空等。一切善根悉迴向故，以如諸天諸供養具，而為供養，充滿無量無邊世界。[230]

6. 十種迴向之五，無盡功德藏迴向：菩薩摩訶薩以懺除一切諸業重障，所起善根，禮敬三世一切諸佛。所起善根，勸請一切諸佛說法。菩薩摩訶薩復以善根，如是迴向，

---

[227] 大正 10・124 下。
[228] 大正 10・127 中-下。
[229] 大正 10・129 中。
[230] 大正 10・131 上。

願我所修，一切佛刹、諸大菩薩皆悉充滿，其諸菩薩，體性真實，智慧通達，捨離愚癡。[231]

7. 十種迴向之六，入一切平等善根迴向（隨順堅固一切善根迴向）：菩薩摩訶薩或爲帝王、轉輪王，菩薩摩訶薩安住如是自在功德，離諸業障，具足修行一切布施，如是施時，發善攝心，悉以迴向。菩薩摩訶薩隨所施物，無量無邊，以彼善根，如是迴向，所謂施眾生時，願一切眾生，得智慧食，心無障礙。[232]

8. 十種迴向之七，等隨順一切眾生迴向：菩薩摩訶薩隨所積集一切善根，悉以迴向，爲諸眾生功德之藏，住究竟道。復作是念，願我以此善根果報，盡未來劫，修菩薩行，悉以惠施一切眾生，悉以迴向一切眾生。[233]

9. 十種迴向之八，真如相迴向：菩薩摩訶薩正念明了，其心堅住，於菩薩道，信樂堅固，勤修一切功德智慧，爲調御師，生眾善法，以智方便而爲迴向。菩薩以諸善根如是迴向，所謂願得圓滿無礙身業、願得清淨無礙口業、願得成就無礙意業。[234]

10. 十種迴向之九，無縛無著解脫迴向：菩薩摩訶薩於一切善根，心生尊重，所謂於出生死，心生尊重；於攝取一切善根，心生尊重，於如是等種種善根，皆生尊重，隨順忍可。以諸善根，如是迴向，所謂以無著無縛解脫心，

---

[231] 大正 10・133 上-下。
[232] 大正 10・135 中-136 上。
[233] 大正 10・156 下-157 中。
[234] 大正 10・160 下-161 上。

成就普賢身業、清淨普賢語業、圓滿普賢意業。[235]

11. 十種迴向之十，入（等）法界無量迴向：菩薩摩訶薩以
法施爲首，發生一切清淨白法，攝受趣向一切智心，殊
勝願力，究竟堅固，成就增益，具大威德，依善知識，
心無諂誑，思惟觀察一切智門，無邊境界，以此善根，
如是迴向，願得修習，成就增長，廣大無礙，一切境界。
[236]

〈十地品〉[237]主要在闡述菩薩摩訶薩之智地有十種，此「菩
薩十地」爲過去、未來、現在諸佛，已說、當說、今說，本品之
主要內容敘述依次如下：

1. 世尊在他化自在天王宮摩尼寶藏殿，與大菩薩眾俱，其
中以金剛藏菩薩而爲上首。金剛藏菩薩承佛神力，入菩
薩大智慧光明三昧，有十億佛刹微塵數諸佛，共爲護念，
欲令金剛藏菩薩演說「菩薩十種智地」法。[238]

2. 十種智地之一，歡喜地：菩薩住此歡喜地，念諸佛故生
歡喜，念諸佛法故生歡喜，念諸菩薩故生歡喜，念諸菩
薩行故生歡喜等。菩薩住此歡喜地已，以大願力，得見
多百千億那由他佛，悉以大心深心，恭敬尊重，所有善
根，悉以迴向一切智地，轉轉明淨，調柔成就，隨意堪
用。菩薩摩訶薩已修初地，當起十種深心：正直心、柔
軟心、堪能心、調伏心、寂靜心、純善心、不雜心、無

---

[235] 大正 10 · 165 中。
[236] 大正 10 · 171 上。
[237] 大正 10 · 178 中-210 下。
[238] 大正 10 · 178 中-179 中。

顧戀心、廣心、大心,以此十心,得入第二地。[239]

3. 十種智地之二,離垢地:菩薩住離垢地,性自遠離一切殺生,仁恕具足。性不偷盜,於自資財常知止足。性不邪淫、不妄語、不兩舌、不惡口、不綺語、不貪欲、離瞋恚、離邪見,護持十善業道,常無間斷。菩薩摩訶薩已淨第二地,當起十種深心:清淨心、安住心、厭捨心、離貪心、不退心、堅固心、明盛心、勇猛心、廣心、大心,以是十心,得入第三地。[240]

4. 十種智地之三,發光地:菩薩觀一切有爲法,倍增厭離,趣佛智慧,見佛智慧,不可思議,無等無量,無惱無憂,不復退還。見一切有爲,無量過患,則於一切眾生,生哀愍心,欲度眾生,令住涅槃。菩薩摩訶薩第三地善清淨已,當修行十法明門:觀察眾生界、法界、世界、虛空界、識界、欲界、色界、無色界、廣心信解界、大心信解界,以此十法明門,得入第四地。[241]

5. 十種智地之四,焰慧地:菩薩住此第四地,觀內身、外身、內外身脩身觀,勤勇念知,除世間貪憂。菩薩隨所起方便慧,修習於道及助道分,如是而得潤澤心、柔軟心、求上上勝法心,隨所聞法皆善修行心。菩薩摩訶薩第四地所行道,善圓滿已,當以十種平等清淨心趣入:於過去、未來、現在佛法平等清淨心,戒、心、除見疑悔、道非道智、修行智見、於一切菩提分法上上觀察、

---

[239] 大正 10・181 上-185 上。
[240] 大正 10・185 上-187 中。
[241] 大正 10・187 中-189 下。

教化一切眾生平等清淨心，以此十種平等清淨心，得入第五地。[242]

6. 十種智地之五，難勝地：菩薩住此第五地已，以善修菩提分法故，善淨深心故，復轉求上勝道故，隨順真如故等，得不退轉心。善知一切菩薩地，次第成就諦，乃至善知如來智成就諦。菩薩以如是智慧，觀察所修善根，皆為救護、利益、安樂、哀愍、成就一切眾生。菩薩摩訶薩已具足第五地，當觀察十平等法：一切法無相、無體、無生、無滅、本來清淨、無戲論、無取捨、寂靜、如幻如夢如影如響如水中月如鏡中像如焰如化、有無不二故平等，菩薩如是觀一切法，自性清淨，隨順無違，得入第六地。[243]

7. 十種智地之六，現前地：菩薩摩訶薩大悲轉增，精勤修習，為未滿菩提分法圓滿故，作是念：一切有為，有和合則轉，無和合則不轉。緣集則轉，緣不集則不轉。知有為法，多諸過患，當斷此和合因緣，然為成就眾生故，亦不畢竟滅於諸行。菩薩摩訶薩具足第六地行已，當修十種方便慧，起殊勝道：雖善修空無相無願三昧，而慈悲不捨眾生；難得諸佛平等法，而樂常供養佛；雖入觀空智門，而勤集福德；雖遠離三界，而莊嚴三界；雖畢竟寂滅諸煩惱焰，而能為一切眾生，起滅貪瞋癡煩惱焰；雖知諸法如幻如夢，如鏡中像自性無二，而隨心作業無

---

[242] 大正 10‧189 下-191 中。
[243] 大正 10‧191 中-193 下。

量差別；雖知一切國土猶如虛空，而能以清淨妙行莊嚴佛土；雖知諸佛法身本性無身，而以相好莊嚴其身；雖知諸佛音聲性寂滅不可言說，而能隨一切眾生，出種種差別清淨音聲；雖隨諸佛了知三世唯是一念，而隨眾生意解分別，以種種相、時、劫數而修諸行。菩薩以如是十種方便慧，得入第七地。[244]

8. 十種智地之七，遠行地：菩薩摩訶薩住此第七地已，入無量眾生界，入無量世界網，入無量諸佛覺了三世智等，皆悉應以無功用無分別心，成就圓滿。菩薩於七地中，善修習方便慧，善清淨諸道，善清淨深心思覺，能成就福德智慧，大慈大悲，不捨眾生，入無量智道，入一切法，本來無生，無成無壞，無盡無轉，無性為性，初中後際，皆悉平等，無分別如如智之所入處，離一切心意識分別想，無所取著，猶如虛空入一切法，如虛空性，是名得無生法忍。菩薩成就此忍，即時得入第八地。[245]

9. 十種智地之八，不動地：菩薩住此第八地，以大方便善巧智，所起無功用覺慧，觀一切智智所行境，所謂觀世間成、壞，由此業集故成，由此業盡故壞，皆如實知。又知無量微塵差別相，皆如實知，得如是觀三界差別智。此菩薩智地，名為不動地，無能沮壞故；名為不轉地，智慧無退故；名為難得地，一切世間無能測故；名為童真地，離一切過失故；名為生地，隨樂自在故；名為無

---

[244] 大正 10．194 下-196 中。

功用地，先已成就故。菩薩成就如是智慧，入佛境界，佛功德照，順佛威儀，佛境現前，常爲如來之所護念，隨諸佛轉法輪，不捨大悲本願力，得入第九地。[246]

10. 十種智地之九，善慧地：菩薩摩訶薩住此善慧地，如實知善不善、無記法行、有漏無漏法行、世間出世間法行等。菩薩以如是智慧，如實知眾生心、煩惱、習氣、樂欲等稠林。又如實知眾生心種種相、諸煩惱種種相，乃至無量差別相，皆如實知。菩薩住善慧地已，了知眾生諸行差別，教化調伏，令得解脫。菩薩住此第九地，晝夜專勤，更無餘念，唯入佛境界，親近如來，入諸菩薩甚深解脫常在三昧，恆見諸佛，未曾捨離。一一劫中，見無量佛，恭敬尊重，承事供養，所有善根，轉更明淨。[247]

11. 十種智地之十，法雲地：菩薩摩訶薩住此法雲地，一切諸佛，所有智慧，廣大無量，此地菩薩，皆能得入。菩薩通達如是智慧，隨順無量菩提，成就善巧念力，十方無量諸佛所有，無量大法明、大法照、大法雨，於一念頃，皆能安能受、能攝能持。唯除第十地菩薩，餘一切眾生、聲聞、獨覺乃至第九地菩薩，皆不能安、受、攝、持。菩薩住如是智慧，不異如來，身語意業不捨菩薩諸三昧力，於無數劫，承事供養一切諸佛，一一劫中，以一切種供養之具，而爲供養，一切諸佛，神力所加，智

---

[246] 大正 10．199 下-202 上。
[247] 大正 10．202 上-203 下。

慧光明，轉更增勝。[248]

12. 總結十地之行相：

歡喜地：出生大願，漸次深故。

離垢地：不受一切，破戒屍故。

發光地：捨離世間，假名字故。

焰慧地：與佛功德，同一味故。

難勝地：出生無量方便神通，世間所作，眾珍寶故。

現前地：觀察緣生，甚深理故。

遠行地：廣大覺慧，善觀察故。

不動地：示現廣大莊嚴事故。

善慧地：得深解脫，得於世間，如實而知，不過限故。

法雲地：能受一切諸佛如來大法明雨，無厭足故。[249]

菩薩之修行必有其層次與階位，雖各經論有不同之說法，然大抵以「五十二階位」為最具代表菩薩之修行位次，此「菩薩五十二階位」是一種逐次延伸而成的，據水野弘元先生之引證：

> 在五世紀中葉左右，中國佛教陸續出現了《仁王般若經》、《梵網經》、《菩薩瓔珞本業經》等經，其中敘述菩薩階位包含十信、十住、十行、十迴向、十地、等覺、妙覺等五十二位，這是梁、陳時代都採用的佛教論說。原本《華嚴經》中，雖也提到十住、十行、十迴向、十地等位階，但都是單獨的陳述，因此，十住與十地是個別的階位說，而

---

[248] 大正 10 · 206 中-208 中。
[249] 大正 10 · 209 中。

十行與十迴向也未必就是修行階位。實際上其他的印度大乘佛教經論，完全未提及十行與十迴向，而十位相當於大乘最初期所說的十地，在華嚴「十地」說流行以後，「十住說」就不再見於經論，從此就只採用「十地說」為菩薩的修行階位了。五十二階位說，隋唐以後天台宗、三論宗、法相宗、華嚴宗的祖師們全都採用這種階位說。但這種說法與《華嚴經》及印度大乘佛教完全無關，是思辨性阿毘達磨式的中國佛教產物。[250]

　　《華嚴經》之集成是屬於「綜合性」的，各「經」之彙集是「漸入式」的，雖最後以八十《華嚴經》三十九品為「定本」，且依「九會七處」之順序而呈現，此看似甚有條理之編排，實際是後人之思想見地所凝具而成之一種共識。不論是《華嚴經》之「四十階位」，或後世之「五十二階位」，主要皆在論證佛是由人所證入，且需歷經層層之修證才能登入佛境。有關於八十《華嚴經》中各自單成一品目之「十住、十行、十迴向、十地」之內涵意義，今且據澄觀之論述分別說明如下：

　　十住：據澄觀之釋：「慧住於理，得位不退，故名為住。本業下卷云：始入空界，住空性故名為住。宗趣者，以十住行法為宗，攝位得果為趣。」[251]華嚴以「十」為圓，「十住」實亦代表一圓滿之行，依澄觀之義，「住」之最重要處在「不退」上，此「十住」由發心住至灌頂住，各有其涵攝之善巧，然前後之「住」法，並

[250] 水野弘元著，香光書鄉編譯組譯《佛教的真髓》，頁 380-381，（嘉義：香光書鄉出版社，2002 年）。

[251] 唐·澄觀《華嚴經疏》卷 17，大正 35·632 下。

未有一聯繫之關係,唯「十住」法重在「入已未起故名爲住」,[252]顯然「住」亦有「不起」之義,而〈十住品〉之代表菩薩是法慧,此亦表明欲修菩薩行者,當於佛法(十住)中能安住不動,故言「十住是個別的階位說」確亦不爲過。

十行:據澄觀之釋:「隨緣順理,造修名行。數越塵沙,寄圓辨十。仁王名爲十止。就三學中,定心增故。梵網名爲長養,長道根故。若具梵本,應云功德華聚。菩薩說十行品,則兼能說人。有行德者,以行爲主。功德林入者爲眾首故,表說十行,眾德建立故。」[253]「住」是於法上能安住不退,「十住」之建立是爲使初學者能對佛法產生信心,當於「法」能有堅固心,再進一步即要開始「行」持。依澄觀之義,「行」之重點在建立眾德,能行持自度度人之德行,則可長養諸善根,而深植善根,於三無漏學中,則是「定」心之增長,故十行由歡喜行以至真實行,皆將修持過程中,所應抱有之心態有甚詳明之列舉,而「行」終究是爲「佛種性不斷」,是爲修持佛法中能使「定心」永固增長。依釋尊之成正等覺亦是累劫行持修證而得,足見唯有腳踏實地之「行」,且生生世世亦皆如是,當功德圓滿,才有修成正果之期。以修持而言,即使確然有「宿慧」之事,但即使修證至菩薩,尚有「隔陰之迷」(每一轉世,於時、空間之物換星移上,無法一開始即清明如前世),故「行」是一永無終止之目標,而水野弘元先生言:「十行未必就是修行階位」,此語確然,今觀十行法,是以無量佛法爲行持之重點,實非僅是「階位」而已。

---

[252] 唐・澄觀《華嚴經疏》卷17,大正35・633上。
[253] 唐・澄觀《華嚴經疏》卷22,大正35・660上。

十迴向：佛法之行持是有其崇高性，皆為指向成等正覺，而正覺之成就亦非僅為自身，而是欲令一切眾生皆能得證佛果，故修學菩薩道者，其每一行持之發心皆不同於凡夫，而其差異處即在「迴向」上，菩薩之修學，其迴向皆為「登至彼岸」。據澄觀之釋曰：「迴者轉也，向者趣也。轉自萬行，趣向三處（眾生、菩提及以實際），故名迴向。宗趣者：以無邊行海，順無盡大願為宗；成就普賢法界德用為趣。」[254]依澄觀之義，「迴向」之趣向有三處，即迴向眾生、迴向菩提與迴向實際。所謂「迴向」，必由「自」而向「他」，若僅自身具足善根修持，而不興欲饒益一切眾生，則不可名為迴向，故「迴向眾生」是修學菩薩道者之第一處迴向，菩薩以己之善根普攝一切眾生，甚至以己之善根迴向佛（令諸佛樂，轉更增勝）、迴向一切菩薩（願未滿令滿，心未淨令淨）。據澄觀之釋，十迴向中之前三迴向，皆是「迴向眾生」，[255]所謂「迴向菩提」，即菩薩以己之諸善根，迴向成就無上菩提到達彼岸；並能隨喜眾生之福報善根，而迴向阿耨菩提。據澄觀之釋十迴向中之四、五、六迴向，皆是「迴向菩提」。[256]所謂「迴向實際」，實際係指菩薩積集一切善根，是為「住究竟道」；而於菩薩本身之修行而言，所謂「實際」即能證得圓滿、清淨、無礙之身口意業。據澄觀之釋第七、八迴向為「迴向實際」，[257]至於十迴向中之第九、十迴向，依澄觀之言：「後二義，通於果及與實際。」[258]佛法是由「世」向

---

[254] 唐・澄觀《華嚴經疏》卷26，大正35・694下-695上。
[255] 唐・澄觀《華嚴經疏》卷26，大正35・695上。
[256] 唐・澄觀《華嚴經疏》卷26，大正35・695上。
[257] 唐・澄觀《華嚴經疏》卷26，大正35・695上。
[258] 唐・澄觀《華嚴經疏》卷26，大正35・695上。

「出世」之行,故菩薩所具足之一切善根,皆爲「以無著無縛解脫心,成就清淨圓滿之普賢身語意業」,「普賢」爲「大行」之圓滿,故依普賢之無盡大願,菩薩於出世法之成就後,必將再迴向教化成熟一切眾生,能趣向出世之行,永登彼岸。唯能令一切眾生皆能實際受用得果,才能真正完成「普賢之願行」,一切皆圓融無礙。

十地:於八十《華嚴經》中,由「十住、十行、十迴向」之涵括內容,皆可謂是於佛法上之修持,唯「十地」之敘述,於「階位」之「得入」,有甚明確之層層向上之義,且由第一地之修證圓滿,才能得入第二地,依次而然至第十地皆如是,此「十地」確有階次之別。據澄觀之釋曰:「本業云:地名爲持。持百萬阿僧祇功德,亦名生成一切因果,故名爲地。本論云:生成佛智住持故,即斯義也。唯識第九云:與所修行爲勝依持令得生故者。」[259]顯然依「地」之義,其要點在「持」,唯能持無量無盡之功德,才能「登地修行」以至成佛果。「地」亦即「大地」,大地能長養一切萬物,故又名「生成一切因果」。以修證而言,「地」則當爲「心地」,故於初地之歡喜地中,唯能起十種深心(正直心、柔軟心……廣心、大心)才能得入第二地,於層層修證之歷程中,首重即是「心地」,而《華嚴經》更特標明「一切唯心造」之立場。此十地之歷程:

第一歡喜地:是以生歡喜心爲主,於佛、菩薩、一切法皆能心生歡喜,即使身處逆境亦心生歡喜,唯能具足歡喜心,才能於修證歷程中對於種種之考魔皆能自在而不退轉。

---

[259] 唐·澄觀《華嚴經疏》卷 31,大正 35·735 上。

第二離垢地：「垢」即不乾淨，對於會使心地不清淨之一切事，如殺生、偷盜、貪瞋癡等，皆要能厭離拋捨。心念之雜草能割除，才能有真正之清淨心向於佛道。

第三發光地：唯能以佛法爲實爲貴，才能反觀一切有爲法之憂惱不清淨。佛法就像一盞明燈永遠發著光，恆指引眾生趣向佛道；而欲修證者，亦唯有如實相信佛法可令人離苦得樂，才能真正得到佛法之受益處。

第四焰慧地：佛法之修證實不離「正心修身」，菩薩於一切菩提道分上，當要能隨一切不同法門而潤澤柔軟自己之身心，使智慧增長如「焰火」般，以掃除垢染而得深心清淨。

第五難勝地：菩薩於修證歷程上，當「轉求上勝道」，故曰「難勝」。唯能以智慧、精進力，再加上欲成就一切眾生之願心上，才能逐一超越無明、懈怠等之闇路，亦唯有向上求勝道之心，才有得成佛果之一日。

第六現前地：當進入此地時，已由求勝道之心而轉爲「大悲」漸增。修持至精純之境地，自能明一切有爲法皆是如夢如幻，皆是虛假不實，然爲成就一切眾生，則菩薩亦要修諸行，莊嚴一切。而所謂「現前」即是「當前」、「當下」，一切法雖言終究成「空」，然虛空中又包含一切萬有（色），「色」與「空」是不二法，故雖言國土危脆、人身無常，但仍要掌握每個當下而精進修持。

第七遠行地：於十地中，此地最爲殊勝，如經云：「菩薩於十地中，皆能滿足菩提分法，然第七地，最爲殊勝，何以故？此第七地，功用行滿，得入智慧自在行故。」[260]修行本有其漸次性，

---

[260] 八十《華嚴經》〈十地品〉，大正 10・196 下。

由願求佛法、離心垢、願轉增長、入道、順世所作、入甚深法門，[261]以至此地之「起一切佛法」[262]，如是七地皆在「滿足菩提分法」，成就「智功用分」。[263]由初地至第七地尚有「功」與「行」之修持，當入第八地時，則將進入「自在行」，即不執「功」與「行」，甚至是「無功用行」。

第八不動地：所謂不動，即無能沮壞、智慧不退轉。菩薩至此境地，才可謂是真正「入佛境界」，一切皆隨樂自在，故亦可名為「無功用地」；雖言是「無功用」，但仍需「隨諸佛轉法輪，不捨大悲本願力」，才能再登高峰，故所謂不動，是於度眾方便善巧上，其「心」不執、不波動，但菩薩需有願力與神通力，簡言之，仍需具足「行力」，才能由雜染世界而登至清淨彼岸。

第九善慧地：菩薩至第九地，心境更趨明淨，於一切眾生、一切法皆能如實了知，唯於眾生教化調伏令得解脫之願外，更無餘念，日夜精勤，親近如來，唯入佛境。所謂「善慧」係指一切心念、智慧與慈悲皆轉向力求成佛道之圓善境地，故菩薩住此地時，除說法無盡為度眾生外，實無另起他念，此可謂已入「甚深解脫之三昧」。

第十法雲地：「法雲」之義，係指於一切「法」皆能如「雲」之自在多采。此謂菩薩至第十地時，所具有之智慧已等同諸佛，與如來無異，已達智慧圓滿完成之境地。

今縱觀八十《華嚴經》中之十住、十行、十迴向與十地，除「十」為共同代表圓滿之義外，此「四十階位」說，於八十《華

---

[261] 八十《華嚴經》〈十地品〉，大正 10・196 下。
[262] 八十《華嚴經》〈十地品〉，大正 10・196 下。
[263] 八十《華嚴經》〈十地品〉，大正 10・196 下。

嚴經》中是個別獨立的，是各分屬於第 15、21、25、26 品目，其間並無前後相屬之關係，其中，唯「十地」之歷程有層次之階位，故對《華嚴經》而言，與其說是「四十階位」，不如說是「圓滿無盡法門」則更貼切。此亦誠如水野弘元先生所論：「五十二階位，是隋唐以後之說法，與《華嚴經》完全無關。」在《華嚴經》中，以「十」為品目者，尚有一品名為：〈十無盡藏品〉[264]，主要在闡述「十種藏」之內容，本品之主要內容敘述依次如下：

1. 功德林菩薩告諸菩薩：有「十種藏」，是過去、未來、現在諸佛，已說、當說、今說。[265]

2. 十種藏之一，信藏：菩薩信一切法空、無相、無願、無作、不可量、無有上、難超越、無生，若能如是隨順一切法，生淨信已，聞諸佛法，不可思議，心不怯弱。[266]

3. 十種藏之二，戒藏：菩薩成就普饒益戒、不受戒、不住戒、無悔恨戒、無違諍戒、不損惱戒、無雜穢戒、無貪求戒、無過失戒、無毀犯戒等。[267]

4. 十種藏之三，慚藏：菩薩憶念過去，所作諸惡，而生於慚。心自念言：我無始世來，與諸眾生，更相惱害，遞相陵奪，互為怨讎，是故我應專心斷除，得證菩提，廣為眾生說真實法。[268]

5. 十種藏之四，愧藏：菩薩自愧昔來，於五欲中，種種貪

---

[264] 大正 10．111 上-115 上。
[265] 大正 10．111 上-中。
[266] 大正 10．111 中。
[267] 大正 10．111 中-下。
[268] 大正 10．112 上。

求，無有厭足，因此增長貪恚癡等一切煩惱，是故我當修行於愧，速成菩提，廣爲眾生說真實法。[269]

6. 十種藏之五，聞藏：菩薩知是事有故，是事有。是事無故，是事無。是事起故，是事起。是事滅故，是事滅。是世間法、是出世間法等。我當發意，持多聞藏，得證菩提，爲眾生說真實法。[270]

7. 十種藏之六，施藏：菩薩行十種施：分減施、竭盡施、內施、外施、內外施、一切施、過去施、未來施、現在施、究竟施等，並以此開導一切眾生，不生貪愛，悉得成就清淨智身。[271]

8. 十種藏之七，慧藏：菩薩於色、色集、色滅、色滅道，如實知，於受想行識、受想行識集（滅、滅道）如實知，於無明、愛、聲聞、獨覺、菩薩等如實知，住此藏者，得無盡智慧，普能開悟一切眾生。[272]

9. 十種藏之八，念藏：菩薩捨離癡惑，得具足念，憶念過去無量百千生（劫）之無數無量無邊無等之佛名號、佛出世說修多羅等，住是念時，於一切佛所，悉得親近。[273]

10. 十種藏之九，持藏：菩薩持諸佛所說，修多羅、文句義理，無有忘失，一生持乃至不可說生持，此持藏，無量無盡，具大威力，是佛境界，唯佛能了。[274]

大正 10・112 上。
[270] 大正 10・112 上-下。
[271] 大正 10・112 下-113 下。
[272] 大正 10・113 下-114 上。
[273] 大正 10・114 上-中。
[274] 大正 10・114 中-下。

11. 十種藏之十，辯藏：菩薩有深智慧，了知實相，廣爲眾生，演說諸法，不違一切諸佛經典。成就此藏，得攝一切法，陀羅尼門現在前，百萬阿僧祇陀羅尼以爲眷屬。[275]

12. 此十種無盡藏，有十種無盡法，令諸菩薩，究竟成就無上菩提：饒益一切眾生故、以本願善迴向故、一切劫無斷絕故、盡虛空界悉開悟心無限故、迴向有爲而不著故、一念境界一切法無盡故、大願心無變異故、善攝取諸陀羅尼故、一切諸佛所護念故、了一切法皆如幻故。此十種無盡法，能令一切世間所作，悉得究竟無盡大藏。[276]

　　據澄觀之釋曰：「藏是出生蘊積之義。謂一藏內體含法界故。攝德出用，一一無盡。」[277]「藏」除有「出生蘊積」之義外；若以佛教所言之經律論號曰「三藏」，則「藏」亦恍若一大「藏庫」，包羅含藏豐富，此爲「藏」之第二義。於〈十無盡藏品〉中，雖列有「十藏」之品目，然正因其名爲「無盡」，故每一「藏」，亦皆含有「無盡」之「藏」，「無盡藏」則有「無盡法」，而一切之無盡法，其目的只有一，即「令諸菩薩究竟成就無上菩提」。華嚴之特色在「十」，在「圓滿」，一法界可謂是一「小藏」，而無盡之法界可謂是一「大藏」，不論是一小藏或一大藏，在華嚴莊嚴世界海中，皆可相融無礙，故云：「十種無盡法，能令一切世間所作，悉得究竟無盡大藏」。

　　對於「成佛」而言，每一法界自有其修證以達究竟之歷程，然在《華嚴經》中，時間是無盡性的，於某一世界之一劫，在另

---

[275] 大正 10・114 下。

[276] 大正 10・114 下-115 上。

[277] 唐・澄觀《華嚴經疏》卷 24，大正 35・674 上。

一他方世界可能爲一日一夜而已,故於「成佛」而言,在華嚴世界中實無有其終期。而相應於成佛之法門而言,唯是「無盡法」,在《華嚴經》中雖有不同之「行門」,如十住、十行、十迴向、十地,以至十定、十通、十忍等,然如是之不同法門,皆是「無盡藏」法中之一部份,而華嚴之世界,亦總名「華藏」,一切能成就佛道之法實一一涵「藏」於此莊嚴世界海中,一皆在毘盧遮那佛願海中而得圓滿成就。

結語

《華嚴經》以描述佛果之正覺境界爲主述,如是所展現之經義確然令人不可思議,而如是之思想又確然難以在現實世界中得到印證,且如是之宇宙觀亦往往令人難以契入其境,然不可思議之圓滿境界,於華嚴經義中卻佔了一大半篇幅。正因佛果之正覺境界不可思議,才能彰顯成佛之殊勝不同凡俗,絕非情識所可觸及之,然所謂成佛之境雖難以思議,但佛之成卻又依人而證入,至此,華嚴在開展成佛之歷程中,卻又如是之分明、踏實且有層次,而此部份,又佔了華嚴經義之一大半,足見整部八十《華嚴經》,是由果之正覺境界與修證成佛之歷程,兩大部份所結構而成的。成佛當不離於法界中之歷劫修證,而修證成佛之原動力,則不離「心」,此心即是「自心」,菩薩之修證首重興發成就無上正等正覺心,依澄觀所述:「華嚴性海不離覺場,說佛所證海印三昧親所發揮,諸大菩薩定心所受。昔人不詳至理,不參善友,但當尋文,不貴宗通,唯攻言說,不能以聖教爲明鏡,照見自心,不

能以自心爲智燈，照經幽旨。……不知萬行，令了自心。」[278]佛
法之得證在「心」，故所謂「佛」，義爲「覺者」，自心能解脫開悟，
並以自悟之理而教化眾生，此即所謂之「佛」。故凡夫欲修證成佛，
除「聖教」外，當要再「照見自心」，前爲「教」，後爲「心」，唯
「教心相成」才能登入真修證之路，而《華嚴經》開展甚多修證
之法門，亦無非在令學人「了自心」而得實智。

---

[278] 唐・澄觀《華嚴經疏鈔》卷2，大正36・16下-17上。

第七章 總 論

　　佛法之傳播發展，已淵源流長二千五百多年，其義理思想由早期之印度而逐一傳至各國，在不同之國度中，爲適應當地之民情，其思想內涵亦有不同之發展。然終究是披「宗教」之外衣，其思想不僅只是爲建構思想而已，而是敷展思想之意義，是爲達其「成佛」之目標。在釋尊已肯定大地眾生皆有如來之智慧德相時，如是之闡述，已然明指「成佛」是人人皆可依佛法之實踐而達成，且論證早於釋尊之前已有「成佛」之事實，換言之，成爲覺者之「佛」，釋尊並非是第一位，亦可言並非是「開創者」，而是人人皆本具足本然之如來智慧德相，此並非是由釋尊所悟得後而有之，實是一切眾生皆本如是而然。而釋尊所展現之「覺者」身分，是因其能開發本自具足之「自覺如來」，故尊其爲「佛」。於佛教之發展中，釋尊是佛教之開創者，此乃就歷史事實而言之。然「成佛」於釋尊之所以可能性，是在於釋尊與一切眾生皆本具「成佛之可能性」，亦即人人皆本具「自覺如來」，此乃就佛教之義理思想而言之。佛法一方面爲論證「成佛」絕非釋尊之專屬，另一方面又必須明認釋尊爲佛教之開創者，在此兩方面皆要兼顧之下，「威音王佛」之提出正可表明遠劫前早已有無量之成佛者，而人人皆是「自覺如來」，亦即是人人皆是自覺自悟而「自證」，此可解決釋尊絕非是第一位成佛者之問題。另「七佛」之提出，除具有於釋尊前已有成佛者之說明外，七佛之代代相承，正代表佛法之傳承有其一定之「常理」，雖言一切法本存在於宇宙中，無

人可開創法，但佛法爲標明其立場是有特殊之方向，故代代相承
之法義，必有其中心主旨，此即能展現佛法即是佛法，是與其他
教門不可等同的，而七佛所代表之「法性常軌」，正可標舉佛法之
相承，需有前代之「印證」是否爲佛法，故自釋尊後，代代祖師
之相承，皆需「有師爲證」，如是即可解決第二個問題。

　　佛法是宗教，實踐之法目、實踐之目標，以及實踐後之環境，
是受到最高之重視的。雖言隨著佛教各宗派之發展，修證之條目
或有不同，但爲終究「成佛」之目標是不變的，惟成佛後之理境
描述，常以「不可思議」而總括言之。但佛法義在以「威音王佛」
代表釋尊前已有成佛者，以「七佛」又表佛法有「常軌性」，而如
是所衍生之思慮是：「成佛」顯已非僅止於釋尊一生歷程之「當世
間」，而是在不同之時、空間中，「成佛」是決然可證、可得的。
不同之時、空間中皆有成佛者，換言之，成佛已不限於某時、空
間中，且在同一時間裡，雖於不同之空間中，亦皆可同時而成佛，
如是之不限時、量、數，一一皆可同時得證佛果，就「佛果」而
言，可謂「全方位」，如是之「全方位」皆有「佛果」可得證，即
名爲「十方成佛」論。

　　《華嚴經》之形成雖來自「各經」之會聚，以「各經」而言，
雖是分、是散，是各爲一獨立思緒；但會聚爲一大《華嚴經》，即
是合、是整，是相融爲一中心主旨。《華嚴經》以「八十卷」爲最
終之定本，其間雖有形成歷程之考證問題，但《華嚴經》之中心
思想，卻十方明現。華嚴之特色在「佛果」上，此間不涉及宇宙
天地如何形成之問題，一旦要論及宇宙之演化衍生，則必有思辯
之歷程產生，然依佛法義之「佛果」而言，「成佛」乃意指當一個
「人」能覺悟至極其深微奧妙之理境時，亦即所謂「無上甚深微

妙法」,則絕非是語言、文字、思議可臻至之。成佛之智慧是自覺由內心而發,並非是知識可日日積累而成的,故佛智又絕非可思而有歷程,它是「全體圓滿」,言「一」即是「多」,不待思、不可分析,言至極微處,即是「不可思議」,而「不可思議」即代表不可、不能涵攝於理智、理性之範疇裡,亦惟能以如是之心態而觀華嚴所展現之「佛之正覺境界」,才能跳脫理智思維而契入華嚴圓滿圓善之真理境界裡。

華嚴之立場是「佛果」境界,換言之,《華嚴經》是先藉由展現佛正覺之境界殊妙無比,來吸引眾生同往佛果之目標而修證,正因佛果境界之不可思議,故《華嚴經》所欲建構之華藏莊嚴世界,實無法以現象界之觀點而視之,然亦正因如是,華嚴之法界觀,重重相融無礙之法界為背景之下,其所建構之「十方成佛」論,又當以何種觀點才能確然肯定之,且並不以為是「虛構」而已?又「十方成佛」之「佛」,在華嚴「一即多」「多即一」之理論下,是否只要有一「成佛」者,則一切眾生亦皆是佛,若如是則眾生「修證」之工夫,在可攀附於「佛」之下,修證歷程是否將會落空,而學人在華嚴「相即相入」之思想建構下,又要如何看待「佛」與「眾生」呢?以下將就《華嚴經》「十方成佛」論之建構思惟,提出總述。

◎人人皆是本尊,沒有分身:

人人皆具成佛之可能性,此為佛法義之確然肯認,而所謂「成佛之可能性」,此乃就每一個眾生所言,而「具」之義更明確而言,即是每一個眾生皆「本所有」如是之「成佛之可能性」,此是「先驗」義,即一切眾生皆本具有,更明確而言即是於眾生「自性本

體」中本具有之,而如是之先天本具之佛性,是人人皆如是,故「人人皆具成佛之可能性」,此即是「先驗之普遍性」,人人皆然,無一例外。肯定人人皆有一「佛性」,此為佛法之根本,亦是佛法義之大前提,故依每一個眾生而言,每一個眾生皆是「本尊」,「本具至尊至貴之成佛之可能性」,如是之「本尊」,絕不可被取代,亦不可被分割,或則被分化而出,換言之,絕無所謂「分身」之說。佛為度化眾生,依眾生不同之機,而佛有千百億不同之演法,其或為度眾生亦現不同之形貌,此乃就已成佛果之「佛」而言,故謂佛有千百億「化身」,「化身」不等於「分身」,「化身」所具之本仍是佛之「本尊」,而眾生如何各依此先天本具之「本尊」而歷劫修證成佛,此即眾生最重要之課題。「本尊」是每一個眾生之本,故是否能成佛,皆是每一個眾生之事,「本尊」是不能被取代,同樣地,亦不可被替借,無法借由他人之「佛果」來助長自己之修證,每一個已成佛者,皆各依其「本」而成為至「尊」之佛,一一皆如是,不同時、空間中,已成佛者,亦皆如是。

《華嚴經》建構十方成佛之境地,正是肯認一切眾生皆各有「本尊」,佛無法替代眾生,眾生亦不能攀附於佛,「成佛」之所以能「十方」皆成之,則必站在一切眾生皆具此「本尊」以修證成佛果而論之。眾生既各具「本尊」而各自修證成佛。若以此為一基點,則必須思量另一個問題,即是一切眾生之「資」各自不同,故每一眾生「成佛」之歷程所需具有之「契機」亦將因人而異,又如何能在同一時間之不同空間裡一一皆成佛?依華嚴法界觀所展現空間無窮性之義,每一法界之已成佛者,實為另一世界之一日一夜而已,換言之,在華嚴世界裡,所謂「成佛」並非是修證之終點,實是另一個起點,故「成佛」之義,可為是人格以

至佛格之「始成」，唯「佛」之境地卻永無終頂，由始成之佛以至永遠持進佛之心境，此即俗語「一山尚有一山高」、「強中自有強中手」之義，依華嚴之成佛義，則可言曰：「佛中尚有佛」，眾生皆本平等，此為佛教之根本法義，故即或十方皆成佛、處處皆是佛，則尚有「年資」深淺、「境地」高低之判。惟建構十方成佛之意義與目的又何在？若無大願心，成佛亦只是空具「佛」名，且依八十《華嚴經》〈阿僧祇品〉與〈壽量品〉所呈現之「佛劫」之義，時間是無盡性，換言之，在華嚴法界觀之下，佛之「壽命」應是「窮一切時」，是無有盡處的，而「成佛」若只是為「成佛」而「成佛」，則將失去成佛之意義，而華嚴所建構之十方成佛，所言之佛劫無限，其境地應是佛之壽命無限，故其度眾之願心亦將無限，此即「無限生命、無限慈悲」之展現。「成佛」後之「業」即應是「無限生命、無限度眾」而已，在以一切眾生終將成佛為基點，而佛之生命無限、度眾之願心無限，如是之兩相配合之下，十方成佛雖是不可思議，但絕對是一種崇高精神之追求。

　　華嚴是以佛始成正覺為經文之啟，在八十《華嚴經》第一品〈世主妙嚴品〉所呈現之層層無限之眾法界群生會聚之場景，此即是現實世間之「大自然界」，在大自然界中，各種天上飛的、地上跑的、水中游的，就是如此之相融在一大自然界中，若人類不以「萬物之靈」而自居、自傲，能以一切法界皆平等而視一切萬物萬類，不任意肆殺、不隨便破壞，能愛護任何一類之群生，人類能有如此自覺且決然而做到，此即能先以自己之「本尊」生命，而視一切法界群生亦各自具有「本尊」，人類若有此「覺醒」，如是之生命，即是「正覺之生命」，有「正覺生命」即能開展「正覺世間」，在正覺世間裡，一切萬物萬類則皆是正覺，如是則華嚴法

界圓融無礙之正覺境界，將不會只是虛構，而是真實現存在於所
處之當下大自然界中。[1]正因華嚴所呈現之法界是圓滿無盡、圓融
無礙，如是之境地以眾生之思維立場將是難以契及，而如是之境
地亦只能是「佛境」而非「眾生境」，故《華嚴經》為天台宗智者
大師所判為第一時「華嚴時」，是佛始成正覺之境，是一「如日初
出，先照高山」之境，此（佛）光尚未能遍及幽谷之眾生，以是
天台宗之判教論言其尚未臻至「圓教」境地。當然，各宗之判教
論除為佛之一生教法判攝其淺深高下之外，實亦為自宗之經論而
言其是最具「圓教」義；故在華嚴宗之判教論中，《華嚴經》是「別
教一乘圓教」，於此若先不論何經才是真正之圓教之所判，但欲往
「圓」之追求，顯然是各宗之目標，而《華嚴經》是否為「圓」，
或《法華經》才是真正之「圓」？若各以所立之判教論而判攝對
方，如是之爭圓教，終將落於各彈各調而毫無交集。惟「圓」之
所判，若返歸於佛之本懷而論，佛之法義是因人而立，故有千法
萬法，然由千法萬法彙聚而成之千經萬典，於佛之心中本願而言，
惟然只有一，即是「欲令眾生人人皆成佛」，故惟有以眾生本具之
「本尊」而修證成佛，此始可謂是真正之「圓」。[2]依「法」而言，
不論後人如何解讀或分判之，任何之經論皆是「有所言說」，有所
言說則必有限、有量、有分別，而《華嚴經》所追求之「圓」，若
以《經》為所判對象，則亦必是有限、有量、有分別，則不論各

---

[1]　方東美《華嚴宗哲學》上冊，頁 16，「正覺世間是一個光明的世界，是充滿了
　　真理的世界，在正覺世間裡面都透過智慧的方式，使所有玄想領域的種種價
　　值均被顯現出來。」（台北：黎明文化公司，1981 年）。
[2]　牟宗三《牟宗三先生全集 29‧中國哲學十九講》，頁 368，「佛的本懷，也就
　　是佛本來心中的願望，而不是從這願望發出來的分別地說的種種法。」（台北：
　　聯經出版公司，2003 年）。

宗將如何爲維護並建立自宗之圓教所判，亦終將落於「分析性」之「法」中，此已非佛之本懷心願。而《華嚴經》開啓之佛之正覺境界，所展現之法界重重無盡而圓融無礙，如是之境界，若以《經》之文字呈現，雖一再言其是如之何圓滿，如之何圓融，亦然只是經文之分析說。惟《華嚴經》言法界無量、時間無窮，並依之建構十方皆可成佛，其之所以可能，除以「佛」之境界所觀之法界將一如「佛」之境地所呈現一般，則一佛即一切佛；然若以佛之本懷而論，則華藏莊嚴世界海之形成，必是人人皆依本尊而成佛，此中是一即一，不可取代，沒有分身，而「圓」之境，正因法界無量、時間無窮，則一一眾生之成佛則必爲可期、可待，此即真正佛之本懷，亦唯有如是之「圓」，才終將不落於各宗判教論之「圓教」之爭中。

◎成佛的法門沒有必然確定性：

　　釋尊演法四十九年，後學結集爲三藏十二部，且不論何爲真正「佛說」，然依以佛教爲一大主體而論，則一切經論皆可謂是「佛法」，皆代表佛教淵源流長中之一切法。然於釋尊而言，大地眾生皆本具如來之智慧德相，只因妄想執著而不能顯了，故釋尊之演法，一切「法」亦只是方便義，一切眾生亦皆當要自性自度，各依各具之「本尊」而修證成之，唯此才是真實法、究竟法，故一切法皆是暫時之引導罷了！「法」之用意是爲去執著、捨妄想，而各人之執著、妄想本有千百億之不同，以至佛之法門實亦無以計數，然於「法」之態度究竟該爲何呢？此如《金剛經》所云：「凡

所有相，皆是虛妄。」[3] 又云：「法尚應捨，何況非法。」[4] 又云：
「若以色見我，以音聲求我，是人行邪道，不能見如來。」[5]
以上三句之引文，其要義約有二：

1. 一切法即是「相」，有相即有形，而有形有相者，則必有
   毀有滅，「法」是「相」，則即是「虛妄」，既是虛妄，則
   是「不實」，既是不實，故一切法終將「應捨」。依佛意，
   實四十九年未曾言一字，亦實未曾告知有某一「法門」可
   通往成佛之徑，只是一一法門亦皆是通往成佛之道的方便
   路而已矣！

2. 「色」與「聲音」代表言語文字，若欲以外相之言語文字
   來追求「真我本尊」之「如來」，此方法實是不可行，故
   曰是：「人行邪道」。「如來」即個人之「本尊」，此「本尊
   如來」，是人人本具，現現成成，一切眾生皆依此「本尊
   如來」而成佛，故凡欲尋以一切法（門）而成佛，依佛意
   皆是不可行。

　　顯然，一切眾生皆不能依「一切法」而修證成佛，「法」只是
方便而已，若將此論點來檢視《華嚴經》「十方成佛」論之建構，
則《華嚴經》除展現佛之始成正覺之境外，另一大部份即是入法
界之願行，此「成佛之歷程」所涵攝八十《華嚴經》三十九品中
之相關品目，份量可謂不輕，此即在說明：於「佛」而言，為教
化眾生，故將往來天人間，且以法界無量而言，佛之教法亦無法
計數，故於《華嚴經》中，多有以「十」為法門無量之代表，如

---

[3] 大正 8・749 上。
[4] 大正 8・749 中。
[5] 大正 8・752 上。

十定、十通、十忍、十行、十迴向、十地等，眾生各在不同契機之下而走上修證之路。華嚴之所以能建構「十方成佛」思想，實非立足於「法」上，而是著眼於各自本具之「本尊如來」之上，若依「法」而言，則有千法萬法，但若依「本尊」而修證成佛，實無一切法，故於成佛而言，實亦無所謂「法門之確然性」，換言之，無一法可謂是成佛之法。論述至此，則亦可思及另一問題，即於佛教法門中，有所謂皈依「三寶」之論，即皈依佛、皈依法、皈依僧，此三寶之論述，於八十《華嚴經》之〈淨行品〉中亦有明列，但仔細思之如下：

1. 皈依佛：佛是已成覺者，可為眾生之模範，是眾生之導師，故於「佛」而言，確可言「皈依」「佛」。

2. 皈依法：一切法本是虛妄，在不同之時空間與不同之人事物中，法亦將隨之而更改；況依「佛」之修證而言，本無一切法，惟能復明「本尊」，此即是「佛」，故於「成佛」而言，實是「無法」，「法」既是「無」，又如何能「皈依」之呢？故以第二寶而言，實是「無法」。

3. 皈依僧：「僧」唯可弘揚佛法，使佛法常駐，但「僧」亦是正待修證者，且因一切法終究是「無法」，惟於眾生而言，「僧」寶代表正往成佛之道行的「人」，則需一切之「外護」，於「僧」而言，是待「供養」的，故第三寶理應稱為：「供養僧」。

「三寶」之重新思慮，可為：「皈依佛」、「無法」與「供養僧」，此於《六祖壇經》中，對「三寶」之釋義是以「自性」之角度而

思,則所言「三寶」即曰「自性三寶」,[6]換言之,真正之皈依處是「自身之自性」,亦可言是自身本具之「本尊如來」才是真正之皈依處,惟能真正自我「覺悟」「持正」「清淨」,能有如是之體悟與作為,於自身而言才是真正之「寶」。《華嚴經》三十九品雖約大半品目在論述與入法界修證成佛之歷程有關,然《華嚴經》是彙聚各經而成之「大經」,顯然若僅以「法」而為《華嚴經》之中心,則三藏十二部亦皆是「法」,則華嚴大經若比於「三藏」,則亦僅是滄海之一粟,故在「法」上言,華嚴一皆以「十」為代表,此一方面是代表無量法,但於度眾而言,「法」僅一時之善權方便,一旦登岸(覺悟)則法即要捨,故於「法」而言,實一切「無法」;於眾生而言,「法」亦一時性,故亦是「無法」;於成佛而言,是自性之問題,非關「法」之問題,故亦是「無法」。

　　《華嚴經》建構「十方成佛」論,此中之「十」即是無量、無限,亦是圓滿義,一切眾生各依各自契機而入(覺悟)於「自性本尊」而成佛,此中是否能覺悟「自性本尊」才是決定成佛與否之最重要關鍵點,故依成佛而言,「法」不是終究之極,惟「法門無量誓願學」,之所以要學「無量法門」,其理乃建立在眾生必要在各法門中而尋其機點,只因眾生迷於妄想執著,無法在每一當下而念念清明,故隨眾生於不同時空間與不同之人事裡,所能契機之法亦各有異,故於眾生而言,「法門無量誓願學」確是至理,亦是眾生欲修證成佛之必要路徑與方法。以下而觀《華嚴經》之〈入法界品〉,其中善財童子五十三參,正是代表法門無量誓願

---

[6] 宗寶本《六祖壇經》〈懺悔品〉:「以自性三寶常自證明,勸善知識,歸依自性三寶,佛者覺也,法者正也,僧者淨也。」(大正 48‧354 上-中)

學，善財童子每拜訪參學之某一對象，皆是因修證某一法門而達至某一福智之成就，而唯有達至「成佛」之境地，才可謂是「圓滿」。而善財童子正是以「人」之身分，在展現修證成佛亦必如是，此代表每一法門皆有其特殊處，亦皆有其勝他處，故於每一法門而言，一一法門皆是通住成佛之入徑，但「佛」所代表的即是圓滿，即佛是「圓滿具足一切法」，一切法於「佛」而言，只是助長成佛之因，待至「成佛」時，「法」是由「佛」所宣說而開展。依善財之五十三參而言，亦正表達「成佛法門沒有必然確定性」，但修證又需仰賴法門之引導，而「十方成佛」之所以可能，惟因無量法門可令眾生參學，而法界無盡、法門無量，一一眾生皆可在契機法門之中，而返歸自性本尊如來之修證成佛，終至圓滿成佛時，亦即「十方成佛」之境地。

◎法界中並無一至高無上者，人人皆平等，法法皆平等

　　《華嚴經》建構「十方成佛」之境地，不論如是之境地是否令人難以思議與接受，但其內涵之用心，才是最值得深思之事。在華藏莊嚴世界海中，法界無量、時間無窮，任何一位眾生，皆可在佛所宣揚之不同法門中，各依所具本尊之契機法門而修證成佛，且正因法界無量、時間無窮，而某一法界中之成佛者，可於另一法界中尚屬成佛之初階，如是一法界而至另一法界，而終至轉輾於重重無窮之法界中，如是之建構，其所欲展現之意義即是：「成佛」實無終究處。換言之，在重重無盡之法界中，一切眾生各依所具之本尊而修證成佛，於此基點上，則一切眾生皆是平等如如，不分高下。亦正因眾生本尊平等，故實無有一至高無上者或主宰者，以現今所處之世間而論，是可以釋尊為「成佛」者，

但不可視釋尊爲唯一或第一個成佛者，因僅以現今世間而論，各類之法界亦是重重無盡，而釋尊亦依其本具之本尊如來而修證成佛，於此基點而論，釋尊與一切眾生則皆是平等，實無法認定釋尊爲唯一或第一。

「佛」之名號雖具多義，然大約有十號：如來、世尊、天人師、調御丈夫、無上士、世間解、應供、正遍知、明神足、善逝，此代表「佛」之十號，此中稱「佛」爲「世」間上最「尊」貴者，是爲凸顯修證成佛之可貴難得。修證成佛之路，雖曰萬人修、萬人成，但由初發心欲行修證之路，至終究成佛，此中由「始」至「終」，確有淺深高下之別，看似容易，能實證做到卻非易事，故以「世尊」而讚揚成佛之難能殊勝。但華嚴建構十方成佛，其目標是在「佛之始成正覺」之下，在一切佛皆可終究「成正覺」之下，成「佛」雖是尊貴，但絕非在標榜有一至尊無上者，亦正因「十方」皆可「成佛」，故若以「成佛」而論之，則一切「佛」亦皆是平等如如。雖言《華嚴經》之集成，是佛法發展至一成熟期，並依眾生之所契盼而開顯之法門，在十方世界裡，人人皆可修證成佛，一旦「十方世界皆是佛」時，則斯時斯地之境界，確可謂是「正覺世界」。所謂「正覺」，即是「明」，凡夫眾生由無明而轉明，人人皆如是，個個皆是佛，故在正覺世間時，一切思維、心境自不同凡響，而《華嚴經》裡所謂之「一即一切」、「一切即一」，其之所以能達到如是之境，其重點在「心」境，此亦如《六祖壇經》所言：「不識本心，學法無益。」[7]任何法門只是引導罷了，既是引導則其作用只是「外」，且外在之法或相，將隨時、空間之

---

[7] 宗寶本《六祖壇經》〈行由品〉，大正 48・349 上。

遷流變化而不同．故於修證之道上，實無法依外相法門而確然轉無明爲明明。而《華嚴經》所建構之「十方成佛」之境地，此境地是「佛」以「正覺」之「明」所自然而生之「心境」「境界」。佛一旦成正覺，此中所涉及之處是「心」而非「法」，由「心」而開展法，由「心」而呈境界，而〈世主妙嚴品〉所呈現之如是不可思議之境，即是佛心境，而非眾生之意識。

　　華藏莊嚴世界海是由佛成正覺時之「心境」所現，故「心」才是《華嚴經》之本，而所謂「不識本心，學法無益。」正爲說明，於修證之路上，因前人之說已甚多，且於淵源流長中之各門各派亦各自以爲「尊」，所謂任何某一法門，皆在某一名人（當世有名氣之人）、或某一宗派、或某一時期而被宣揚甚或以之爲最殊勝之法，其中「圓教」之爭即是如此。然任何法門於修學之人而言，皆只是外在之某一方便法，若以之爲執，甚或以之爲尊、爲貴，或更甚者，奉宣揚某法門之有名之士爲最至尊者，如是則皆將造成執外相之無明，因一切法門本爲不定法，於某人是契機，於某人即或如聾如啞；於宣揚者而言，若能反轉己身則不敢自恃自高；然一旦無明起，我慢心發，反成障礙。且觀多數眾生皆好趨熱鬧，喜錦上添花，看外相之盛大宣法爲尊爲貴，附之如不及，然當盛大場景一結束，即悃如鳥獸散般，前之所聽之法，所讚之詞，往往難抵一轉身所遇之不順心事，且眾生累劫之習氣已定，一時難改，僅僅是外相盛大之開法場景，到底能有多少眾生受益呢！若法門之演示，眾生可真正獲得法門引導之益，則如今距釋尊之時已然二千五百多年，由印度而中國，由部派佛教而中國各大乘宗派，義理思想再發展得煥然多采，各法門之舖演呈現更是超越前人，至此，眾生理應受「法」之薰陶最深、最大才是，民

風理更淳善才對,然似乎並未如見實效。究其原因,主要是眾生只是學法而不學心,若於自心地上下工夫,是本無一切外相之法,但試問又有多少人願意「甘心寂寞」或「安於寂寞」呢?故修心修證之路,是一條難行之道,亦是一條苦修苦煉之途,能終究「修心」修證而成者,則悺若是白日之星辰,星辰於夜空中閃爍光芒,甚是耀眼動人,然一旦太陽出現,又能見到幾顆星辰呢!眾生愛熱鬧,難「安」住於「心」上,故只能追隨已成之法門,而引述為言,無法如釋尊之覺悟心之本尊如來,再由己心之悟而為眾生演法、示法。釋尊早已明示:「大地眾生皆有如來智慧德相」,此已說明眾生本是佛,而「佛」之開法是由己心而出,並非以「講某經」而稱為「說法」,足見釋尊欲眾生返回根源,唯有由自心所悟之「法」,才謂是在「說法」,否則,依據某經論而釋義解說,僅能言「探討經論」而已。而釋尊「四十九年未曾言一字」,更已明確指出,所謂「說法」即在「說心」,而並非是依文解義之「講經」、「說法」是佛,「講經」是善知識,而真正之善知識即是「自心」,故唯心是法,唯心是佛。在一切眾生皆可各依本尊如來而修證成佛之下,十方眾生確可於十方法界中而成佛,故《華嚴經》之「十方成佛」,實為表明於無量法界中,實無有一特別無上至尊者之存在,因人人皆是佛,十方法界皆是佛。

　　試觀歷代祖師所悟之「心法」,於言詞上似乎不同,此乃因應不同之機而言,但所指向之理境卻是一致。釋尊以「正法眼藏」而咐囑「摩訶迦葉」,至禪宗六祖惠能大師所言:「菩提自性,來來清淨,但用此心,即了成佛。」兩者之「心法」傳承是一致的,皆在明示「自心」即是「成佛」之因,不要向外尋,要返轉於內(心)即是,於一切法界中,最至尊至貴者即是自心,唯此最無

上至尊，於「心」外之一切法界裡，再無有最至尊無上者之存在。

◎依法而破法

　　在目前全世界各宗教中，佛教可謂是一「大教」，信仰人數多，傳承歷史久。以客觀而言，佛教之所以能如是受到長期且多數人之接受，亦必有其爲因應時代不同而隨之調整之彈性，但最重要者是其內部之根本思想。目前全世界由於資訊科技發達一日千里，「地球村」之稱號已明示國與國或宗教與宗教之間的關係緊密，所謂牽一髮而動全身，更表示任何一國或宗教只要稍有舉動，其牽連性將遍及全世界。而全世界所欲追求之目標即是「世界和平」，在爲如何才能真正促進世界和平之來臨，更廣邀各方學者與各宗教領袖齊聚而研商對策，但在各方各爲自己之國或宗教設想時，但見人人各執已見，彼此意見難趨一致，爭端已見，又如何實現和平呢？而其中若將有一共識，則是各宗教首要之條件即放棄自身已具有之觀念與宗旨，唯有再重新制定一全世界之共識之主張，成爲一全世界之共同文化，如是，亂象才有可能止息，「世界和平」之曙光才能呈現。但要各宗教先放棄已成之體制，若更嚴重而言，即各宗教要先自我消失，一旦思及至此，在各自維護自己之立場之下，「悲傷」之心亦必由然而起，思及一向所信仰之宗教將從此在世界上除名，又有多少人能真正釋懷呢？據估計分析，所謂「宗教信仰」之人口，已有銳減之勢，於西方，真正相信上帝存在之人亦逐年在遞減中。顯然，未來全世界之趨向，早已無法如中國以「我族爲中心」之觀念而看待世界各國，全世界將有一「共同文化」之出現，唯此「全世界共同文化」才能真正引領全世界共邁往和平、光明、幸福之境地。

　　建立一「全世界共同文化」，顯然是一共同趨勢，唯所謂「全世界共同文化」，是「多元且多采」的，此即如莊子所言：「魚相忘江湖，人相忘於道術。」在江湖中有各樣式之水族品類，於「大道」之下，各人各有不同之想法，但彼此卻相融、相諧、共存、共生，如是之世界，即呈真正「大自然之美」，如是之世界，即是「華藏莊嚴世界海」。全世界建立一「共同文化」，使全世界各不同之國籍、種族、宗教等人士，皆能遵守此一「共同文化」，且在如是之「共同文化」之下，各國籍、各種族、各宗教皆可相榮、共生，在如是之「共同文化」之下，此即是如華嚴法界之「網」般，各法界看似各自獨立，但在法界之「網」下，卻又是全體週遍、生命是一大共同體。現今之時勢，一微小之病菌可迅蔓衍至全世界，全世界各國之間，彼此最相關之問題即是「環保問題」，強人、強權之時代已經過去，「環保」才是最急迫之問題，唯有全世界能共同攜手面對此問題、解決此問題，則世界各國、各族群才能有真正之光明未來。而《華嚴經》「華藏莊嚴世界海」之建構思惟，以現今而言，即是地球是一個大「網」，在「地球網」之下，各國之生命彼此是共存、共生的，在此「地球網」之下，若有一角落是陰暗而不被注意，其影響面將是擴及至全世界性，此即是「全體周遍」，此亦即「一即多，多即一」之義，由「一」可影響至「全體」，同樣地，「全體」之生命即是共同之「一」個生命體。唯有至「十方」皆可「成佛」時，此所代表之境界是「佛之正覺境界」；此於現今世間而言，即是全世界共同攜手合作，以平等、互惠、誠信為共同原則，共同開發「全世界之福」，共創一「大自然樂園」，至如是之境界，但見一切（各國）興盛美好、吉祥和諧，此就是「十方」「皆善美真」之境界，如是之現實世間是可被為「正

覺」（光明、吉祥、和諧、快樂、希望）之「世間」，若能以此來看待《華嚴經》「華藏莊嚴世界海」之「十方成佛」，則將不再只是一種思惟幻想而已，而是真真實實可在現今世間被落實與實踐出來。

參考書目

壹、《大正新修大藏經》1996 年，台北：新文豐出版公司。

《長阿含經》　　　　　後秦・佛陀耶舍共竺佛念譯　第 01 冊
《中阿含經》　　　　　東晉・瞿曇僧伽提婆譯　　　第 01 冊
《佛說七佛經》　　　　宋・法天譯　　　　　　　　第 01 冊
《毘婆尸佛經》　　　　宋・法天譯　　　　　　　　第 01 冊
《七佛父母姓字經》　　宋・法天譯　　　　　　　　第 01 冊
《雜阿含經》　　　　　劉宋・求那跋陀羅譯　　　　第 02 冊
《增一阿含經》　　　　東晉・瞿曇僧伽提婆譯　　　第 02 冊
《一切智光明仙人慈心因緣不食肉經》失譯　　　　　第 03 冊
《大般若波羅蜜多經》　唐・玄奘譯　　　第 05、06、07 冊
《大方廣佛華嚴經》　　東晉・佛馱跋陀羅譯　　　　第 09 冊
《妙華蓮華經》　　　　後秦・鳩摩羅什譯　　　　　第 09 冊
《大方廣佛華嚴經》　　唐・實叉難陀譯　　　　　　第 10 冊
《大方廣佛華嚴經入不思議解脫境界普賢行願品》
　　　　　　　　　　　唐・般若譯　　　　　　　　第 10 冊
《佛說兜沙經》　　　　後漢・支婁迦讖譯　　　　　第 10 冊
《佛說十地經》　　　　唐・尸羅達摩譯　　　　　　第 10 冊
《菩薩處胎經》　　　　後秦・竺佛念譯　　　　　　第 12 冊
《彌勒菩薩所問本願經》西晉・竺法護譯　　　　　　第 12 冊

《過去莊嚴劫千佛名經》 第 14 冊

《現在賢劫千佛名經》 第 14 冊

《未來星宿劫千佛名經》 第 14 冊

《佛說觀彌勒菩薩上生兜率天經》宋・沮渠京聲譯 第 14 冊

《佛說彌勒下生經》 西晉・竺法護譯 第 14 冊

《佛說彌勒下生成佛經》 後秦・鳩摩羅什譯 第 14 冊

《佛說彌勒大成佛經》 後秦・鳩摩羅什譯 第 14 冊

《佛說彌勒來時經》 後秦・鳩摩羅什譯 第 14 冊

《楞伽阿跋多羅寶經》 劉宋・求那跋陀羅譯 第 16 冊

《大智度論》 龍樹菩薩造，後秦・鳩摩羅什譯

第 25 冊

《阿毘達磨俱舍論》 世親造，唐・玄奘譯 第 29 冊

《仁王經疏》 唐・圓測 第 33 冊

《妙華蓮華經玄義》 唐・智顗 第 33 冊

《華嚴經探玄記》 唐・法藏 第 35 冊

《大方廣佛華嚴經搜玄分齊通智方軌》唐・智儼 第 35 冊

《華嚴經文義綱目》 唐・法藏 第 35 冊

《大方廣佛華嚴經疏》 唐・澄觀 第 35 冊

《大方廣佛華嚴經隨疏演義鈔》唐・澄觀 第 36 冊

《大方廣圓覺修羅了義經略疏》唐・宗密 第 39 冊

《大乘義章》 隋・慧遠 第 44 冊

《注華嚴法界觀門》 隋・杜順集，唐・宗密注 第 45 冊

《華嚴經內章門等雜孔目章》唐・智儼 第 45 冊

《華嚴五教止觀》 隋・杜順說 第 45 冊

《華嚴一乘十玄門》　　隋‧杜順說，唐‧智儼撰　　第 45 冊

《華嚴五十要問答》　　唐‧智儼　　　　　　　　第 45 冊

《華嚴一乘教義分齊章》唐‧法藏　　　　　　　　第 45 冊

《華嚴經旨歸》　　　　唐‧法藏　　　　　　　　第 45 冊

《華嚴策林》　　　　　唐‧法藏　　　　　　　　第 45 冊

《華嚴經問答》　　　　唐‧法藏　　　　　　　　第 45 冊

《華嚴經明法品內立三寶章》唐‧法藏　　　　　　第 45 冊

《華嚴經義海百門》　　唐‧法藏　　　　　　　　第 45 冊

《修華嚴奧旨妄盡還源觀》唐‧法藏　　　　　　　第 45 冊

《華嚴遊心法界記》　　唐‧法藏　　　　　　　　第 45 冊

《華嚴發菩提心章》　　唐‧法藏　　　　　　　　第 45 冊

《華嚴經關脈義記》　　唐‧法藏　　　　　　　　第 45 冊

《大方廣佛華嚴經師子章注》唐‧法藏述，宋‧承遷注

　　　　　　　　　　　　　　　　　　　　　　第 45 冊

《三聖圓融觀門》　　　唐‧澄觀　　　　　　　　第 45 冊

《華嚴法界玄鏡》　　　唐‧澄觀　　　　　　　　第 45 冊

《原人論》　　　　　　唐‧宗密　　　　　　　　第 45 冊

《肇論》　　　　　　　後秦‧僧肇　　　　　　　第 45 冊

《六祖大師法寶壇經》　元‧宗寶　　　　　　　　第 48 冊

《禪源諸詮集都序》　　唐‧宗密　　　　　　　　第 48 冊

《佛祖統紀》　　　　　宋‧志磐　　　　　　　　第 49 冊

《佛祖歷代通載》　　　元‧念常　　　　　　　　第 49 冊

《高僧傳》　　　　　　梁‧慧皎　　　　　　　　第 50 冊

《續高僧傳》　　　　　唐‧道宣　　　　　　　　第 50 冊

《宋高僧傳》	宋・贊寧	第 50 冊
《華嚴經傳記》	唐・法藏	第 51 冊
《景德傳燈錄》	宋・道原	第 51 冊
《一切經音義》	唐・慧琳	第 54 冊

貳、《卍續藏經》1967 年，台北：中國佛教會（影印《卍續藏經》委員會）印行。

《華嚴經行願品疏鈔》　唐・澄觀別行疏，宗密隨疏鈔　第 07 冊
《華嚴經疏鈔玄談》　唐・澄觀　第 08 冊
《大方廣佛華嚴經綱要》唐・澄觀疏義，明・德清提挈
　　　　　　　　　　　　　　　　　　第 12、13、14 冊
《圓覺經大疏》　唐・宗密　第 14 冊
《圓覺經大疏釋義鈔》　唐・宗密　第 14、15 冊
《五蘊觀》　唐・澄觀　第 103 冊
《答順宗心要法門》　唐・澄觀撰，唐・宗密注　第 103 冊
《注華嚴法界觀科文》　唐・宗密　第 103 冊
《中華傳心地禪門師資承襲圖》唐・裴休問，宗密答　第 110 冊
《禪苑清規》　宋・宗頤　第 111 冊
《祖庭事苑》　宋・善卿　第 113 冊
《法界宗五祖略記》　清・續法　第 134 冊

參、近人研究（依作者姓氏筆劃排列）

于凌波，2000 年，《原始佛教基本教理的探討》，高雄：妙林雜
　　　　誌社。

方東美，1981 年，《華嚴宗哲學》，台北：黎明文化公司。

印　順，1986 年，《初期大乘佛教之起源與開展》，台北：正聞
　　　　出版社。

　　　　1992 年，《佛法概論》，台北：正聞出版社。

　　　　1994 年，《成佛之道》，新竹：正聞出版社。

牟宗三，2003 年，《佛性與般若》，《牟宗三先生全集 3、4》，台
　　　　北：聯經出版公司。

　　　　2003 年，《圓善論》，《牟宗三先生全集 22》，台北：聯
　　　　經出版公司。

呂　澂，1985 年，《中國佛學源流略講》，台北：里仁書局。

　　　　2003 年，《印度佛學源流略論》，台北：大千出版社。

杜松柏，2002 年，《佛學思想綜述》，台北：新文豐出版公司。

李慶餘，2003 年，《大乘佛學的發展與圓滿：牟宗三先生對佛家
　　　　思想的詮釋》，台北：臺灣學生書局。

佛光大藏經編修委員會，1983-1985 年，《佛光大藏經·阿含藏》，
　　　　高雄：佛光出版社。

吳汝鈞，2000 年，《佛教的概念與方法》，台北：臺灣商務印書
　　　　館。

胡順萍，2004 年，《永明延壽「一心」思想之內涵要義與理論建
　　　　構》，台北：萬卷樓圖書公司。

高柏圓，2001 年，《禪學與中國佛學》，台北：里仁書局。

高振農釋義，2002 年，《華嚴經》，高雄：佛光出版社。

張曼濤，1978 年，《華嚴學概論》，台北：大乘文化出版社。（現代佛教學術叢刊 32）

　　　　1978 年，《華嚴思想論集》，台北：大乘文化出版社。（現代佛教學術叢刊 33）

　　　　1978 年，《華嚴宗之判教及其發展》，台北：大乘文化出版社。（現代佛教學術叢刊 34）

　　　　1978 年，《華嚴典籍研究》，台北：大乘文化出版社。（現代佛教學術叢刊 35）

　　　　1978 年，《原始佛教研究》，台北：大乘文化出版社。（現代佛教學術叢刊 36）

湯用彤，1979 年，《漢魏兩晉南北朝佛教史》，台北：臺灣商務印書館。

黃懺華，2000 年，《佛教各宗大意》，台北：佛陀教育基金會。

楊政河，1980 年，《華嚴經教與哲學研究》，台北：慧炬出版社。

楊郁文，1997 年，《阿含要略－阿含學與阿含道》，台北：法鼓文化公司。

楊維中，2004 年，《新譯華嚴經入法界品》，台北：三民書局。

道　善，2003 年，《從人至成佛》，台北：大乘精舍印經會。

褚柏思，1982 年，《佛門人物志》，台北：新文豐出版公司。

　　　　1982 年，《善財求道記》，台北：新文豐出版公司。

劉貴傑，2002 年，《華嚴宗入門》，台北：東大圖書公司。

慧廣編著，1992 年，《彌勒淨土真義闡述》，台北：圓明出版社。

鄭秀雄，1999 年，《善財五十三參》，台北：佛光文化公司。

謝生保，2000 年，《成佛之路》，甘肅：人民出版社。

釋大寂，2000 年，《成佛必經之路》，台北：佛陀教育基金會。

釋真慧，1992 年，《七佛通誡偈思想研究》，台北：東初出版社。

釋淨空，2004 年，《普賢大士行願的啓示》，台北：和裕出版社。

釋繼夢，1993 年，《華嚴宗哲學概要》，台北：圓明出版社。

肆、外文譯著：（依作者姓氏筆劃排列）

山口益等著，一平等譯，1988 年，《佛典研究初編》，收錄於《世
　　界佛學名著譯叢 27》，台北：華宇出版社。

川田熊太郎等著，李世傑譯，1989 年，《華嚴思想》，台北：法
　　爾出版社。

中村元著，陳信憲譯，1995 年，《原始佛教其思想與生活》，嘉
　　義：香光書鄉出版社。

木村泰賢著，歐陽瀚存譯，1999 年，《原始佛教思想論》，台北：
　　臺灣商務印書館。

水野弘元著，如實譯，1984 年，《原始佛教》，台北：普門文庫。

水野弘元著，郭忠生譯，1990 年，《原始佛教》，台北：菩提樹
　　雜誌社。

水野弘元著，釋惠敏譯，2000 年，《佛教教理研究》，台北：法
　　鼓文化公司。

水野弘元著，香光書鄉編譯組譯，2002 年，《佛教的真髓》，嘉
　　義：香光書鄉出版社。

宇井伯壽等著，王進瑞等譯，1988 年，《禪宗論集，華嚴學論
　　　集》，收錄於《世界佛學名著譯叢 61》，台北：華宇出
　　　版社。

和遷哲郎著，譯叢編委會譯，1988 年，《原始佛教的實踐哲學》，
　　　收錄於《世界佛學名著譯叢 80》，台北：華宇出版社。

高峰了州著，釋慧嶽譯，1969 年，《華嚴思想史》，台北：中華
　　　佛教文獻編撰社。

高崎直道等著，李世傑譯，1986 年，《如來藏思想》，收錄於《世
　　　界佛學名著譯叢 68》，台北：華宇出版社。

鄉幸也著，廖爲智譯，1998 年，《另外一種生活禪－成佛的逆向
　　　思考》，台北：新雨出版社。

鎌田茂雄著，慈怡法師譯，1993 年，《華嚴經講道》，高雄：佛
　　　光出版社。

伍、碩、博士學位論文（依作者姓氏筆劃排列）

一、《法藏文庫》碩博士學位論文──中國佛教學術論典（簡稱《佛教論典》，2001-2004 年，高雄：佛光山文教基金會。

邱高興，1990 年，《華嚴宗祖法藏及其思想》，中國社會科學院研
　　　究生院碩士論文。（收錄於《佛教論典 18》）。

徐紹強，1989 年，《華嚴五教章哲學思想述評》，中國人民大學哲
　　　學系碩士論文。（收錄於《佛教論典 30》）。

張文良，1990 年，《彌勒信仰述評》，中國人民大學哲學系碩士論

文。(收錄於《佛教論典 22》)。

許　寧，2000 年，《論隋唐佛教中的圓融思維》，雲南師範大學哲學系碩士論文。(收錄於《佛教論典 16》)。

郭　泉，1999 年，《隋唐佛學圓融思想研究》，雲南師範大學哲學系碩士論文。(收錄於《佛教論典 16》)。

黃俊威，1993 年，《華嚴「法界緣起觀」的思想探源》，台灣大學哲學研究所博士論文。(收錄於《佛教論典 93》)。

楊維中，1998 年，《心性與佛性》，南京大學哲學系博士論文。(收錄於《佛教論典 12》)。

董　群，1988 年，《宗密的華嚴禪》，安徽大學哲學系碩士論文。(收錄於《佛教論典 18》)。

釋覺華，1993 年，《性具與性起思想之比較研究》，香港能仁學院哲學研究所碩士論文。(收錄於《佛教論典 97》)。

二、

簡　圓，1992 年，《華嚴經之集成及其思想特色》，香港能仁學院哲學研究所碩士論文。

羅細妹，1997 年，《華嚴心義的探究》，香港能仁學院哲學研究所碩士論文。

國家圖書館出版品預行編目資料

《華嚴經》之「成佛」論：涵攝八十《華嚴經》之
三十九品／胡順萍著. -- 初版. -- 臺北市：萬卷
樓, 2006[民 95]
　　面；　　　公分

　　參考書目：面

　　ISBN 957－739－557－0 (平裝)

　1. 華嚴部　2. 成佛論

221.22　　　　　　　　　　　　95002198

《華嚴經》之「成佛」論
—涵攝八十《華嚴經》之三十九品

著　　　者：胡順萍

發　行　人：陳滿銘

出　版　者：萬卷樓圖書股份有限公司

　　　　　　臺北市羅斯福路二段 41 號 6 樓之 3

　　　　　　電話(02)23216565・23952992

　　　　　　傳真(02)23944113

　　　　　　劃撥帳號 15624015

出版登記證：新聞局局版臺業字第 5655 號

網　　　址：http://www.wanjuan.com.tw

E－mail　：wanjuan@tpts5.seed.net.tw

承印廠商：百通科技股份有限公司

定　　　價：260 元

出版日期：2006 年 3 月初版
　　　　　　2009 年 7 月初版二刷